辛亥革命と日本

王 柯＝編

櫻井良樹
趙 軍
安井三吉
姜克實
汪 婉
呂一民
徐立望
松本ますみ
沈国威
濱下武志

藤原書店

孫 文（1866-1925）（1913 年）

孫文と宋慶齢，東京にて結婚
（1913 〜 16 年頃）

孫文，梅屋庄吉夫妻とともに

中国同盟会設立時（1905 年 8 月，東京にて）

華興会メンバー。前列左端が黄興、4 番目が宋教仁（1905 年，東京にて）

孫文、中華民国臨時大総統に就任。その左に黄興（1912 年 1 月 1 日，南京にて）

中華革命党結成時（1914 年 7 月 8 日，東京にて）

宮崎滔天（1871-1922）

内田良平（1874-1937）

宋教仁（1882-1913）

袁世凱（1859-1916）

孫文の葬儀にて。左端に頭山満，中央に犬養毅，
右は蒋介石（接待役）（1925年）

出版によせて——百年前の真相

辛亥革命以降の百年は、中国にとって激動の百年であった。

疑いなく、一九一一年は中国にとって極めて重要な年、そしてあらゆる中国人にとって血が沸き立つような年であった。この年の三月、多くの青年は革命のために死を覚悟し、千年の歴史を有する広州、この近代革命の発祥地で、自分の血で家族に最後の手紙を書き残して蜂起に身を投じたのである。

林覚民は「吾は汝を至愛する。即ち汝を愛するこの想いが吾に就死の勇気を与えたのである。……吾はこの汝を愛する心を以て、天下の人々が至愛できるように尽くし、よって汝をも顧みずに汝より先に死する」と愛妻に手紙を残し、方声洞は「すでに二十六歳なり、家族に対して本来尽くすべき責任を持つ。但し国家がなければ家族も守られず、死を以て家族の生を求めるしかない。今日に満洲の駆除に全力を尽くすことは、国家に対する責任を全うすることであり、よって家族を守ることでもある」と両親への絶筆を送った。

いったいどんな理由で、この二十代の青年たちは理想のために両親、愛妻をも顧みずに冷静に死と対面できたのであろうか。それは、専制を打倒し、共和を樹立して富強の国家を実現させることへの憧憬である。一九一一年十月十日、揚子江の畔にて、革命に惚れた兵士たちはついに清王朝に反旗を掲げ、湖広督府を占領し、武昌蜂起を起こしたのである。それに呼応して全国各地で蜂起が起こり、二千年に亘る皇帝専制が一挙に崩壊し、共和はついに実現したのである。皇帝が倒れ、辮髪がなくなり、共和が実現したことは、まさに青年たちの夢であり、また歴史の必然的な潮流でもあった。

しかし、歴史は往々にして、歴史家たちによる歴史の教科書よりも複雑でさまざまなことを連想させるものである。興中会が提唱した「駆除韃虜、恢復中華、創立合衆政府」がなければ、華興会の「駆除韃虜、復興中華」がなければ、光復会の「漢族を光復し、我が山河を取り戻し、身を以て国家に捧げる」がなければ、同盟会の「駆除韃虜、恢復中華、創立民国、平均地権」もなく、民主共和国もなかった。辛亥革命はまさにひとつのシンボルであり、時間と空間を超えてわれわれに様々なことを提示してくれる。そのため、歴史の真実に接近し、国家の興亡盛衰について思索を深め、それは単なる歴史を振り返ることだけではない。辛亥革命の精神を掘り起こすことは、民族の知恵と精神を発見する、永遠に続けられるべき作業である。

辛亥革命は、中華民族の覚醒を意味する偉大な進歩であり、近代以降の中国の歴史的発展のための基礎を築いた。その意味で、辛亥革命はまさに「中国の近代的民族民主革命」または「中国近代の完成した民族民主革命」であった。二十世紀の中国は歴史的大転換を三回体験したが、辛亥革命がまさにその第一歩であった。辛亥革命がなければ、その後の人民共和国の樹立、そして改革開放もなかった。中国共産党だけではなく、中国の国民もみな辛亥革命は偉大な意義のある歴史的出来事と見ている。歴史はまさに民族を復興させる大きな力であり、歴史を理解することを通じてこそ、われわれは自我を実現させると同時に心のよりどころを発見できる。

辛亥革命は没落して腐りきった封建王朝を倒し、中国の二千年に亘る封建帝制に終止符を打った。そこで、長い歴史を有する華夏の大地が夢から目覚め、貧弱な民族が立ち上がった。これはいかに偉大な功績であろうか。一九一一年の中国革命は中国五千年の歴史上における重大な事件であり、近代中国の始まりである。辛亥革命の歴史を再見することは、中国、中国の革命、中国の民主主義、さらに中国の行方を理解する上も非常に重要な意味を持つと考える。

一九一一年の中国大革命は中国の独特の知恵を示した。「戦わずして人の兵を屈するは、善の善なるものなり」。歴史を通じて積み重ねてきた知恵を持つ中華民族は、敬意を以て王朝の退場を見送り、歴史の転換を迎えたのである。このような近代中国の歴史的プロセスに関しては、学術研究を通じて認識を深め、そしてそこから得た知識を共有しなければならない。とくに今日において、われわれは辛亥革命の歴史的意義をもう一度学術的側面から考える必要を強く感じている。

われわれは辛亥革命の意義を振り返るとき、まずそれをこの百年の間に中華民族が復興のために注いだ偉大な努力を背景に考察すべきであると思う。辛亥革命によって中国は大きな歴史的進歩を実現したが、当時の中国社会の半封建的半植民地的性質はなお変わることがなく、民衆は相変わらず悲惨な状況に暮らしていた。そのため、まさに孫文先生が言い残したその名言の通り、「革命派未だに成功しておらず、同志たちはなお努力しなければならない」、あらゆる進歩的社会勢力は、中国が抱えている社会的問題はなお根本から解決していないと、自戒したのである。

辛亥革命はすでに百年前のこととなり、百年前の革命の歴史的意義を比較の観点から、かつ全面的に評価するのに当たり、政治的側面と思想的側面に重点に置いて考察すべきであると思う。

政治的側面から言えば、辛亥革命は中国が数千年にわたって築いてきた古い統治システムを打ち壊したのである。この数千年にわたって比較的安定した封建主義的専制主義的統治システムの頂点に立っている最高支配者は、皇帝である。辛亥革命はこの皇帝の首を切り取ったため、古い社会的秩序が全般的に乱れてしまい、そこから古い社会勢力による統一の安定した社会秩序の再建はもはや不可能になったのである。この意味では、辛亥革命によって中国社会が大きく変わったといえる。

思想的側面から言えば、国家と個人との関係について、中国の民衆の間に大きな意識変化が起こったことである。辛亥革命が思想上において中国社会にもたらしたもっとも重要な影響は二つあると感じる。一つは民主主義の高揚である。辛亥革命より九年後に五四運動が発生し、一〇年後に中国共産党が設立される。辛亥革命による民主主義思想の高揚がなければ、五四運動の発生も不可能であった。もう一つは思想の解放と意識の変化である。君主専制制度の下では皇帝が絶対的で冒瀆してはならない神聖な存在であったが、辛亥革命はこのような伝統意識を打ち破った。至上の存在だった皇帝さえ倒すことができるなら、ほかに懐疑し打ち捨てられないものなどあるのか。辛亥革命がもたらしたこのような意識の変化は思想の解放を大きく刺激したのである。陳独秀が雑誌『新青年』に発表した「偶像破壊論」は、このような思想解放のシンボルであった。

今日からみれば、辛亥革命が成功した理由は、主に三点あると思う。第一に、辛亥革命が中国の民衆に利益をもたらしたことである。民衆を封建帝政による圧政と悲惨な生活から救い出したため、大多数の民衆から支持と支援が得られ、堅実な支持基盤を築くことに成功した。第二に、辛亥革命は歴史の潮流に順応し、中国における民主主義の歴史を始めたことである。孫文はその早期の革命活動において、西洋の先進的治国方略を学び、それを借りて中国の民主主義改革を強力に推進し、「大公無私」という中国の伝統と「洋為中用」（外国のものを中国のために役立たせる）を同時に唱え、民意に沿った改革が民衆に歓迎されたのである。第三に、辛亥革命は海外にいる華僑華人から、経済的に、また人的に多くの支持を得られたことである。海外にいる華僑華人にとって、中国は彼らの永遠の根元であり、彼らの共通の家であった。

孫文は近代中国の民主革命の偉大な先駆者であり、偉大な愛国者であり民族的英雄であった。彼は民族の独立、民主、自由と民衆の幸福のために一生を捧げた。彼は「世界の潮流に適応し、人々の需要に応じて」、神聖で冒されることのない皇権制度やあらゆる社会の進歩を拒む勢力と戦った。孫文の偉大な思想は革命の実践において昇華し、その「中華の振興、祖国の統一」という崇高な理想は、世々代々にわたって中国人をその実現に向けてたゆまず奮闘し続けるよう激励していくであろう。

孫文先生が指導した百年前の辛亥革命は、中華民族の子々孫々によって永遠に忘れられない出来事である。辛亥革命を記念する意義は、歴史を鑑として未来に光をあてることにある。周恩来はかってこのように話したことがある。「歴史を忘れる民族は愚かな民族になる」。それと同じ理由で、歴史を忘れた愚かな民族は、民族の復興を望めない。辛亥革命の偉大さとそれが与えてくれた啓示を正しく理解するには、革命前の歴史にも、革命以後の歴史にも目を向けなければならない。

中国は数千年の輝かしい文明と歴史を持つ国である。しかしそのような輝かしさは同時に苦難をともなったものでもある。一八四〇年のアヘン戦争で中国の鎖国体制がイギリスによって打ち破られ、その後も西洋列強の侵略と侮辱を受け続けてかつての輝きを失い、ついに半封建主義、半植民地の社会になってしまった。国家と民族の前途と命運を強く心配する仁人志士たちは、みな誰が、いかなる方法でこのような長く暗い夜に別れを告げることができるのかと自問していた。しかしその解決策は、「洋務運動」でもなければ、「維新変法」でもなかった。

「洋務運動」の提唱者は中国で最初に「世界に目を向けた人々」であったが、「中体西用」だけでは要領を得ることが出来なかった。封建主義時代の倫理観と伝統文化の枠の中では、西洋の近代的科学技術の真諦を見出すことができなかった。一八九四年の日清戦争で、堂々たる大国が日本に負け、主権を失い領土を割譲する「下関条約」を受け入れざるを得なかった。長年にわたって洋務を行い、銃砲を買い、海軍を作ったにもかかわらず、なぜ日本による一撃にも耐えることが出来なかったのか。一部の知識人はこれについて深く考え、得た結論は、結局君主制を保存しながらも政治を改革しなければならなかったということであり、そこで康有為と梁啓超を代表とする改良派や維新派は近代中国の最初の思想解放の潮流を作った。しかし維新運動は、改良をするが革命を拒否するという弱点を抱えていた。戊戌変法の失敗は、中国における革命の必要性を証明してくれた。

近代中国における歴史転換の機運は、孫文先生によってもたらされた。孫文先生は、中国を救うには革命を起こすことしかないこと、西洋を師にするとしても中国の現実に基づかなければならず、「ある種の道理は外国において適当であるが、中国に必ずしも適当ではない」とはっきり認識していた。これは孫文の優れたところであり、その結果として中国の実情に合うような「三民主義」が見つかった。正しい道と正しい理論のもとで、旧暦三月二十九日の広州蜂起など多くの失敗を経てついに十月十日の武昌蜂起の勝利を迎えた。

この世界を驚かせた偉大な革命は、清王朝の腐りきった支配を崩壊させただけではなく、中国で二千年以上続いた封建帝政に終止符を打ち、中国の民主と進歩の扉を開き、中国の民族独立と人民解放のための道を切り開いた。辛亥革命は中国において起こった歴史事件であったが、しかしその意味は決して中国に限られるものではなく、アジアの覚醒も意味し、二十世紀の世界史の潮流にも大きな影響を与えた。「中華の復興、中国の統一」は孫文先生の思想の核心であるが、しかしその究極の目的は「大同世界」の実現であった。中国における大同を実現した上で、アジアの大同、世界の大同を実現させる。これは孫文の夢であった。まさにこの点において、孫文は偏狭な国家主義と現実を離れた世界主義に訣別した。

二十世紀の初頭に、アジアにおける近代思想の流れのなかで日本も重要な位置を占めていた。辛亥革命の歴史を振り返る際、多くの辛亥革命の主役は日本とある種の関連を持ち、日本は思想、組織、人の交流などの側面で辛亥革命に関係していた事実も忘れてはいけないと思う。辛亥革命の歴史を再現し、百年前の歴史の現場に戻ることによって、はじめて民族が体験していたあの激動の時代を記録することができる。本書はつまりこのような目的で、いままでほとんど知られていなかった百年前の中国革命が日本との深い関係を披露し、よって革命の本質に対する理解を深めようとするものである。

辛亥革命の足音は、今日なお響いているように感じる。本書を通じて、読者に辛亥革命を理解するための新しい視点を提供し、思想的側面から歴史の脈拍を捉え、よって辛亥革命の深い思想を理解してもらえるよう心から祈る。

中国の歴史大河における辛亥革命の功績は、永遠に不滅である。

二〇一一年六月六日

中華全国工商業連合会法律部長　趙宏

（王柯　訳）

辛亥革命と日本　目次

辛亥革命と日本

序論

王柯

辛亥革命は、狭義では一九一一年十月十日の夜に武昌（長江によって三分された武漢市街地のひとつ）で一部の「新軍」が清朝に反旗を翻した蜂起から、一九一二年二月十二日の清朝皇帝（宣統帝溥儀）が退位詔書を出した日までの期間に、中国全国各地で起こった清朝支配を崩壊させた武装闘争を指す。広義では、清朝末期からの一連の革命運動から、武昌蜂起を経て中国における共和制の確立までの期間を指す。革命は一夜にしてならず。本書は武昌蜂起自体に限定して研究するものではないため、後者の立場をとって、様々な側面から比較的長期間にわたる政治的思想的そして社会的な動きを見渡し、日本と辛亥革命との関係について検証するものである。

一見すると、辛亥革命は中国の一事件に過ぎないが、しかし辛亥革命は古代より続いて来た君主政治を終わらせ、中華民国というアジアにおける最初の共和国を樹立し、東アジアないし世界歴史の流れを変え、「アジアの近代」を始めたのである。辛亥革命の理念と成果は、それ以後の中国に大きな影響と発展の契機をもたらし、結局のところ、二十一世紀初頭からの中国およびアジアの爆発的発展にもつながるものとなった。まさにそのためでもあるが、これまでの辛亥革命に関する研究は、「革命」の評価、とくに革命の中国またはアジア社会への意義にこだわる傾向にあった。それによって、辛亥革命の必要性と必然性、そしてそのアジア史、世界史に持つ意味はある程度に明らかにされたとはいえ、多くの歴史の真実がなお明らかにされないままであり、研究の限界も感じられた。

辛亥革命までのアジア近代思想の流れの中、日本は重要な位置を占めており、また周知のように、多くの辛亥革命の主役は日本と何らかの関係をもち、また多くの日本人は様々な形で辛亥革命、ひいては中国の近代化の道程に加担していた。疑いなく、「日本」という要素がなければ、「革命」も異なる様相で展開されることになる。しかし残念ながら、日本と辛亥革命との関係についても、多くの真実が謎のベールに隠されたままであり、多くの研究は研究対象である辛亥革命と関係する日本側の主役の本当の狙いについて明言を避けながら進められた。「辛亥革命」にまつわる歴史学は、中国においても日本においても神聖かつ神秘的な雰囲気に包まれてきたようにさえ感じられる。

「日本」という視点から「辛亥革命」の歴史を考える際、二つのカテゴリーでさらに掘り下げる必要があると思う。一つは、「革命」自身と日本との立体的政治関係である。具体的に言えば、辛亥革命およびその前後の中国の政治的動きに対して、日本の政府、軍部、政治家、そしてさまざまな日本の人々は、いかなる目的と動機でどのような役割を果たしたのかということである。とくにその目的と動機については、その役割を評価する上で、ひいては辛亥革命によってアジアことに中国を巡る国際政治の地図がいかに変化したかを理解する上で非常に重要であるため、避けてはならないことである。もう一つのカテゴリーは、長いスパンで見た日本と辛亥革命との思想的連関である。これは辛亥革命自体に対する評価にもつながる問題であるが、具体的にいえば、辛亥革命の社会的基盤がどのように形成され、辛亥革命によって中国社会にいかなる変容が起こり、辛亥革命によって中国の「近代」がどのような道を歩むことになったのか、などにおいて日本は思想の面でどのような手本を示したのか、ということである。むろん、これは辛亥革命によって切り開かれた中国の「近代」、そして十九世紀末から二十世紀初頭にかけてのアジアにおける「近代」思想の形成に対する近代日本の意義を明らかにする上でも非常に重要である。本書は、まさにこのような考え方に基づいて企画されており、この作業の目的は、日中両国の関係の重要性を再確認するとともに、東アジア地域における「歴史」が様々な側面を同時にそして重層的に持つことを明らかにし、真の「歴史」の意義をより深く理解してもらうことにある。

本書の第I部は、辛亥革命と日本との関係をより真実に近く、そして全面的に描き出すことを目指すものであり、五章から構成される。

「**辛亥革命と日本政府の反応**」（**櫻井良樹氏**）は、これまでの著者の研究蓄積をベースに、先行研究には中国を一つの場とする諸列強相互関係の中での日中関係という問題意識が弱かったことを指摘した上で、「日本政府は」という一体性を前提とした語り方ではなく、諸機関・政治勢力（極端には個人）を単位とした外交と内政が絡み合う政治過程と権力分析を含む政治外交史的アプローチを取り、政府を担うことのできる藩閥や政党指導者、統治機関ではないが政治に大きな影響を与えた元老、外交を担当する外務省、外交に大きな影響力を持ち、いざという時には実力行使する能力を持つ陸軍（陸軍省や参謀本部）・海軍などによる辛亥革命への対応を詳細に検証した。辛亥革命に伴う中国の政情不安を日本の利益に繋げるという考えでおおよそ一致しているが、政府と民間、西園寺内閣と桂内閣、軍部と外務省、陸軍と海軍との間だけではなく、陸軍参謀本部第一部と参謀本部第二部との辛亥革命に対する反応と対応すら異なっていたことを明らかにした。辛亥革命は、中国に対する列強外交の共同性を確認する場ともなったため、義和団事件以降にできた列強間の国際協調体制を維持すべきか自主外交を推進すべきかという対外政策上の対立が日本政治の焦点となり、その後の日本の対中国政策混迷の出発点でもあったという指摘は、実に示唆的であった。

「辛亥革命をめぐる日本民間の動き――青柳勝敏をはじめとする軍人グループの活動を中心として」（趙軍氏）は、外交史料館の外務省記録の中にあった「予備陸軍騎兵大尉青柳勝敏」一件などの一次史料を中心に、日本の予備役・退役軍人たちはなぜ、そしてどのような形で辛亥革命運動に参加したかを明らかにした。言うまでもなく、恵州蜂起、広州蜂起、武昌蜂起、南京攻略戦など、辛亥革命は多くの武装蜂起と軍事戦闘を通じて気勢をますます上げて勝利に導いたのである。しかしこれまでの辛亥革命に関する先行研究は、軍事的視点からのアプローチは少なく、辛亥革命運動に関わった日本の予備役・退役軍人は数十名ないし百名を超え、中には戦死者まで出たにもかかわらず、具体的な研究対象としてあまり取り上げられなかった。青柳勝敏は軍事専門家として江西における辛亥革命と袁世凱に反対する第二の革命に参加し、その後日本に亡命してきた革命家たちと一緒に大森新井宿で軍事学校「浩然廬」を作り、実質的には塾長として軍事人材の養成に取りかかるなど、職業軍人としての本領を発揮して辛亥革命に貢献した。本章は、こうした青柳勝敏の活動、そしてこれまであまり明らかにされなかった大森軍事学校の活動を明らかにし、とくに青柳自筆の「意見書」（附録「革命党一般の現状」）に対する分析を通じて、「民間人」の身分で中国革命運動に関わっていた日本人の予備役・退役軍人たちは、政府の役人や正規軍の軍人たち、そして「大陸浪人」など一般の「民間人」たちが腕を振るえない舞台に近代日本国家の「国益」のために暗躍していた事実とその目標を生き生きと書き出した。

「民権、国権、政権――辛亥革命と黒龍会」（王柯）は、辛亥革命時期からの日中関係が近代中国の歩んだ道のりに与えた影響についての認識をより深めるために、内田良平の「対支私案」を始め、外交史料館と防衛研究所に所蔵されている一次史料などを通じて、特に「満蒙独立運動」との関連性に注目し、辛亥革命における「大陸浪人」の活動背景に焦点を絞り、その動機、およびそれに対する孫文を始めとする中国の革命家たちの受け止め方を検討している。

「辛亥革命と日本華僑・留学生」（安井三吉氏）は、辛亥革命期における日本の華僑と中国人留学生の動きと、彼らが辛亥革命に対して果たした役割を分析したものである。辛亥革命以前は、在日華僑の中では立憲派の影響力がより大きかった。しかし、辛亥革命の勃発はそうした状況を一変させた。その理由は、日本の華僑社会の中核は貿易商であり、彼らが辛亥革命にもっとも敏感に反応したことにあった。そして、革命支持の立場をもっとも鮮明に打ち出し、とくに顕著な役割を果たしたのは神戸華僑であったこととその原因も分析された。留学生に関しては、本章は明治の日本が中国人の革命思想とその運動に大きな影響を及ぼしたに違いないが、多くの留学生は来日以前にすでに祖国の民族的危機を肌で感じ、革命あるいは改良思想の影響を受けたことと、来日後も中国同盟会や留学生団体が発行する雑誌などを通じて革命思想を受容していったことを指摘し、彼らの革命思想が日本の大学教育の結果であると称することはできないと分析した。

本章のもう一つの注目すべき点は、孫文たちはなぜ日本を亡命・活動の場として選んだのか、多くの日本人は、なぜ孫文たちの亡命・活動を支援したのか、という二つの設問に対して独自の答えを試みたことである。先の設問に対して、孫文が一九二四年十一月に神戸で行った「大アジア主義」講演を使い、孫文にとって日本とは東西両文明の双方の特徴を合わせ持つ国として、すなわち中国にとって学ぶべき点と危うさの両面をもつ国であったという回答を出した。また、第二の設問に対しては、明治末期の日中間の思想的交流を「文明」と「アジア主義」という二つの概念で整理して答えを出した。つまり、日本には福沢諭吉に代表される「文明」を以て西洋と同様のやり方で隣国に対処すべきとする考えが一つの有力な流れとしてあった一方、他方では革命家の活動を支援した日本人も多くいた。彼らの言動にはアジア主義の志向が基盤にあった。ただアジア主義とは不定形なもので、宮崎滔天と内田良平のように、両者は、異質な面を有したが同時に重なる面もあった。近代日本特有の思想としての「アジア主義」は、辛亥革命と日本、ひいては近代日本とアジアとの関係を理解する上でも非常に重要なテーゼであり、本書第I部の各章も随所に触れており、合わせて読んでいただいところである。

「大陸浪人と辛亥革命――連帯の接点とその性質を考える」（姜克實氏）は、前章より視野をさらに広げ、戦後の日本の思想界ではという思想遺産を過度に理想化しようとする傾向があったことを指摘した上で、アジア主義の一翼を担ってきた、辛亥革命期の「大陸浪人」に焦点を絞り、中国革命と関わりの深い、玄洋社系の頭山満、内田良平、宮崎滔天、萱野長知、及び大陸浪人の精神的指導者である政治家犬養毅を取り上げる。彼らの政治理想、行動パターン、言論などから、（1）西洋に対抗する思想、（2）アジアの連帯意識、（3）在野的反専制の性格、（4）大陸雄飛の志、革命、冒険への憧れ、（5）

志士的性格、(6)尊皇、愛国思想、(7)利権、領土拡大主義、(8)先覚者としての盟主意識、(9)平等思想、民衆への信頼、人道思想など、九項目に亘る思想特徴を抽出する作業をまず行った。これに対する五人の取捨選択や偏重に基づいて、本章では大陸浪人が基本的に三つのタイプに分けられると分析し、大陸浪人の思想土台には普遍的に国権、国益、国体(=尊皇)思想が根強く存在し、アジア主義的連帯という思想の原点と帰結点、そして大陸浪人と中国革命家を結びつけた連帯の基本接点になったのは、ナショナリズムに基づく近代国家建設であったので、連帯が成立したその時からいつか終結、破綻を迎える必然的な要素をすでに内包していたとする。この鋭い指摘は、近代における日中両国が辿ってきたプロセスを理解する上でも重要な座標になるのではないかと思う。

第Ⅱ部「日本の影響と辛亥革命前後の中国社会の変容」は、思想的、社会的側面から日本が辛亥革命時期に中国に与えた影響を分析する上で、近代中国の社会変遷の性格およびその東アジア近代史上における意義を分析する。

「『国民教育』を目指して——清朝末期における視学制度の導入に見る日本の影響」(汪婉氏)は大量の一次史料に基づき、二十世紀初頭、清朝政府は支配体制の再編と強化を目的に、民衆を対象とする普通教育を「上から」強制的に普及させる政策を取り、その中で特に「国家権力の教育意思を直接反映させる」明治日本の「視学」制度を参考に、「国家の教育に対する監督権の組織化」として成立させた近代視学制度の成立過程、特徴、目的、そこにおける日本留学経験者の活躍、さらに中国近代史上における意味を究明している。この章においては、清朝政府による視学制度と明治日本の視学制度が体系的かつ綿密に比較され、日本を含む外国思想による影響と中国近代の独自性を客観的に見るべきという著者の冷静な姿勢が示される。著者は、辛亥革命期に最も重要な役割を果たした地域である直隷省、江蘇省、湖北省などの「教育改革模範省」では、視学制度の確立に基づく勧学所の設立によって、小学堂の設立が急速に進展したことに注目し、清朝政府による「国民皆学」という理念が中国社会の発展に果たした役割を評価し、清朝政府による新式学堂の推進は、むしろ辛亥革命の土壌作りに貢献したと指摘している。これらの視点は、視学制度に関してはおそらく最大級の一次史料を有する著者ならではであろう。

「二十世紀初頭浙江省における社会再編——辛亥革命時期の官僚、士紳と日本留学」（呂一民氏、徐立望氏）は、日本留学から帰国した留学生と彼らが清朝末期浙江省の政治、経済、社会の変遷、そして辛亥革命の成功に果たした重要な役割を分析するものである。特に前者に関しては、先行研究でほとんど触れられなかったことであり、事実上、彼らは「新学」の背景を持ちながらも地域社会の一部となり、伝統的社会階層との衝突または協力関係があった。このことについて、本章は、具体的な事例に基づいて、留日経験者の増大によって新たな社会階層が出現したこと、浙江省の留日経験者が早い時期に地方自治の主張を打ち出したことは浙江省ないし全国の地方自治運動の出現に対して重要な役割を果たしたこと、また彼らが地方自治の開始に伴って設立された省諮議局の中で活躍し、浙江省の憲政運動に対して貢献したことを説明した。さらに、浙江省の辛亥革命運動（「光復」）の中における清朝の新軍に浸透した「日本士官生」と呼ばれる留日したグループの果たした役割についての分析も必読である。

「孫中山の『徹底した民族主義』——近代的統一への幻想」（松本ますみ氏）は著者の先行研究にさらに新しい資料を加え、孫文または革命派による民族主義の辛亥革命前後における変容過程をもう一度整理したもので、いくつかの興味深い、さらに深く検討すべき課題を提示した。敢えて本書の「辛亥革命と日本」という主旨に限定していえば、日本において成立した中国の近代民族主義という本章の議論は実に興味深い。一九〇〇年に孫文が作ったとされる地図に基づいて孫文の中国の範囲に関する思想を分析し、日本で論陣を張った立憲派も革命派も、「属藩」の人々の処遇や土地について当事者不在のまま議論を進めており、中国の領域とは十八省のみをさしていたり、観念的に属藩をも含めていたりして議論がかみ合わなかったことを示す。革命派も立憲派も、来たるべき新中国国家においては日本をモデルとする国民統合と富国強兵を達成し、世界の趨勢であった弱肉強食原理を制すべく、教育と殖産興業を推進し、新たに近代的態度をもつ中国人意識を全国民に植え付けなければならないという使命感に燃えていた。そんな彼らは、日本の北海道拓殖事業に関連したアイヌ民族同化政策に関してもなんら疑問を持たなかったと指摘した。辛亥革命以後にあった、孫文の民族主義思想の変容とその民生思想との関係、黄興が拓殖協会を立ち上げたことも、日本の北海道開拓の影響を受けたものであるという分析も、読者に啓示を与えることになるだろう。

「新名詞と辛亥革命期の中国――日本の影響を中心に」（沈国威氏）は、日清戦争以後、中国において思想、文化、社会のみならず、中国語そのものも日本語の影響を強く受けたことが、中国社会に与えた衝撃、及びそれによって辛亥革命が起こる文化的社会的素地が築かれたことを分析するものである。本章は、日本語からの新名詞の受け入れと新知識の受容との関係、新名詞の急増を巡って中国知識人間に起った論争、新名詞の受け入れと中国の国民教育との関係という三つの視点から、新時代を迎える思想上の準備、民衆喚起、新概念の受容など、日本が中国にとってかけがえのない近代知の提供者となったことを指摘した。特に、清朝の学部が立憲国家にふさわしい国民を養成するために編纂した『国民必読課本』が「憲法、自治、国家、国民、民主、共和、権利、義務」等の日本から受け入れた時代のキーワードを中国社会に定着させる役割を果たしたことを事例に、「新政」における立憲君主の政体の制度設計とそのための国民創造も日本の書物から豊富な思想的資源を得ているという分析は、近代中国における国民国家思想の誕生を理解する上で、実に読み応えがある。

「地域と知域の重層――二十世紀知識人孫文にみる知域像」（濱下武志氏）は、著者の長年の問題関心と思考を凝集して「知域」という意味深いキーワードを取り上げ、「知域」から考える辛亥革命期のアジアと世界、歴史周年記念にみる「記憶」の現在性、近年の孫文や辛亥革命研究に見られた新しい動き、知識人としての孫文の「知域」、孫文と鄭観応、南方熊楠との交流などに見る「知域」の交錯、孫文の「知域」の広がり、などの角度から、時代思想と歴史との関係を、因果関係としてではなく両者の緊張として捉えようとした。辛亥革命と日本だけではなく、知識と歴史とのフィードバック関係に関する著者の思考は、歴史学の神髄に迫る。

ここまで見てきたように、本書の最大の特徴は、いままでの先行研究の結果を吸収しながらも、先行研究の結論に簡易に追従せず、大量の一次史料に基づいて様々な側面から詳細かつ綿密に検証し、独自の論点を出していることである。執筆者一同の目的は、「辛亥革命と日本」という視点から、できるだけ多くの歴史の真実を読者と共有することである。おそらく、その努力は随所で読者に感じ取られると思う。しかし、「辛亥革命と日本」との関係は、辛亥革命の一側面に過ぎず、また辛亥革命の具体的なプロセスのなかで見るべきものでもある。辛亥革命の全過程を把握するために、本書の最後に比較的詳しい関係年表を付け加えた。この年表は、王柯が各種の年表と資料に基づいて作成し、濱下武志氏、櫻井良樹氏をはじめ数名の執筆者に目を通して頂いた。しかし年表で取り上げた事項の依拠する資料の出所によって解釈が異なってくる部分もあるので、読者が使用される際には、もう一度原資料に目を通して自ら判断していただくことを願う。

第Ⅰ部　辛亥革命と日本

1　辛亥革命と日本政府の対応

櫻井良樹

はじめに

一九一一（明治四十四）年十月十日、中国大陸で始まった辛亥革命は日本にどのような影響を与えたのだろうか。日本は中国の隣にあって、古くから中国大陸における動乱や王朝交代の影響を受けてきた。たとえば明から清への王朝交代が江戸幕府の外交体制の形成（いわゆる「鎖国」）に与えた影響が知られている。近代においても、アヘン戦争における中国の敗北や太平天国の動乱が、日本の外交体制の転換をもたらしたことは言うまでもない。

清王朝でも、アヘン戦争、アロー号戦争での敗北は体制の動揺をもたらし、洋務運動によって政治的近代化の努力が行われ、日清戦争における敗北後は、いっそうの改革の企てが現れた。中国にとって厄介だったのは、その過程で列強による租借地の設定や権益の拡大が行われ、一九〇〇年の義和団事件が北清事変を招いた時の例のように、内政の動揺と外政問題が結びついたことである。そして列強は中国の動向をウォッチしながら対中国政策を決定していくことになった。日本も、その例に漏れなかった。ただし帝国主義時代において、列強諸国の中国への対応は、その相互関係を抜きにして語ることはできない。特に北清事変で八カ国が共同出兵し、翌年の北京最終議定書（辛丑和約）が結ばれたことは、それ以後における列強諸国の行動を共同的性質とすることを要請し、あるいは相互規制の基礎となり、北京における列強諸国の外交団による中国問題処理体制を機能させる基盤となった。

本稿は以上のような諸列強との関係に加えて、日本政府内における政治勢力の分立を前提として論じていく。ここでいう政府とは、当時の内閣（第二次西園寺公望内閣）だけではなく、政府を担うことのできる藩閥や政党指導者、統治機関ではないが政治に大きな影響力を与えた元老、外交を担当する外務省、外交に大きな影響を及ぼしイザという時には実力行使する能力を持つ陸軍（陸軍省や参謀本部）・海軍などを指している。

辛亥革命に対する日本政府の対応については、これまでに多くの研究が触れてきた(1)。その中でも、比較的新しくもっとも体系的で詳しいものが兪氏のものである。同書は、日本で起こったさまざまな動きを多くの一次史料を使用して描いている。本稿で取り上げた事象も、ほとんど含まれているのだが、中日関係史という性格上、上記の中国を一つの場とする諸列強相互関係の中での日中関係という問題意識が弱く、また次に述べるような日本政治の展開における位置づけがなされていないため、やや事象がバラバラで系統的な記述になっていない難がある。

筆者は日本の政治史を中心に研究を進めてきたため、政府を構成する（あるいは構成する可能性のある）政治家・官僚たちの個々の考え方や活動の差異に注目する。本稿においても、「日本政府は」という一体性を前提とした語り方ではなく、上記の諸機関・政治勢力（極端には個人）を単位とした外交と内政が絡み合う政治過程と権力分析を含む政治外交史的アプローチを取りたい。また本稿は、二つの拙著（『辛亥革命と日本の政局』、『大正政治史の出発』[2]）をふまえたものである。詳しくは、そちらを参照されたい。

一　革命勃発直後における対応

まず狭い意味での政府である第二次西園寺内閣の動きを見ておこう。八月三十日に成立した内閣は、立憲政友会を背景に持つ内閣であり、海軍の影響力も強かった。内閣が初めて対応方針を閣議決定したのは十月二十四日のことである。この時点で革命は、湖北から長沙、西安、九江に拡大し、月末には太原、昆明、南昌にまで拡大する。清王朝の維持を図るという前提にもとづいてなされた決定は、日本の力を中国大陸に扶植し日本の優勢な地位を承認させるようにすること、満洲に関してはロシアと歩調を一致して日本の利益を擁護すること、列国関係においては日英同盟の精神の徹底と諸列強との調和であった。また出来る限り清国の感情を融和して日本に信頼させるような方策を取るというものであった[3]。日英同盟の精神とは、両国が十分な打ち合わせを行うことと[4]、「如何なる重大なる結果を生するも日英共同之に当るの決意を定むる」ことであった[5]。

この内閣の方針は、日露戦争後の外交政策の延長線上にあった。それまで日本は、同盟関係にあるイギリスと、日露戦争後に新たに接近しはじめたロシアと協調しながら、戦勝によって高まった外交上の地位を確定していくことに力を注いできた。これらの政策をめぐる政府内の対立はほとんどなかった。最初の閣議決定より先に、清国よりの武器援助要請に応ずることが決定されたのは、従来の政策の継続が当然視されていたからであろう。政府は、この機会を利用して清国政府に恩を売り、日露戦後に日本がロシアから南満洲権益を継承したことによって生じた清朝からの不信感を解消しようと考えていたのである。[6]これが、出来る限り清国の感情を融和して日本に信頼させるような方策を取るということであった。そしてこの清王朝援助という方針は、山県有朋をはじめとする元老や、陸軍省を押さえていた寺内正毅（朝鮮総督、前陸軍大臣）などの意向にも沿ったものであった。

ところがこの清王朝支援方針をもどかしく思っていた人々がいた。第一は、以前から孫文らを支援していた人たちである。たとえば宮崎滔天や頭山満らは浪人会を組織して、政府が厳正中立の立場に立つことを要求、黒龍会の内田良平は武器供与中止を働きかけた。このような動きについては、別の章で詳しく述べられるはずである。

第二は陸軍参謀本部の動きである。参謀本部第一部は中国の混乱を想定し、明治四十四年五月十三日に「対清作戦計画」を立案していた。[7]その計画は、中国に禍乱が起これば全国の騒乱となる恐れがあり、それが日清間の戦争に発展する可能性と、その場合における出兵計画に言及していた。騒乱が現実になったとき、戦争という状態ではなかったものの、この計画が参照されたことは確かである。石本新六陸相がすぐに閣議の席上で、「現情に安んずべきや、又は何れの地かを占領すべきや」を問いかけ、[8]田中義一軍務局長が海軍側に「戦後の情況に鑑み最も有利なる政略上経済上の要点を担保的に占領する」必要を伝えている。(9) 翌日（十月十四日）、岡市之助陸軍次官は奥保鞏参謀総長に、揚子江（長江）沿岸地方への協同出兵の可能性と、変難が北清に波及した場合における満洲方面への単独出兵と北清への列国協同出兵の必要性を述べた。(10)

これに対して参謀本部の第二部で考えられていたものは、革命派を援助することを通じて、新たに出現する共和国との親善関係を結ぶことこそが、日本の利益につながるというものであった。ただしこれは同時に清王朝の存在自体を否定するものではなく、満洲地域における日本の既得権の保護・拡大のためには清王朝も利用するという満漢二民族による中国分国論であった。(11) 最近発見された参謀本部第二部長宇都宮太郎の文書は、以上のような考えに基づき、実際にどのようなことが実行に移されていたのかを、初めて明らかにした。(12) たとえば十月十八日の日記には、警保局長古賀廉造と会見して、革命派を助けるために武器輸出を行うので、その便宜を図って欲しいことを伝え快諾を得ている。原内相も黙認許可を内命したということは、原もまた革命派援助を考えていたことを示している。宇都宮は、また同日の午前中に開かれた参謀本部の部長会で、水野梅暁という孫文との関係を持つ僧侶を通じて孫と連絡を取ろうという話をしている。宇都宮は日露戦争以前から孫文に注目していたといい、宇都宮の長男の徳馬は、自分の父は孫文と親密であったと回想している。(13)

宇都宮の革命派援助が、もっとも活発だったのは一九一二年一月頃までである。その間に主に行われたことは、大陸各地に参謀本部員を派遣して革命情勢を探らせると同時に、その地方の有力者とコンタクトを取り独立気運を醸成することと、私的なルートで大陸に民間人や退役軍人を送り込み、首領との連絡や支援を通じて操縦に当たらせることであった。参謀本部員としては、武昌・長沙へ丸山・木村両大尉、もう少し位が高い者では井戸川辰三中佐が派遣されている。このほか本庄繁少佐・寺西秀武中佐や野中保教大尉が派遣されている。また南方には、土井市之進中佐が福州、嘉悦敏中佐が雲南・貴州、井上璞大尉が広西に派遣された。嘉悦に対しては、雲南方面に独立国を作らせ、その勢力をトンキン湾方面に伸ばす工作をするような大きな構想が示されていた。また退役軍人としては、足立乙亥干予備大尉が福州に、岩本千綱退役少尉が雲南・貴州へ、金子新太郎予備大尉が漢口に派遣された。

これらは参謀本部が表向きかかわってはまずいため、その費用は宇都宮が個人的に資金を岩崎久弥から調達して出金している。その出金記録（「特別機密費支払証書」）からは、たとえば孫文との連絡役を果たした水野梅暁に千円、池亨吉に一万円、犬養毅に一万円という大金が渡されていることがわかる。池も一九〇七年から一年間孫文について回った人物で、『支那革命実見記』を記して孫を日本に紹介した人物である。三月までに支払われたものを合計すると軍関係者に約一万円、大陸浪人に約三万円となる。

革命派援助の動きは、外務省の一部にもあった。革命勃発直後の約一カ月間であったが、北京に駐在していた日本公使の伊集院彦吉も、革命派を援助して清朝政府と対峙させる策を提案している。これは、広い中国全体を統治する政権を維持することは当分不可能であろうという予測にもとづいていた。[14] しかし意見は採用されず、混乱に乗じて介入を行うチャンスが去ると、彼もその後は積極的な行動を否定するように変化していく。

以上のように、中国における革命の勃発後、これまでとは異なる対中国政策が提案され、日本の外交政策に新たな動きを加えることになった。これは革命を契機にして日本の外交的選択肢が複雑化したことを意味すると言える。

二　共同干渉の提議とその失敗

さて十一月末になると、革命勢力と清朝勢力が均衡する。漢陽が政府側に奪い返されるいっぽうで、南京を革命派が握ることになる。もはや革命勢力を無視できなくなった第二次西園寺内閣は、十一月二十八日に新たな政策を決定した(15)。それは清朝に立憲君主制の実施を約束させることで事態を収めるというものであり、列国共同干渉で行うという提案であった。これは出兵によって圧力をかける可能性を含むものであった。

これに応じて立てられた陸軍の出兵案は「北清派遣師団編成要領」と名づけられたもので、北清における公使館・居留民および利権の保護を名目としたものであった(16)（これは翌年一月に山県が主張した南満洲を対象とする出兵とは異なる）。この出兵は革命派を牽制するものであったために、宇都宮は反対し、山県や寺内・田中は賛成したのである。十二月四日に宇都宮と田中・由比光衛（参謀本部第一部長）の三者で対応策が相談されたときに、田中は閣議決定をふまえて、必要ならば兵力を用いて「南方を強圧」すると提案したのに対して、宇都宮は立憲君主政体による統一には反対しないが、兵力を用いることは絶対反対だと主張している。しかし十二月十四日の閣議で「已を得ざれば兵力おも使用するの覚悟」という決定がなされたと宇都宮日記にはある。また「居中調停に付」という宇都宮の意見書にも、兵力を使用すべきだという説が盛んになった頃のものと記されている。

しかしこのような武力行使は、実施されることはなかった。その理由の一つはイギリスの動向であり、もう一つは海軍側の意見であった。まず前者から見ておこう。

西園寺内閣は、日英協調を基本とするという大方針に従いイギリスに打診した。しかしちょうどこのころから、イギリスは共和制を容認する方向に動き始めており、また休戦・講和交渉を斡旋していた。そして中国情勢は十二月から一月にかけて休戦から講和交渉へと進んでいくことになった。つまり日本側の期待するような日英協調は働かず、また中国情勢の混乱収拾に関する主導権はイギリスに握られていき、共同干渉どころではなかったからである。

後者については、ちょっと複雑である。十四日の閣議をふまえた伊集院への訓令は、袁世凱との交渉を指示したものであるので、もちろん兵力使用の語句はない[17]。しかもその文章について海軍の重鎮である山本権兵衛が反対し、修正が加えられ、かなり弱い表現に改められたということがあった[18]。これは山本が、強い干渉に反対していることを示すもので、兵力使用などは論外であったと言えよう。

以上のような経過を経て結局、西園寺内閣は十二月二十六日にいたって、清国が共和制となっても干渉をせずに事態を静観するという決定を行うことになった[19]。

一九一二年一月一日、孫文を臨時大総統として中華民国が南京を首都として建国された。そして講和交渉も、袁が清王朝を見限り共和制を認めることが次第に明瞭となり、ついに二月十二日に、二五〇年以上続いた清王朝の中国支配は終わりを告げることになる。

このような情勢に危機感を強く持ったのが陸軍であった。一月十六日に、革命軍が北上し遼東半島対岸の芝罘に到着した。いよいよ満洲への革命の波及が目前に迫ったのである。この段階で山県は満洲秩序維持を目的とする出兵意見書を書いた[20]。山県は、もし革命が満洲に及ぶと混乱が起こり、権益が脅かされるだろうから、一個あるいは二個師団ぐらいの兵隊を送って治安維持を図ることが必要であると述べたのである。

意見書を受けて開催された一月十六日の閣議では、ロシアとの協商を進展させることは決定されたが、出兵の決議はなされなかった。ロシアとの協商とは、この年七月に結ばれる両国の特殊利益地帯を東部内蒙古まで拡大することを約束した第三次日露協約を指す。出兵の決定がなされなかったことに業を煮やしたのが田中義一であった。田中は一月十七日外務省に、ロシアに満洲増兵について承諾を得ておくことの必要性を説き、外務省より訓令が発せられた（イギリスには十一月に了承されているという理由で照会されなかった）[21]。

陸軍の南満洲への派兵準備は、内閣の決定のないまま進んでいった。一月十七日に、出征予定師団である第十二師団長に高級参謀の上京を求める命令が下され、二十日朝に上京した佐久山又三郎少佐に、二十六日までには動員命令が下るはずであることが伝えられた。ところが日本が出兵準備をしているという情報は、ロシアから他国へ流れ、また日本の新聞にも二十四日夕方すっぱ抜かれることとなり、その新聞報道をもとにして、イギリスやアメリカ政府より事実かどうかの問い合わせがなされ、政府は躍起になってそれを打ち消したのである[22]。二十五日の衆議院予算委員会でも質問が出され、石本陸相は、出兵の噂は事実無根であるという答弁を行った[23]。これにより、この時の出兵は不可能になった。機先を制せられた陸軍は、別の機会をうかがうことになる。

その一つが満蒙挙事である。これは清朝の末裔あるいはモンゴル王族を擁立しようとする挙兵計画で、川島浪速を主役に進められたものである。満蒙独立運動と呼ばれることもあるが、独立運動の実態はほとんどなく、むしろ日本の影響力の強い政権を打ち立てるという考え方にもとづく中国分割論の流れをくんでいた。川島のもとには参謀本部から多賀宗之少佐が送り込まれており、宇都宮は多賀に、袁に対抗できる、たとえ対抗できなくとも屈服しない勢力を作り上げ、その勢力を日本と親善ならしむるように尽力せよという指示を十一月の時点で与えていた(24)。この動きが表面化するのは一月下旬以後のことであり、粛親王善耆を北京から脱出させ、さらに小銃が運び込まれることになった。しかし動きに気づいた海軍や外務省によって止められ、二月二十日に政府の指示により中止となる(25)。

イギリスとの協調を実現できず、さらに清王朝を維持させることに失敗し、また南満洲への派兵も列強や世論の反対によってできなかったことは、西園寺内閣の外交指導に対する多くの不満を生んでいった。たとえば山県は一月最初の段階で、「各国をして我方策に随伴せしめざりしは千歳之遺憾」と政府の外交運営に不満を高め、満洲に革命が波及しないようロシアと協商を遂げることが重要だと述べていた(26)し、西園寺内閣の後見役を自認する桂太郎も、二月最初には、政府は中国の情勢を「皆隣の火事視」して自国の将来に大関係するものであることを心配するものが至って少ないと不満を述べ、満洲に関する意見は採用してくれているのだけれど、実行の事については残念のことばかり起きると述べ、その外交運営を「船頭無しの船に乗り居心地」がすると言うまでになっている(27)。

そしてこれを田中義一に言わせれば、このような内閣の消極的姿勢は、ひとえに海軍の消極的な姿勢によるものとされた。すなわち田中は、海軍の人たちは「帝国の大陸に向て発展するを喜ばざる部類の人」であり、この人々が「政府の党与と結托し」ていると考えたのである(28)。西園寺内閣は海軍の影響力が大きいと見なされているわけである。この反発が年末における二個師団増設要求への陸軍の強硬な態度につながっていくことになる。

三　列国協調出兵と海軍の動向

しかし田中が指摘するように海軍が大陸に何の関心もなかったわけでも、西園寺内閣が何の手も打たなかったわけでもない。先に見たような清王朝維持のための出兵や、山県が主張した満洲秩序維持のための出兵はなされなかったが、別に二つの出兵がなされていた。ともに小規模のものではあったが、それについて述べておく。第一は、列強が共同して行った北京・天津駐屯軍の増兵措置と京奉線の共同保護であり、もう一つは漢口への派兵であった。

まず前者について。北京・天津の駐屯軍とは、北京最終議定書によって駐屯が認められた軍隊であった。その任務は、居留民保護と北京・海浜間の自由交通確保にあり、北京から山海関までの鉄道沿線に駐兵することが条約上認められていた。列強各国は、この駐屯軍に関する問題について、北京公使団会議や天津軍司令官会議で相談を行っていた。すなわち華北についての軍事行動に関する国際協調体制が存在していたのである。

ただし北清事変後、中国情勢が安定すると、列強諸国は鉄道守備から撤退し駐屯軍の兵力数を削減していった。しかし辛亥革命における混乱に直面すると、再びそれを復活させるための協議が持たれ、その結果、列国が合議して駐屯軍の増強を行うことになったのである。

それは十一月二十三日に開かれた公使団会議で相談され、日本の場合四個中隊（約七五〇人）を新たに内地から送ることになり、翌年一月には鉄道沿線警備をも復活させたのである。さらに三月最初の北京兵変に際して、列国は北京警備兵を合計で千人増加させることを決議し、各国はさらなる増兵を行った。日本も関東州から一二〇〇人を天津の清国駐屯軍に増派している。このように北清事変のほぼ一〇年後に起こった再びの動乱＝辛亥革命は、中国に対する列強外交の共同性を確認する場となり、列強の行動が北京最終議定書の枠組に拘束されていることを再確認させたのである。なおこの時に、新たな要素が付け加えられた。それはアメリカの鉄道沿線警備への参加＝増兵が認められ、それが以後継続することになったことである。

次に漢口への出兵である。これは中支那派遣隊と呼ばれた一大隊規模のものである。これは条約上の規定に基づくものではなく、漢口租界の周囲が革命派と清国軍の激戦の舞台となり、居留民の安全が脅かされたことにより、イギリス・ロシアとの相談の上でなされたものであった。先に日本は、革命が勃発すると、列強とともに、揚子江警備にあたっていた海軍の艦艇から陸戦隊を上陸させて租界防衛を行っていた。時期によって人数は異なるが、最大で約二〇〇人程度であった。それがイギリスやロシア、ドイツの陸兵派遣の決定を受けて、日本でも陸軍部隊に置き換えられることになったものである。十二月十一日に閣議決定、二十二日に裁可され、一月一日に七二六人の派遣隊が到着し、三日に交替は完結した。

中国はすでに多国間協定の監視下に置かれ、一国の独走を許さない地域となっていた。第二次西園寺内閣は、このような国際協調体制を受け入れることを基本として、それ以外の行動を抑制させたと言えよう。日本の独自行動、たとえば山県の意見書にもとづく南満洲を対象とするような出兵を難しくしたのは、このような状況が明瞭となってきたことによろう。

いっぽう海軍の対応は消極的あるいはイギリス追随であったと見られている。まさに田中義一の観察はそうであった。しかし海軍にも、革命の動乱をチャンスととらえた動きがあった。

たとえば十二月初旬に清王朝と革命派の休戦交渉がイギリスの仲介によって始まっていた頃に、日本もイギリスと同じように休戦の仲介をなし、中国を日本に依頼させるようにし向けることが、「将来我国の清国に於ける勢力発展の為極めて緊要」であるとして、その機会を作るようにせよ、という訓令が揚子江警備にあたっていた川島令次郎司令長官に伝えられている。(29) これに対して「我より進んで列国協同干渉の提議をなし、欧米各国を勧誘するを以て良策なりと信ず(30)」と返電されているように、共同干渉そのものが完全に否定されていたというわけでもない。

海軍が日本の単独行動を否定していなかった例証として、揚子江中流域の大冶への揚兵（＝占領的意味を持つ）をあげることができる。大冶の鉄鉱石は官営八幡製鉄所に供給され、その安定的確保のために漢冶萍公司の日清合弁化が海軍の強い要望であった。革命勃発直後の十月十四日の時局策には、「大冶は我国との関係最も深きを以て、要すれは兵力を以て之を保護し事実上の占領を為すを可とす(31)」とされ、十八日の川島司令官宛の電報には、革命が波及した場合の日本利権の「保護」につとめるべきことが指令されていた。(32)

実際に大冶揚兵がなされたのは翌年二月のことであり、これは漢口への中清派遣隊の派兵と関係していた。漢口に陸軍部隊が到着して、海軍の陸戦隊は艦上に引き揚げ、革命勃発以来漢口に停泊していた第三艦隊は上海に下江したが、この時に陸戦隊の一部が大冶に上陸することになったのである。この揚兵は、二月四日から翌年四月六日までの約一年以上の長期にわたることとなった。この行動は、海軍省からの強い要請によってなされたものであった。一月二十日栃内曽次郎軍務局長は、次のように指令した。[33]「大冶揚兵は窃かに好機会を窺ひ居りたる」ところで、「此際我実力を陸上に樹立することは、一は目下進行中なる漢冶萍日清合弁問題に対しても帝国の決心の一部を外国に示す上に於て与つて力あるへく、二には揚子江筋に於ける帝国の利権獲得に一歩を進むるものなりと認められ」る、ただちに揚兵を命じてもよかったのだが、艦長に任せたら意外に消極的であり、揚兵躊躇は「外務省の如きも〔中略〕想像せさりし」ことであったとして、「速かに大臣の御趣意に副ふの処置を執られんことを勧告」したのである。外務省も揚兵を現地の判断で行ってくれるよう期待していたが、行動を起こさないので、揚兵を促したという経緯がわかる。

これまで辛亥革命にあたって、積極的な動きを見せた陸軍に対して海軍はそれを牽制する立場にあったとされているが、この大冶揚兵の動きからは、海軍は海軍側の思惑をもって、特に華中権益に関しては関心を持って動いていたことがわかるのである。

四　革命の日本政治に及ぼした影響

三月十日、袁世凱は臨時大総統職を継承し、いったん革命は落ち着きを見せる。伊集院公使は三月八日の日記に、「明後十日を以て袁世凱臨時大総統宣誓式を挙行する筈にて、外務部より公文を以て各国公使にも通知する筈なるか、〔中略〕素より臨席すべき筋にあらざれは、余は之を聞流し置けり」と記した。[34] ここには袁との関係をうまく扱えなかった伊集院の強がりと、そのため袁を元首とする中華民国を正式承認すべきではないという伊集院の思いを見てとることができる。

また宇都宮太郎はその日の日記に、「袁世凱、所謂中華民国第一世大統領就任式を北京に行ふ。有ゆる詐術を用ひ、陰謀毒計人の寡婦孤児を欺て天下を盗みし彼れも、悪運強き間は殆んど天に勝つの有様あり。〔中略〕併し支那問題は之を以て結了したるにあらず、是れより益々為すべきを為すべきなり。但し第一期に於ては、要するに我帝国は全然の失敗なりき」と記した。[35] これは革命への対応に失敗したという思いと、日本は今後も中国情勢の展開に応じた準備をしておかねばならないという見通しを述べたものである。辛亥革命後の中国情勢は、最も現場に近い位置にいた二人の人物にとってそうであったように、日本に苦い経験を与え、その後に日本が独自の政策を追求していく動機となったのである。

新たに建国された中国政府は、内部対立が激しく政治的に不安定であり、南北対立、第二革命へと進んで行く。このような状況は、列強の中国への関与を高めることになった。日本でも広い意味での辛亥革命の影響が、この後も続くことになる。対外政策上の対立が政治の焦点となり、現実に内閣交代の原因となり政界再編の一因となった。大正初期の日本で、比較的短期間で内閣が交代したのには、少なからず中国政策の不一致が原因していた。

一九一二年十二月から、日本では大正政変と呼ばれる政治的大混乱が起こった。第二次西園寺内閣が、陸軍の二個師団増設要求を拒否したことにより崩壊した。この背景に、予算をめぐる陸海軍の鋭い対立があったことは知られているが、その対立を増幅したのは、田中が思い込んでいた革命に対する政策の違いにあった。ついで組閣された第三次桂太郎内閣は、政友会との提携を断絶し新政党を組織し、天皇の権威を利用した政治を行うなど、これまでの政治運営方式を踏襲しなかった。そして陸軍出身の桂の再登場は、藩閥打破・憲政擁護の世論を強め、わずか二カ月余りで内閣は辞職した。この第一次憲政擁護運動と辛亥革命との間につながりのあったことは、辛亥革命時に革命派を応援した日本人の多くが憲政擁護運動の中心となっているということから、革命思想（あるいはデモクラシー思想）の連鎖という観点から注目されたことがあった。[36]しかし桂の行動も、辛亥革命が影響していた。

第二節で、第二次西園寺内閣の外交運営に対して不満が高まってきたことに言及した際、桂もその一人であったことを述べた。三月に入ると桂は、内閣は最初は自分の助言を聞いて、その実行が不完全な程度であったが、最近はそれさえもできなくなったと感想を漏らすようになる。[37]中国情勢が混乱している現在こそが、日本が活動を試みる絶好の機会であり、このような好機に西園寺内閣が「事なきをのみ主義として」何事もしていないことは遺憾千万であり、だからといってどうすることもできない[38]と述べ、悔しさを表すようになる。

そして桂は、自ら日本外交の立て直しを目ざして活動を始めたのである。その一は日英同盟関係の立て直しであり、桂は四月頃に、イギリスと太いパイプを持っていた加藤高明駐英大使と会見して将来の提携を約束し、その二として七月からの訪欧にあたってはロシアをまず訪問して両国親善関係の拡大と中国政策について相談し、ついでイギリスに渡り日本の中国政策、特に満蒙政策に関する了解を得ようと考えた。そしてその三として、中国との関係改善を図るために、特にそれまで関係の薄かった革命派との人間関係を取り結ぼうとして、日本で革命派を支援してきた民間政治家（その多くは非政友派であった）に接近した。たとえば新党創設にも深く関与した秋山定輔と会談して、「支那問題の解決を目的として今一度宰相の任に就く事」、「新に政党を組織して立憲的態度を以て天下を取る事」、「支那問題解決の相棒として孫逸仙君と肝胆相照す事」を秋山が説き、それに桂は同意したという[39]。秋山は一九〇〇年頃から孫文と緊密な関係をもっていた人物である。国民党を脱し新党に参加したメンバーの発表した「告知書」も、西園寺内閣の辛亥革命時の外交を「国勢の萎靡不振を極めた」ものとし、それは「外交の方針」がなかったからだと批判していた[40]。

第三次桂内閣は短命であったために、実際の外交はほとんど行われなかった。しかし、どのような外交方針であったのかは、「桂内閣の新政綱」という新聞記事からわかる[41]。その中の「外交の不振に対し刷新を加ふること」という項目は、次のようなものであった。

西園寺内閣治政の一年有余間、外交は殆ど放棄せられ、諸般の関係に於て弛びを生じたるの感あるを以て、此際平和政策を根底となし、日英同盟の基礎を益す強固ならしめ、日露日仏両協約の精神を緊張せしめ、其他の諸国に対しても益す国交を親善ならしめんことを計り、仍つて以て東洋永遠の平和を期し、同盟協約の目的を拡充せしめること。

ここに記されていることは、桂が西園寺内閣に助言し、また訪欧にあたって実現しようとしていたことである。つまり日本が中心となって諸列強間の調整を図り極東問題に対処しなければならないということを述べたものであろう。つまり桂は、辛亥革命によって乱れを生じた列強との協調関係を回復するために、諸列強および南北中国（桂は「both of China」と述べたと報じられている）[42]と友好関係を保ち、諸列強との利害を調整していきながら日本の国益を実現していこうと考えていたのである。

また三井物産社員森恪の盛宣懐に宛てた書簡には、桂が述べたという中国に対する時局意見が記されている。桂は、中国が不確定な状況にあることが危険であり、日本は中国が速やかに確固たる政府を建設し日中貿易が発達することを願っている、また日本が満洲を合併しようとしているのは事実無根の風説であり、既得権は維持しようとしているが、侵略の意図はない、だから日本と手を取り合うことが必要であると述べたというのである[43]。

第三次桂内閣が総辞職を表明した直後の一九一三年二月に孫文が、国賓ではないが、それと同じような扱いを受けて来日した。この扱いを決定したのは桂内閣であった。この時の来日について、もう少し以前に来日する予定だったものを、前出の秋山が、桂内閣の出来るまで延期してもらったと宮崎滔天は記している[44]。これは、海軍の増田中佐の報告中に、秋山が「我か当局大官（西園寺内閣関係者――櫻井註）は外交の事に関しては一切面会せさる意向なるに付き渡日を見合すへき旨を警告」したと記されているので確実である[45]。そして桂は二回にわたって孫文と会談を行ったのである。そこに山県や寺内とは異なる方向に歩み出した桂の姿を見ることができる。彼らは桂のこのような行動を好ましく見てはいなかった。

おわりに

辛亥革命の勃発と中国の混乱は、それまで日本が取ってきた漸進的・国際協調的な外交政策を見直させる契機となった。第二次西園寺内閣は、基本的にそれまでの路線に基づいて対応しようとしたものの、清朝を維持させることもできず、また中国に対する影響力の拡大もできなかった。対列強関係においては、日露関係は順調だったものの日英同盟に綻びが生じた。その中で政府内から、もっと積極的・自主的な、あるいは自立的とまではいわないまでも列強を主導するような政策を行うべきだという批判や、本稿では特に大きくは扱わなかったが、日中の特殊関係を重視する日中提携論やアジア・モンロー主義の主張も生み出されてくることとなる。これら自主外交への志向は、もともと欧米に従属するような日本外交を嫌っていた民間のアジア主義者たちからは歓迎されることになる。これらが大正前半期の日本政府の対中国政策を複雑化させる要因となった。

そしてそれは欧州列強のアジア外交が消極化して日本が列国の動向を気にする必要が無くなった時に噴出する。たとえば第一次世界大戦期であり、第二次大隈重信内閣が参謀本部と結んで行った排袁政策（＝南方派援助政策）や、寺内正毅内閣の援段政策（＝北方政権援助政策）であった。この正反対の政策は、内閣を担った政治勢力の違いによるものであったが、いずれも辛亥革命をきっかけに生じた中国政情の不安定化と日本における自立的な外交政策が現実化された姿であったことでは共通していた。こういう意味で、辛亥革命は、その後の日本の対中国政策混迷の出発点であったのである。

注

（1）北岡伸一『日本陸軍と大陸政策』（東京大学出版会、一九七八年）、波多野勝『近代東アジアの政治変動と日本の外交』（慶應通信、一九九五年）、小林道彦『日本の大陸政策　1895-1914』（南窓社、一九九六年）、兪辛焞『辛亥革命期の中日外交史研究』（東方書店、二〇〇二年）、李廷江『日本財界と近代中国』（御茶の水書房、二〇〇三年）、千葉功『旧外交の形成　一九〇〇〜一九一九』（勁草書房、二〇〇八年）など。千葉氏のものは簡潔にまとめられている。

（2）拙著『辛亥革命と日本政治の変動』（岩波書店、二〇〇九年）、同『大正政治史の出発』（山川出版社、一九九七年）。

（3）「十月二十四日閣議決定」（外務省編『日本外交文書別冊・清国事変』巌南堂、一九六一年、五〇―五一頁、以下『清国事変』と略す）。

（4）十一月一日付山座臨時代理大使宛内田外相電報（同前、五〇四頁）。

（5）十一月二日付伊集院駐清公使宛内田外相電報（同前、五八頁）。

（6）十月十六日付伊集院駐清公使宛内田外相電報（同前、一三六頁）。

（7）島貫武治「日露戦争以後における国防方針、所要兵力、用兵綱領の変遷（上）」『軍事史学』八巻四号、一九七三年、一二―一四頁。また四月十八日には「南満洲応急用兵計画要領」が参謀本部で印刷に付されている（「文庫・宮崎・46」防衛研究所図書館蔵）。

（8）「原敬日記」一九一一年十月十三日（原奎一郎編『原敬日記』第三巻、福村出版社、一九六五年、一七四頁）。

（9）「清国ニ対スル用兵ニ就テ」十月十三日（「明治四十四年至大正三年清国事変書類」巻一、防衛研究所図書館蔵、以下「清国事変書類」と略記する）。

（10）十月十四日付「次官ヨリ参謀次長へ照会案」（「明治四十四年軍事機密清国革命乱関係書類」三一号、防衛研究所図書館蔵、以下「清国革命乱関係書類」と略記する）。

（11）宇都宮太郎「対支那私見」十月十五日付（上原勇作文書研究会編『上原勇作関係文書』東京大学出版会、一九七八年、五五―五六頁）。

(12) 宇都宮太郎関係資料研究会編『日本陸軍とアジア政策　陸軍大将宇都宮太郎日記』(岩波書店、二〇〇七年)。同日記からの引用は、特に註を記さない。

(13) 久保田文次「宇都宮太郎と中国革命をめぐる人脈」(『日本陸軍とアジア政策　陸軍大将宇都宮太郎日記2』六〇―六一頁)。なお孫文と実際に会ったことが確認できるのは一九一三年二月のことである(拙著『辛亥革命と日本政治の変動』一一三頁)。

(14) 十一月二日付内田外相宛伊集院駐清公使電報(『清国事変』一四九頁)、十月二十八日付内田外相宛伊集院駐清公使電報(同、三七七―三七八頁)。

(15) 十一月二十八日付山座駐英臨時代理大使宛内田外相電報(同前、三八三―三八五頁)。

(16)「北清派遣師団編成ノ件」(「清国革命乱関係書類」五十号)。この計画が、主務局の軍務局で検討され始めたのが十一月三十日であり、同日中に大臣官房に届けられていることは確実であるが、その時の書類は残されていない。残されているものは、貼付の付箋によれば「連帯を終りたる」後に内容に「若干の変更」が加えられたものである。

(17) 十二月十五日付伊集院駐清公使宛内田外相電報(『清国事変』四一〇―四一一頁)。

(18)「財部彪日記」十二月十四日・十七日(坂野潤治他編『財部彪日記』上巻、山川出版社、一九八三年、二九五―二九七頁)。

(19)『原日記』十二月二十六日、『財部日記』十二月二十七日、十二月二十六日付伊集院駐清公使宛内田外相電報(『清国事変』四六七―四六八頁)など。

(20)「対清政略概要」一九一二年一月(大山梓編『山県有朋意見書』原書房、一九六六年、三三七頁)。

(21) 一月十七日付山県宛田中書簡(尚友倶楽部他編『山県有朋関係文書』第二巻、山川出版社、二〇〇六年、三二二頁)、一月十七日付本野駐露大使宛内田外相電報(『清国事変』五二七―五二八頁)。

(22) 一月十七日付安東貞美師団長宛石本陸相達案(「清国革命乱関係書類」四十号)、安東貞美「各地新聞記事ニ関スル件報告」一月三十一日(同、四十二号)。

(23)『帝国議会衆議院委員会議録　明治篇68　第二八回議会　明治四十四年』東京大学出版会、一九八九年、三三一―三三四頁。

(24)宇都宮太郎「多賀少佐ニ口授シタル要旨」一九一一年十一月三日(「宇都宮太郎関係資料」書類二九六―二の内)。
(25)第一次満蒙独立運動については、栗原健「第一次・第二次満蒙独立運動と小池政務局長の辞職」(同編著『対満蒙政策史の一面』原書房、一九六六年)、佐々博雄「多賀宗之と中国大陸」『国士舘史学』二号、一九九四年、会田勉『川島浪速翁』文粋閣、一九三六年。
(26)一月二日付寺内宛山県書簡(「寺内正毅関係文書」三六〇―89、国会図書館憲政資料室蔵)。
(27)二月四日付寺内宛桂書簡(千葉功編『桂太郎発書翰集』東京大学出版会、二〇一一年、二九二頁)。
(28)二月二十一日付寺内宛田中書簡(「寺内正毅文書」三一五―9)、なお坂野潤治『大正政変』(ミネルヴァ書房、一九八二年、九六頁)が、この書簡の性質を扱っている。
(29)十二月八日付上海加藤中佐宛電報(「清国事変書類」巻一)。
(30)十二月十七日「時局ニ対スル川島司令官ノ意見」(同前、巻一)。
(31)「事変に対する我方針」(同前、巻五十六)。
(32)十月十八日海軍大臣発電(同前、巻二十八)。
(33)一月二十日軍務局長発電(同前、巻二十八の二、適宜句読点を加えた)。
(34)「伊集院彦吉日記」三月八日(尚友倶楽部他編『伊集院彦吉関係文書〈辛亥革命期〉』芙蓉書房出版、一九九六年、二六〇頁)。
(35)「宇都宮太郎日記」三月十日(『日本陸軍とアジア政策　陸軍大将宇都宮太郎日記 2』九二頁)。
(36)野沢豊「辛亥革命と大正政変」(東京教育大学アジア史研究会編『中国近代化の社会構造』教育書籍、一九六〇年)。
(37)三月十三日付寺内宛桂書簡(『桂太郎発書翰集』二九三―二九四頁)。
(38)三月二十八日付寺内宛桂書簡(同前、二九四頁)。
(39)宮崎滔天「桂太郎と孫逸仙」一九二一年(宮崎龍介・小野川秀美編『宮崎滔天全集』一巻、平凡社、一九七一年、五一一頁)。
(40)「告知書」一九一三年一月三十一日(拙編『立憲同志会資料集』四巻、柏書房、一九九一年、九―一一頁)。

(41)「桂内閣の新政綱」『国民新聞』一九一二年十二月十九日。
(42)一月十六日付グレー外相宛ランボルト電報(イギリス外務省文書 F.O.371/1666 の内)。
(43)一九一三年一月二十一日付盛宣懐宛森恪書簡(久保田文次監訳『中国近代化の開拓者・盛宣懐と日本』中央公論事業出版、二〇〇八年、三八八―三八九頁)。
(44)秋山が働きかけて「お客を迎へる座敷の掃除が出来てゐないから暫らく待て」と言ったと、宮崎滔天は記している(『宮崎滔天全集』五巻、五四八頁)。
(45)一九一二年十一月八日付軍令部長宛増田中佐電報(「清国事変書類」巻十六)。一九一二年十一月七日付犬養毅宛菊池良一書簡(小川平吉文書研究会編『小川平吉関係文書 2』みすず書房、一九七三年、四五四頁)。

〈追記〉本稿は麗澤大学特別研究助成金(平成二十三年度)による研究「辛亥革命をめぐる日本と世界」の研究成果の一部である。

2 辛亥革命をめぐる日本民間の動き
――青柳勝敏をはじめとする軍人グループの活動を中心として――

趙軍

はじめに

外交史料館の外務省記録の中に、「予備陸軍騎兵大尉青柳勝敏」と署名された一通の「意見書」およびその附録である「革命党一般の現状」が保管されている。この資料は、これまであまり知られていない日本の予備役・退役軍人たちはなぜ、どのような形で近代中国の辛亥革命運動に参加したのかという疑問に対して、一つの具体的な答えを与えてくれるだけではなく、その過程と結果を明らかにすることを通して、これまでの多くの研究と異なる角度から辛亥革命期における日中関係の一部を呈示してくれるのではないかと思われる。

一　青柳勝敏の経歴

辛亥革命前後における青柳勝敏らの活動に関して、これまで主に次の二つの時期に関連して言及がなされている。一つめは「第二革命」期間中、李烈鈞らが江西省で発動した袁世凱討伐軍の活動に青柳が参加し、「第二革命」の失敗後、再び日本に亡命した孫文・黄興ら革命指導者らが、東京で創設した軍官養成学校である「浩然廬（浩然学舎とも呼ばれる）」に、青柳ら十二名の日本軍人が孫文・李烈鈞らの要請に応じて軍事教官になった時期である。二つめは、袁世凱の帝政復活と前後して、粛親王善耆を始めとする宗社党メンバーがモンゴル馬賊のパプチャップ（巴布札布）親子と連携、また日本の大陸浪人川島浪速らと結託し、いわゆる「第二次満蒙独立運動」を引き起こした時期である。この時期において、青柳勝敏ら軍人グループは川島浪速の指示により、事前の計画や武器弾薬の輸送から戦場での実際の作戦指揮まで、「第二次満蒙独立運動」に具体的に関わった。本論は主に一つめの時期における青柳勝敏らの言動に焦点を合わせたい。

辛亥革命運動に関わった数十名ないし百名を超えた日本人の予備役・退役軍人（戦死者を含む）の中では、青柳勝敏はそれほど目立った存在ではなかったためか、これまで歴史家からの注目をあまり浴びることがなかった。第二革命期の日中関係史を論ずるとき、青柳勝敏らの活動に多少触れる必要がある場合も、「彼ら退役軍人たちは日本の軍部からの命令ではなく、自らの希望で名前を変えて中国革命運動に参加したのである」という概略的な論述以外、具体的な紹介や分析などは見あたらなかった。(1)

青柳勝敏の経歴や中国革命運動への参加歴に関して、既刊の資料を見る限り、確かに参照価値の高い資料はほとんど見当たらない。次に引用される『東亜先覚志士記伝』下巻に載せられた伝記は、最も基本的な資料と言えよう。

青柳勝敏（陸軍大尉、満蒙独立運動）　明治十二年五月十日秋田県北秋田郡大館町に生る。父は敬吉、母はきち子、彼はその長男で、中央幼年学校を経て士官学校に進み、三十三年業を卒へ、翌年陸軍少尉に任ぜられた。三十五年騎兵実施学校を卒業し、日露役には騎兵第十八連隊に属して出征し、功に依り勲五等旭日章を授けられ、戦後引続き満洲守備の任にあつた。四十二年騎兵第八連隊中隊長に補せられたが、その頃から大亜細亜主義を唱へて、中野天心（中野常太郎）や印度志士バラカツラ等と交遊し、四十三年に遂に大尉を以て現役を退き、雑誌『大東』を発刊して亜細亜民族の団結及び亜細亜各民族の覚醒を図ることに専念した。後に上海事変で名誉の戦死を遂げた林大八少将と交り厚く、その妹を娶つて家庭を作つたが、四十五年江西省都督李烈鈞に聘せられて顧問となり支那に渡航、江西独立の計に参画し、革命直後に於ける支那の大局を支配する一勢力を其処に確立すべく尽瘁した。然るに幾くもなくして宋教仁の暗殺を動機に南北の決裂となり、李烈鈞は江西に於て愈々袁世凱打倒の第一声を挙げ、彼は江西軍の参謀長となつて山中峯太郎と共に第二革命の活舞台に乗出したのであつたが、事敗れて李烈鈞と共に東京に帰り、大森新井宿に浩然廬なる学舎を設立し、李を社長とし彼が副社長となつて亡命の革命派志士八十余名を収容し、主として軍事教育を授けた。蒋介石、殷汝耕等は即ち当時浩然廬に在学した学生の一人である。この学舎は其後学生が千葉県下で爆薬の実験を試みた際不慮の爆発事件を惹起し、その為遂に閉鎖するの運命に陥つた。

大正四年夏蒙古の巴布札布が特使を日本に送つて清朝回復に関する援助を求めた際、彼は率先してその援助を画策し、粛親王及び川島浪速等と連絡を図り、同年十一月蒙古の特使に伴はれ木沢暢大尉等と共に入蒙の途に上り、哈拉哈河畔の巴布札布軍本営を訪ふて実際の状況を視察し、茲に愈々蒙古軍援助の決意を固めて翌五年一月帰朝し、爾来川島等と謀議を重ね武器弾薬及び軍資金の調達に奔走した。斯くて所謂第二次満蒙独立運動の準備を進め、五年四月再び哈拉哈に赴いて巴布札布と諸般の打合せを終へ、一旦旅順に引返し武器弾薬等を哈拉哈に向けて輸送した上、粛親王の第七子憲奎王を伴ふて三たび哈拉哈の巴布札布軍本営に赴き、巴布札布以下三千の蒙古軍と共に旗鼓堂々と満洲に向け進軍を開始したのである。当時彼は重要なる指導任務に努力して蒙古軍をして一糸乱れざる統制の下に満鉄沿線郭家店まで進出せしめたのであつたが其間既に満蒙独立計画に関する根本情勢が急変してゐて巴布札布軍は空しく蒙古に帰還せざるべからざる事となつた。彼は万斛の恨みを呑みつゝ蒙古軍の為め武器の補給等に尽力し、蒙古軍撤退後は独立運動挙事本部に留つて枢機に参した。六年秋遂に蒙古軍との関係が絶れた後は朝鮮人の満洲進出に関する指導に力を注ぎ、奉天に共栄社を創設して鮮人の保護、支那人の文化的指導等に努むる傍ら、我国の羊毛政策に留意し、満蒙に於ける牧羊発展の方法に就て研究を重ねてゐたが、晩年は兎角健康に恵まれず、不幸その抱負を実現するに至らずして昭和九年九月七日遂に長逝した。享年五十六。資性高邁、頭脳明敏、正に将帥の器であつたが、大陸経営の志に殉じて一生を不遇に終つたのは彼を知る者の深く惜しむ所であった。[2]

『東亜先覚志士記伝』は、いわゆる「東亜先覚志士」の「大陸経営」の「功績」を「顕彰」するためにまとめられた書物で、その記録には、「志士」たちの活動や理念に対して過分の褒め言葉や一方的な解釈があちこちに散在しており、書中の記述を歴史の事実として鵜呑みにするのは危険である。しかし、この伝記に描かれた出来事の順序に基づいて考えれば、青柳勝敏と中国革命運動との関連は、(1)現役を退いてからまもなく雑誌『大東』を創刊し、大アジア主義の鼓吹を中心とした第一段階、(2)辛亥革命の勃発後、江西省で李烈鈞を助けて軍事活動に関わり、第二革命の失敗後日本で「浩然廬」の設立・運営を中心とした第二段階、(3)「第二次満蒙独立運動」に関わり最後までパプチャップ軍を支えていた第三段階、(4)一九一七年以降中国の東北地方で文筆活動をしながら、「満蒙」で牧羊事業を展開しようとした第四段階に分けることができると思われる。

職業軍人としての青柳勝敏は、陸軍士官学校同期生の杉山元、畑俊六、小磯国昭らと比べると、陸軍での仕途はかなり不順な調子で終始し、[3]現役を退いてからの活動もほとんど竜頭蛇尾に終わったため、『東亜先覚志士記伝』の著者も彼の「一生の不遇」を嘆いたほどである。しかし、青柳勝敏はなぜこのような人生を選んでいたのか？　その答えの一端は、彼の書いた「意見書」とその付録から窺うことができると思う。

二　中国政策への意見書

青柳勝敏の「意見書」は手書きで、非売品の体でまとめられ、表紙にはただ「大正三年八月四日持参」とのみ記されていることから、一九一四年八月に本人が外務当局に提供したものであろうと推測できる。「孫文の動静」などの監視記録に照らしてみれば、この年の一月から八月までの間、青柳はしばしば東京にある孫文の住居に出入りし、中国革命党員の活動について日本のマスコミに何度も紹介しており[4]、青柳勝敏にとって中国革命党員との関係が最も密接な時期であり、また日本当局からも最も注目されていた時期であると考えられる。

「意見書」はまず中国における日本と欧米列強の競争状況に対する現状分析から切り出されている[5]（原文のカタカナはひらがなに直した。以下同様）。

近時欧米の文物発達は遂に東洋未開の支那に全視線を傾注し陰に陽に現ゆる方法手段を弄して利権を獲得し政治上経財上有力なる根底を作製せしとするの形勢にあり然るに我国は偉大なる軍備を有するにも拘はす財政の不備は平時的の競争場裡に於て常に欧米の後に瞠着しつつあるは大陸発展上将又我国立脚の基礎上実に遺憾とする所なりき然るに今回欧州の大乱は実に天与の好機会にして我国をして危機を脱して百年の寿を得せしむるものにして千載不可得の好機なり

故に吾人此の機に於て慎重審議以て東亜策の発展に努力し一度決するや決然断行するの勇なかる

べからす徒らに欧米の世論に迎合し或は民間非帝国主義者の口吻に恐るる処ありて此の機会を失せは実に何時ありて我国の発展を企図し得へき此の挙決して火事泥的に見えへりして決して然にあらす之れ我国発展の好機を作成せる天裕《ママ》たらずんはあらす之を歴史に徴するも欧米発展史上幾多如斯例証を示して明らかなり然し雖も只是れなり是れ他日尚幾度か欧米白人種との間に立ちて嬴輸を決すへき時機到来すへきに当りアジア人種の結合して以て我国の危機を救ひアジア人種発展の基礎を作成するに当りて至大の障害を及ぼすの恐れあれりなり先年我国の朝鮮を併合したるに当り亜細亜一般人士の感情甚不良なりき即ち彼等は将来機を得て我国の助力を得立国の計を作さんとするに当り我国自ら領土を併呑するや彼遂に馬を鹿に乗り換えるの愚を知りて其の人心我国より遠かるの不利あるを以てなり是を以て我国は広く大に亜細亜各州を抱擁せんとする大抱負を以て隠忍切《ママ》取強盗的小策を放棄せさるへならすと信す然れは即ち如何にして此の機会を利用せんか即ち我国の政策と相入れすして遠交近攻の策を弄して頻りに我国を牽制するの袁政府を転覆し我国の親善的政府を樹立し我国の利権勢力を扶植するの策を講する是第一の採るへき方策ならんと信す之を以て去歳第一、第二次革命戦の如き官庁にして各其採る所を異にし民間亦為す所を異にすか如き各個的手段を全廃し挙国一致大方策を以て之に対するの計を採るにあらすんは唯竜頭蛇尾に終りて何等の益する処なくして止まれのみ

青柳勝敏のこの議論の主旨は、以下の数点にまとめることができる。第一に、第一次世界大戦の勃発は日本に中国大陸で権益を拡張できる「天与の好機会」または「千載一遇の好機」であり、日本はこれ

を見逃さず「決然断行」をしなければならない。第二に、中国での権益拡張において、日本は中国領土の直接的な分割活動をおこなう必要はない。さもなければ、日本はアジア諸国の革命家や独立運動志士たちの信頼を失い、「アジア人種の結合して以て我国の危機を救ひアジア人種発展の基礎を作成する」大事業に悪影響を及ぼしかねない。第三に、上記の二つの目標を実現する具体的措置として、日本にとって必ずしも従順とは言えない袁世凱政権を倒し、親日的な新しい政権を樹立し、その政権を通じて大いに「我国の利権勢力を扶植する」ことが重要である。このように青柳は、欧州大戦のチャンスを活用すれば日本の在中国権益は大いに拡張するであろうと見ていた。

実際、同じ時期、同様の議論と主張は日本社会にもいろいろ出回っていた[6]。青柳勝敏の議論の特出したところと言えば、彼が大戦勃発後一カ月も経たないうちにこのような主張を提起できたことにあり、このような問題に対する鋭い洞察力の持ち主であったことを物語っている。青柳勝敏の「意見書」を含む数々のこのような議論と提案が、日本政府（外務省など）の対中国政策の決定に対してどれほどの影響力を果たしたかは不明だが、中国領土の直接的な分割行動に反対する立場は、軍部首脳の強硬な対中国路線と異なっており、むしろ民間にいる大勢の「支那通」と呼ばれていた人々の意見と一致していた。

それと同時に、青柳の出した具体的な対中国政策の中に、注目に値する次の二つの提案がある。第一に、日本の在中国権益の拡大にとって袁世凱は最大の敵対勢力と見なされ、袁政府に取って代わる親日的中国政府の樹立は当面の急務であると提案したこと。この線で考えると、青柳の中国革命党員への援助活動は、すでにこの方針に沿った実践活動の一部ではないかとも推測できる。第二に、対中国政策において、青柳は「挙国一致大方策」を唱えていること。これは当時の対中国外交面において常態となっていた「官庁にして各其採る所を異にし民間亦為す所を異にすか如き各個的手段を」講ずるいわゆる「多元外交」に対する青柳の批判と理解できよう。二つの提案はともに当時の「対中国外交」に対する疑義と要望であり、青柳のいわゆる「民間」的立場を表した言論と言えよう。

また、中国でどうすれば「我国の利権勢力を扶植する」ことができるかについて、青柳勝敏はまた次のようなリストをまとめて外務当局に呈示している。

故に此の際挙国断して南方革命党を援助して是れに起動力を与え続て之を助成するの策を講し其成果を待つて左の権利を獲得するを可とせし

一、満洲東部蒙古を全部開放して邦人移住の特権を得ること
二、満蒙鉱物採掘権を得ること
三、開放地の邦人危害に対しては我警察権布設の特約をなすこと
四、自安東県経懐仁通化、至海龍鉄道布設権
五、自浙江省温州経常山至福建省延平鉄道布設権及自福建省福州至江西省南昌鉄道布設権
六、自福州至広東沿海岸鉄道布設権
七、江西省南昌開放及居留地の占有並九江居留地の獲得
八、上海及南京居留地の獲得
九、寧波の開放
一〇、支那全省日支共同鉱物採掘の特権

一一、軍隊及各学校本邦教官傭聘之特権
一二、長江の漁業権

日本政府が袁世凱の北京政府に対華二十一カ条要求を突きつけたのは一九一五年一月十八日のことだが、その要求案の下準備の段階で、外務省、陸軍、元老及び民間団体さらに一般の民間人レベルからさまざまな対中国方策案が提出され、その数は数十件を下らなかったという(7)。民間から提出されたもので、かつ内容も確認できるものの中では、黒龍会のリーダーである内田良平が外務省政務局長小池張造宛に出した提案が最も系統的なものであると思われるが(8)、最も提出が早かった提案は、青柳のこの「意見書」と言える。青柳の「意見書」のあと、東亜同文会(九月一日)、対支聯合会(十月六日)、黒龍会(十月九日)、小川平吉(十一月七日)などの諸団体と個人は青柳の意見書を追った形でそれぞれの提案を政府に提出した。後発の各提案に対して、青柳の「意見書」は啓発的な意義を持っていたとも考えられないでもない。

民間から最も早く提出された対中国の要求案だったためか、対華二十一カ条要求と比べると、青柳の「意見書」の要求は内容的には簡単なものが多く、着眼点も単純なものが多かった。しかし、青柳の「意見書」に提案された鉄道の敷設権、長江の漁業権、警察権、「日支共同鉱物採掘の特権」、「軍隊及各学校本邦教官傭聘之特権」などはいずれも対華二十一カ条要求の中にもある程度取り上げられ、一部の内容においては、むしろ青柳の「意見書」の方が中国の主権に対する侵害はもっと酷かったと言えよう。

青柳勝敏は「意見書」の後半に、職業軍人の目線でヨーロッパ大戦終了後、英・露・仏諸国が再び「東洋」に戻って勢力を盛り返す可能性を想定し、その際に、日本の取るべき対策と注意事項について提案をしている。最後の結論として、彼は、「故に吾人は此の際厳正中立を保持し欧州の大乱をして東洋に波及せしめさることを宣言し若し事を進して為すの国あるときは即ち我国は何国たるを問はす武力を以て之を抑制し以て東洋の和平は我国独り之に任するの責を尽くし以て此の際を利用して全力を傾注し支那問題の発展に努力すへきを得策と信す」と述べている。ここでの言論に限ってみれば、「意見書」の著者である青柳勝敏はあくまで「大日本帝国」の「国益」を最重視する立場に立った提案者であり、孫文ら中国革命党員への同情や共鳴などは微塵も見られなかった。

三　「付録」に示された青柳の構想

「意見書」の付録として提出された「革命党一般の現状」の内容を検討すれば、この付録の提出目的は以下の二点にあるのではないかと推測できる。第一に、革命党の内部から日本政府に中国革命党員に関する情報を提供すること。第二に、自分のこれからの計画を報告し、政府からの財政的もしくは軍事的支援を取り付けることである。

中国革命党の現状として、青柳勝敏は、まず以下のように分析し、長江流域の革命党の活動に悲観的な見通しを示した。

昨年第二次革命以来革命党は袁世凱の為め根底より其根拠地を蹂躙せられたるのみならず支那人

一般の性情は強者の前に屈従、阿諛迎合し昨《ママ》の同志は今日翻然敵となるの情態にあるを以て昨秋以来屢時部分的に蹶起せし急進革命党は今や全く其根底を絶ちたるやの感あり然し雖も是れ統一的否な結合的性質を有する者の件にして白狼的乱党は所在各地に割拠し暴威を逞ふしつゝあるは歴然たり、殊に昨秋以来白狼の旺盛なる活動は全天下革命党或は鼠賊の徒をして羨望せしめたる所にして、殊に今日実力皆無なる革命党員の一時的僥倖を目途とし計画しつゝある所の者又皆白狼式攪乱にあり孫文、陳其美一派の徒も亦之に類し本春以来長江一帯各不平分子の結合を計り稍其端緒を得たるも資金欠乏の結果今日は全く其希望を失ひ長江一帯所在の草賊流賊を集結して略奪攪乱を企図し已にその希望の一端を得本月末か来月上旬にあらんとす殊に彼等の至要なる地とする所は江蘇省、淮安、安東、徐州一帯の地及浙江省湖州並安徽省の泗州、鳳陽付近の地等の如し次に江西省は白狼盗伐の為混成一旅を派遣し且都督は竜師長の間親和を欠き竜師長は遠さけられて其師団を率きて九江に滞在し南昌は只憲兵及巡警のみにして且憲兵隊の一団多く革命党に心を寄せる者あるを以て江西出身の革命党は是等を利用し城内より蹶起せしめるの計画中なる者の如し

革命党の勢力について、「湖南省は革命党、緑林の巣窟として殊に昨年李烈鈞、林虎の解散兵及湖南の解散兵は武器を携帯して山間に遁走せし者頗る多数にして現今時々暴動を起し其勢益猖獗を極め居れり。又林虎の営長某等一部其牛耳を採り漸次広西の国境に退き広西の緑林に合せんとするの形勢あり」と判断し、さらに革命党と張勲、岑春煊など旧官僚との間の関係について、「次に張勲の去就に付き一言せんとす。張勲は元より袁の術策を知り屢時北京に招致せらるゝも頑として動かす又逐次其勢力を奪

はれ遂に絶体絶命に陥るを知る故に機あれは起たんとする念熄ます革党之を利用せんとせしも彼孫文等と共に事を為すを厭き岑春煊なれは共に事を為さん事を約し目下林虎は岑春煊の間にありて交渉中なり、若し果たして張勲の動くとせは長江一帯の形勢又大に変動あらんとす」などの新しい動きの出現を通報した。

上述した情報には、情報源は明記されていなかったが、青柳勝敏が中国革命党の内部にいる自分の立場を利用し、各種の情報を分析し自ら出した判断であろうと考えられる。第二革命失敗後の革命党内部の混乱状況と士気の低落に関する分析は、ほぼ当時の事実を反映していると言えよう。

革命党の現状に基づいて、青柳勝敏は、「以上南清一帯に付て革命党現況の主なる部分を掄起《ママ》したるに不遇と雖要之革命党の現況は殆んと大なる実力を有せす随つて彼等自ら起動の力なく只袁の失政或金融杜絶し各地不平の徒勃起するを待ちて之に乗するか或は第三者たる日本等に於て極力之を援助(原注：主に金と武器弾薬)するに非らずんは到底偉大なる効果を得ること全く難し欧州大乱も大兵団の集中作戦と兵器の威《ママ》大なる進歩とは戦局をして益速かならしむるを思はは欧州大乱の端緒を得は速に之を大々的に援助し迅速果敢に実行せしむること極めて緊要なるへしと信す」と述べ、自身の力で再起が困難になった革命党に期待をかける場合、財政面と武器弾薬面の支援が不可欠であるとの判断に達している。

革命党への援助の必要性を力説した青柳は、援助がどの程度必要になるかについてもおおよその見積もりを出している。それによれば、

所要金額

一、孫文一派は主に長江沿岸の各地に事を挙けんとし亦同一派の陳其美は潜に満洲にも其手足を伸はし居ること明かなり而して已に其計画を進めつゝある現況資力に乏しく此儘放置せは本春以来実行せし事も亦水泡に期せんとするの状態にあり彼等は五十万円の資金あれは長江一帯の攪乱活動は容易なりと云ふ

二、林虎は広東、広西を根拠として起たんとし已に昨秋亡命以来直に此方面に努力し其費する所の金亦三万円に近く将来三十万円内外の資金あれは此方面の活動亦大に見るへきものあらん

という。

ここには所要金額の算出方法についての説明はなかったが、何らかの根拠があったのかも知れない。しかし、もし「満洲」や広東、広西の革命党員が計画通りに事を成し得た場合、その後の行動をどうすればよいかについては、青柳は考えていない模様である。(9) なぜ考えていなかったのか？　次の「結論」を見れば、答えが出てくるだろう。

結論

要之革命党の現状前述之如くにして到底、自力を以て起動すること頗る困難にして然かも起動するも容易に発展すること不能状況にあり殊に長江一帯に於ては昨秋以来全く革党の勢力を失ひ最も警戒の厳を極め其手足を伸張するの困難なるは世人の認める所なるへし

故に今後採るべきの方策は林虎の広東及広西に勢力あるを利用し先つ此二省に起動せしむるを得

は雲南、貴州、四川又容易に起動し得へく然しを此等根拠地を独立的に堅固にし、徐々に長江に其勢力を拡張するの策を取らは長江以南の各地亦風を望みて起動すること甚容易なり之が為広東省北海或は大観港を以て軍需品揚陸の基点として速く広西省に必要なる武器を運送し同省及同省と広東省の国境付近より起動するを最も便利とす

又此の企図を助成せんか為是非海軍の力を得さるへからす故に我国に於て国力一致し此の企図に参与せは海軍の廃艦に近き軍艦及駆逐艦等数艘を以て彼ら革命党に与へ予備の海軍将校及水兵の一部を以て之を指導し之に依り軍需品の運送及兵站基地たるへき北海或は大観港を擁護し得は其効果実に著しかるへしと信す尚少なくとも予備役者を以て混成大隊位の兵員を以て逐次之を援助せは成效十全なりとす而して更に是と連繫して長江一帯の地を攪乱して亦林虎等両広を基準として起動する軍の牽制的或は誘発的方策として孫文、陳其美一派の現に企図しつゝある攪乱を助成するにあり、為之此方面の兵站基地は江蘇省の雲台山付近の沿岸に於て武器弾薬を補充し得は其効果亦一層顕著ならん此方面の土匪及軍隊は三十年式の銃を使用し居も弾薬の欠乏は以て事を起すに困難を感し居る者の如し

更に我国と直接利害関係を有する満蒙の地に於ては革党と宗社党を連絡し（陳其美一派の企図する所にして已に一部実行の緒にあるもの如し）所在馬賊を利用し満洲の地に蜂起せ〔し〕め我駐屯軍隊或は居留地付近に於て特に放火略奪せしむる時は此機会を利用して満蒙発展の□□を与へ断固たる処置に出つるか或は此の機会を利用して陰に兵力を以て革党を援助し官兵を撃攘し宗社、革命党の勢力を助長せしめ得へしと信す

以上の述ぶる所の如く長江一帯の攪乱及両広の蹶起、満蒙の活動との三者にして各連繫を保持して実行し得ることは各地白狼的土匪亦所在に蜂起し支那の全土をして擾乱せしめ得へし而して此の機会を利用して袁政府を倒し我国に親善的政府を樹立せしめ支那の平和的人民の生命財産は我が国に於て保持すへく宣言して須要《ママ》なる各地に我兵力を駐屯し得は支那の平和は期して待つへく亦我国の勢力は全支那に及ぼし利権獲得、商業の発展亦期して待つへきなり

つまり、青柳勝敏が構想していたのは、まず中国革命党を利用して中国各地で事を挙げ、「天下大乱」の局面になったら、日本は「此の機会を利用して袁政府を倒し我国に親善的政府を樹立」する計画である。もしこの計画が実施されれば、袁世凱の北京政府に致命的な打撃を与えられない場合でも、中国奥地にまで広範囲な混乱状況を引き起こす可能性が極めて高く、それは当然、「我国の勢力は全支那に及ぼし利権獲得、商業の発展亦期して待つへき」結果につながる。それは、青柳が最も望んでいた局面であったに違いない。しかし、この計画の実施には、革命党軍と宗社党、馬賊さらに各地の匪賊を無理矢理に一つの大きな反政府武装勢力として提携・呼応させるという難しい作業が伴っていた。当時の状況から見ると、ほとんど独りよがりの空想に近く、そのためか、青柳勝敏の計画が実施されたことはなく、その「意見書」自身も歴史の塵芥の中に埋没していった。

四　「浩然廬」を通じた中国革命党への支援

外務省に対中国政策としての「意見書」及び付録文章を提出しながら、青柳勝敏は「浩然廬」の運営を通じて、中国革命党の活動に実際に関与していた。

中国革命党の中堅軍人を育成する拠点の「浩然廬」は、創立された日から、終始日本の警察と憲兵隊の監視下に置かれていた。監視報告の「外務省乙秘第一二七二号」（大正三年六月二十九日接受）によれば、

府下荏原郡入新井村新井宿一千二百六十六番地所在浩然廬は西本願寺支那布教師水野梅暁が支那亡命者の窮状を憐み其子弟を収容して之れを教養するの目的を以て大正二年十二月設立したる私塾にして予備騎兵大尉青柳勝敏を主幹として其下本邦人六名教鞭を執れり而して裏面的関係者は陳其美、李烈鈞等にして亡命支那人殷汝驪之を監督しつつあり目下生徒四十九名を有し第三革命を起すの日は即ち彼等を使用せんとするものなること明かにして殊に昨今切りに其準備を為しつつありと聞へある……(10)

という。この記述から見れば、「浩然廬」の名義上の塾長は陳其美となっていたが、教員の招聘から教材の用意やカリキュラムの設定までほとんど青柳勝敏の意思で決められていた。青柳はむしろ「浩然廬」

の実質上の「塾長」と言っても良かろう。そのため、監視を担当していた日本の警察官は時々「青柳塾」という名称で「浩然盧」を呼んでいた。

また、日本の内務省が別途で掘り出した情報によれば、以下のとおりである。

浩然盧……

一、実際の経営者の局に当り居る関係者の氏名　実際経営の局に当り居る者は支那人殷汝驪（亡命者）及日本人青柳勝重《ママ》（予備役陸軍大尉）の二名にして其他支那人石介石《ママ》、呉仲常、周哲謀、陳勇、日本人杉山良哉、門馬福之進、一瀬斧太郎、江口良太郎、海原宏文、青木繁、可児伍三郎、西川徳三郎等の十二名教授の任に当り居れり。

二、学校維持の方法　大正二年十二月一日より授業を開始し現在学生七十九名にして全部寄宿舎（合宿生活にして五ヶ所に分住し居れり）一ヶ月其他一切の費用として金十円を徴し以て維持費に充当し居りて不足額は在留支那人中の有志より補助を受け居れり

三、学生の種類　学生は支那人のみにして現在の学生中三分の一は支那革命に参加したる者にして其他は一般支那留学生なり

四、教育の方針並方法　教育の方針は主として日本軍事教育を注入するに在りて生徒を甲乙の二班に分け傍ら日本語法律政治経済学及武術等を教授し居れり

追て本浩然盧は学校組織と言ふ程には進み居らずして修学年限の如きも未だ定まり居らず又規則書の如きも確定したる者なし(11)

陸軍省軍務局長柴勝三郎から外務省政務局長小池張造宛に転送した情報によれば、青柳にかかわる軍人グループメンバーの肩書きは、一瀬斧太郎は予備騎兵大尉、中村又雄は予備歩兵大尉、杉山良哉は予備歩兵中尉、門馬福之進は予備輜重兵曹長、可児伍三郎、江口良太郎、海原宏文、西川徳三郎はいずれも予備砲兵特務曹長であったという。しかし、同じ情報の中に、これらの日本軍人たちは浩然廬ではみな偽名を使って、真実の身分を隠していたとある。例えば、一瀬大尉は山本大尉と自称し、杉山中尉は斉藤大尉と自称していた。中国革命党の当時の経済状況を考え、これらの軍人たちは「革命軍勝利の暁には相当の官に取立て貰ふ約束にて」を条件に「無報酬にて勤め」ることに同意したという(12)。

一九一四年六月二十七日、予期せずして発生した「浩然廬」の爆発事件により、青柳勝敏と「浩然廬」は一挙に官辺の注目の的となった。憲兵隊が事後に提出した報告書によれば、爆発事件の当事者は休職の工兵中尉である野口忠雄と浩然廬の中国人学生の趙宇臣（別名は趙堅）の二名であった。「両名は六月廿七日夜東京より千葉町に赴き千葉町本町二丁目旅館松葉館に投宿翌廿八日午後二時頃同楼三階客室に於て爆発薬製造中突然爆発し中尉は四肢に趙は両脚に数ヶ所負傷せしも孰れも生命には別状なし目下千葉県立病院に入院中なり……両人か千葉に赴きたる目的は中尉は予て爆発薬の製造法を趙に教授しありしか趙の要求に依り爆発試験を習志野に於て為さん計画して……千葉に下車したる理由は中尉の知人たる鉄道連隊附工兵大尉池田茂蔵を訪問せんか為にして……野口中尉は六月十二日頃浩然学会《ママ》長、予備騎兵大尉青柳勝敏の世話にて同舎教官兼舎監となりたりと。趙は昨年十月渡来し目下浩然学舎生徒にして野口中尉とは単に師弟の関係あるに過きす……今回爆発薬製造の目的は皈国の上同志を集め西比利亜に赴き鉄道を破壊して白色人種の発展を妨くるに在り」という。[13] この案件に対して、日本側の官憲は、「趙宇臣は千葉地方裁判所に於て処置し野口中尉は憲兵に於て軍法会議に告発の手続をなす」という形で処理した。[14]

日本に亡命していた革命党主要メンバーたちの動静に対して、袁世凱の北京政府はいつも神経を尖らせていた。日本軍の予備役軍人までもが革命党の活動に加担することをことさら憂慮し、外交チャンネルなどを通じて対策を探った。その一例として、一九一四年一月十日発陸軍参謀本部北京駐在の坂西大佐から参謀総長宛の「坂極秘第一号」電報を取り上げたい。その電文の中で坂西は、「大総統曰く此頃李烈鈞、柏文蔚、張饒景、何海鳴等は東京付近なる池上に於て軍事協会を組織し軍事教育を行ひ第二次革命亡命者約五十名を会員として日本の予後備将校を各科目教官となし胡瑛は革命歴史の講授を担任し、戴天仇、陳其美精神講話を担当し六月を以て修業期限と為し其会員等は本年夏は実地演習を為すへしと揚言し意気頗る昂れたりとの報を得たり事実に非さるへしと思へとも何等か由て来る所あるに非すや」[15] と述べ、袁世凱がこの件に関して直接日本政府に質問を出したことに驚き、状況の重大さを改めて認識している。袁世凱の質問に対して、坂西はただ、「小官は一応之を否認し猶ホ問ひ合すへしと答へ置けり」と答え、その場を凌いだが、「支那側の諜報故信を措き難きは勿論なるも万一影形の一部ても在ることなれは此際十分なる説明を為し其疑心を氷解せしめ置く方他方面にて我利益を進むる為に必要ありと思う」と、坂西本人もこの件の処理に苦心していた状況を浮き彫りにした。[16]

もう一つの事例は、一九一四年三月二十日に広東都督竜済光から北京政府に打電した電報である。この電報の中で、竜は、「孫文、陳烱明、胡漢民、鄧鏗、朱執信、洪兆麟等がみな香港に到着し、その手下を派遣して、軍費を広州まで運び、各地に分配し、土匪を勧誘し、軍警に働きかけ、挙事を図ったと称せられた。又、日本人四名有り、みな退役軍人であると聞き、広州と香港を往来し、行く先が定まっていない。乱党に依って誘い出され、互いに接触していると聞く」[17]と書いた。二十七日、日本の中国駐在公使山座円次郎は袁政府が外交チャンネルを通じて送ってきたこの電報を、同事件を報道した地元広州の新聞記事と一緒に外務大臣牧野伸顕に転送し、本件に注目するよう外務省に告げた。

「浩然廬」爆発事件の発生後、袁世凱政府は今度こそ、日本軍人が中国革命党員を助け、中国政府を覆そうとする政治運動に加担している確かな証拠を摑んだと思い、一九一四年七月一日、駐日公使の陸宗輿を通じて、日本政府に「……大森浩然廬学舎は秘密結集して専ら暗殺の術を習得するための場所であり、本公使は曾て本国政府の訓令に奉じ二ヶ月前に劉崇傑秘書に頼んで小池局長に面会し、貴政府に将来の災いを根絶するため、それを調査・解散する様に求めた。日時が経ったが、返事はまだ戴いてない。今果して千葉県で爆弾が発見され、是れはその乱党等が貴国の地方を以て本国を攪乱しようとする策源地となった明らかな証拠である。是れは必ずや貴国政府がその党人らを滞在させることは本意に非ず、且つ貴国の法律及び治安にも大いに違犯している。貴国政府は上述した軍用手票の偽造〔この照会の前半で、黄興、陳其美が東京で密かに軍用手票を印刷していたことが言及されている――引用者〕や密造爆弾の製造に従事した各犯罪者に対し法律を以て厳しく処置し、更に中国を妨害しようとした乱党及び大森浩然学廬などの機関を取締り・解散させるよう切に望む。このような厳明なる処分を示せば、両国の親睦関係は促進され、東亜の平和を護ろうとする貴政府の誠意も伝わるだろう」と照会した[18]。八月七日、北京政府外交総長孫宝琦は再び日本政府に同じ主旨の備忘録を提出し、さらに八月九日、外交次長の曹汝霖は桑田山蔵との非公式会談の席で、袁世凱政府は亡命革命者の鎮圧と引き替えに、日本に利権を提供する用意があると伝えた。ここに至って、「浩然廬」爆発事件は俄に日中両政府を巻き込んだ外交紛糾事件となった。

しかし、事件は意外な形で終焉を告げた。袁政府が日本政府に最初の照会を提出した七月一日の午前、浩然廬では職員会議が開かれ、そして午後三時、講堂に招集された学生一同に、「主幹者青柳勝敏は今回或る事情の為本日限り解散したり之れが為め今朝より既に浩然廬の立看板をも撤去したる次第なりとの意味を宣告し……而して今回の証書〔「初級軍事学修了証書」を指す――引用者注〕授与者中、比較的真面目なる左記四拾三名は其儘浩然廬の寄宿舎に止宿せしめ茲一週間位休学の上更に青柳勝敏の私塾として当分何等の名義をも附けず引続き授業を開始すべく其授業科目を挙げれば学科として戦術学、応用戦術、野外用務令、兵器学、築城学、地形学、交通学等にして、術科は体操、柔道、剣術の三科とす」と宣告した[19]という。浩然廬が閉鎖された原因について、青柳勝敏は爆発事件の影響であると説明したが、「青柳塾」は依然として非公式に活動しており、閉鎖の主な理由はただ外交面からの圧力を緩和することにあったと言えよう。

中国の革命運動に関わっていた日本軍人たちの行動に対して、軍部は黙認しつつ裏で支援する姿勢を取りながら、外交面で何らかのトラブルが発生すると、個人的行動で政府と軍部とは無関係であるとコメントし、いわば、彼らを利用できる捨て石という方針で扱っていた。一方、政府間の外交関係を重視する態勢を取っていた外務省サイドでは、これらの軍人とりわけ予備役・退役軍人たちのいわゆる「個人的」「民間」活動につねに不安と憂慮を抱いていた。ときには、中国現地駐屯の正規軍の軍人までもが彼らの活動に疑問を抱いたこともある。

例えば、大正三（一九一四）年六月二十一日、福州駐在の郷田少佐は参謀総長宛に次のような電報を送っている。

当地に於て第三次革命計画発見せられ十名捕縛せらる内二名は歩兵第五十四連隊第二大隊の現役特務曹長にして他の八名は先般裁撤せられたる下級武官なり目下其党類の調査厳密にして該大隊長も嫌疑者なりと言ふ又当地将校の言に依れは上海にて北軍の革命起れりとの報ありて憂慮しありと言ふ[20]

福州での暴動に関与した日本軍人たちと青柳らとの間に直接の関係があるかどうかは不明だが、その活動の性格は非常に近いものだと言える。

青柳勝敏らの活動に、日本政府も次第に不安を感じ始めた。「浩然廬」爆発事件発生後の八月十五日、外務省政務局は「号外七」を発布し、中国人留学生を収容する法制学校と「青柳塾」に対し、警戒を強化し、その真相を究明しようとする姿勢を示した。その動きに対して、青柳は大きな不安を感じ、八月十九日と二十日に、彼は監視に来た警察に二回も進んで次のような談話を発表した。

近来支那第三次革命の機大に熟し今回の欧洲動乱を機会に今こそ勃発する様説く者あるも事実は全く之に反し現今革命党の内状は全く資力を得るの望みなく首領株も多くは各地に散在して日本に

残り居る者は東京の孫文陳其美及京都の譚人鳳等に過ぎずして歩調一致せざる憾あり……近に孫の手元に這入りたる金は僅かに二千円に過ぎず殆んド生活費にも足らざるの状態なり去る十四日孫の使者周応時来り予に十万円の借款を依頼せしが出来得る筈なし勿論政府の態度決し革命党に助力を与ふるが如きことあらば投機界の如き幾分の影響を与ふるにより出金者なしとも限らず然しも今日の場合絶望と云ふ外なかるべし支那内地は来月洪水、旱魃等あり暴徒蜂起するの時なれば時機よりへ云ひば好機なりと云ふことを得べし故に孫一派は之れ等と声息を通ジ或は之を煽動する如きことは為し居らんも堂々と革命の旗を飜すには今や一も望みなき状態にして革命の機熟せりなド世間に喧伝さるは何事か為めにするもの浮説に過ぎざるべし云ふ(21)

欧洲の動乱に際し支那革命を企画するは最も好機と思料するも自分は支那革命に関する件に就ては日本政府の官憲と常に行動を共にし外務省及陸軍省の当局とも気脈を通ジ専心国家に尽す考にて今日に至りたる次第なるが政府の方針と一致せざるに事を起す時は折角の苦心も水泡に帰すること必然なり殊に未だ政府の態度決定せず若し仮に旗上を為さんとするも支那は悉く傭兵なれば軍資金充実せざるに於ては到底見込み立たず孫文は頻りに運動し居る模様なるも自分は徐に時機の至るを待ち支那学生の教養に努めんとす(22)

八月十九日の談話では、中国革命党内部の人心の閑散ぶりと経済状況の急迫を紹介することにあり、中国国内の革命の機運が熟しているにもかかわらず、革命党員にとってはまさにやる気ばかりで実力が伴わない苦境に置かれている、という内部事情を述べるにとどまった。警察に対してこのような中国革命党内部の状況を説明することの裏には、日本の当局が中国の政局を日本に有利な方向へと誘導したい場合、財政難というこの「好機」をつかんで中国革命党に財政上の援助を提供すべきとの提案をしているのではないかとも思われる。しかし、八月二十日の談話では、方向が一転して、自分の行動は、日本政府の対中国政策と一致しているばかりではなく、一人の退役軍人として常に外務省や陸軍当局と気脈を通じており、「専心国家に尽す考」を持っているとの立場の弁明に重点を置いた。

青柳勝敏の八月十九日と八月二十日の二通の談話と彼の外務省に提出した「意見書」などによって、青柳勝敏を代表とした「民間人」の身分で中国革命運動に関わっていた日本人の予備役・退役軍人たちは、本当に「日本の軍部からの命令ではなく、自らの希望で名前を変えて中国革命運動に参加した」のかどうかが明らかになったと思われる。即ち、「多元外交」の一翼を担っていた彼らは、実に政府の役人や正規軍の軍人たちはもちろんのこと、「大陸浪人」など一般の「民間人」たちも活躍できない舞台において、近代日本国家の「国益」のために暗躍していたのである。

注

（1）兪辛焞『辛亥革命時期中日外交史』天津人民出版社、二〇〇〇年、四一〇頁。
（2）『東亜先覚志士記伝』下巻、列伝、七九六―七九七頁。
（3）青柳勝敏は一九〇〇年に陸軍士官学校を卒業し、同期生の杉山元、畑俊六は後に陸軍大臣に、小磯国昭は後に陸軍大将に昇進し、ほかに少将以上に昇進したものは少なくとも九人いるという。
（4）段雲章編著『孫中山與日本史事編年』広東人民出版社、一九九六年、一九一四年関連部分（四〇二―四一四頁）を参照。

（5）外交史料館「外務省記録B-1-1-2-155、意見書　附　支那革命党現状　日独戦争ノ際ニ於ケル帝国臣民ノ対支政策其ノ他意見書雑纂第一巻」（以下、この文章を引用した原文は注を省略）。

（6）例えば、「外務省記録、日独戦争ノ際ニ於ケル帝国臣民ノ対支政策其ノ他意見書雑纂第一巻」の中に、町田経宇、神田正雄、松本良平と署名された青柳の意見に近い「時局ニ関スル私見」などの提案書があり、その他、内田良平ら大陸浪人たちによっても類似した主張が提起されていた。拙稿「辛亥革命前後的内田良平」（『近代史研究』北京、一九八八年第三期）を参照。

（7）『辛亥革命時期中日外交史』前掲、四八八―四八九頁参照。

（8）『辛亥革命時期中日外交史』前掲、四九六―四九七頁。趙軍「辛亥革命前後的内田良平」前掲。

（9）中国の革命党を援助して華南地区に蜂起させるにはどれぐらいの資金は必要か？　これに関して当時日本の「支那通」たちの意見もまちまちであった。例えば一九一四年六月二十二日外務省が東亜同文会を通して中国へ情報収集させた某会員が提出された報告書によれば、陳其美、李烈鈞、林虎、柏文蔚、岑春煊、胡漢民らを支援して、華南地区で蜂起させるには「要する軍資金は五、六百万の見積にて」と見積もったこともある（外交史料館「外務省記録B-1-6-1-058、各国内政関係雑纂・支那ノ部・革命党関係（亡命者を含む）第十二巻」1）。

（10）外交史料館「外務省記録B-1-6-1-058、各国内政関係雑纂・支那ノ部・革命党関係（亡命者を含む）第十二巻」2。

（11）外交史料館「外務省記録B-1-6-1-057、各国内政関係雑纂・支那ノ部・革命党関係（亡命者を含む）第十一巻」4（括弧内の注は元のまま）。

（12）同前。

（13）外交史料館「外務省記録B-1-6-1-058各国内政関係雑纂・支那ノ部・革命党関係（亡命者を含む）第十二巻」3。

（14）同前。

（15）外交史料館「外務省記録B-1-6-1-055、各国内政関係雑纂・支那ノ部・革命党関係（亡命者を含む）第九巻」3。

(16) 同前。

(17) 外交史料館「外務省記録 B-1-6-1-057、各国内政関係雑纂・支那ノ部・革命党関係（亡命者を含む）第十一巻」2。

(18) 同前。

(19) 外交史料館「外務省記録 B-1-6-1-058、各国内政関係雑纂・支那ノ部・革命党関係（亡命者を含む）第十二巻」3。

(20) 外交史料館「外務省記録 B-1-6-1-058、各国内政関係雑纂・支那ノ部・革命党関係（亡命者を含む）第十二巻」2。

(21)「乙秘第一五三六号　八月十九日　青柳勝敏ノ談」、外務省資料館「外務省記録 B-1-6-1-059、各国内政関係雑纂・支那ノ部・革命党関係（亡命者を含む）第十三巻」1。

(22) 同前。

3 民権、国権、政権
――辛亥革命と黒龍会――

王柯

はじめに

孫文をはじめとする多くの近代中国の革命家は、実際に多くの日本人と密接な関係を持っていた。周知のように、多くの日本人が彼らの革命活動を支援し、または辛亥革命に直接参加し、辛亥革命の勝利のために大きく貢献をした。そのなかで、とくに無視できないのは、いわゆる「大陸浪人」による組織的な支援であった。言うまでもなく、こうした組織的支援は革命の勝利に対して、大きな役割を果たしたのである。しかし、本章の目的は、これらの「大陸浪人」の辛亥革命に対する功績を讃えるというより、むしろ外交史料館と防衛研究所に所蔵されている一次史料などを通じて、彼らによる活動の背景に焦点を絞り、その動機を究明することにある。その理由は、こうした動機の究明を通じて、辛亥革命と日本との関係をより一層明らかにすることだけではなく、辛亥革命期からの日中関係が近代中国の歩んだ道のりに与えた影響についてもより深く認識することができると考えているからである。

一　黒龍会と「革命の揺籃」

一九一六年六月、日本のもっとも代表的な大陸浪人の団体「黒龍会」の代表（ときに「主幹」とも称する）内田良平は個人の名義で日本政府に手書きの「対支私案」を提出したが、そのなかに次のような話があった。「支那本部ヲ共和政体ノ下ニ置キ国民党若クハ国民党系ノ有力者ヲシテ之レガ執政者タラシメ更ニ満蒙及西蔵ノ三地域ヲ切離シテ宣統帝ノ統治ニ委スルト共ニ日英露ノ保護国トシテ英露両国ノ部分的保護者権ヲ限定シ而シテ帝国実ニ之レガ統轄的保護者タルノ地位ニ立ツコト是即チ私案ノ梗概ナリトス」(1)。「対支私案」の主題は、一九一三年以降内田良平自身あるいは彼が黒龍会の名義で日本の対中国政策について日本政府に提出した報告、または様々な場合において主張してきたのとほぼ同じ内容だった。これまで、内田良平に関しては、彼の「対支問題解決鄙見」が重視されてきた。それは、彼が「鄙見」のなかでまとめた「国防協約私案」が後の「二十一カ条」の青写真となったためであった(2)。しかし、辛亥革命の研究について言えば、「対支問題解決鄙見」より先に提出した「対支私案」のなかに、とくに注目すべきところがあった。

国民党若クハ国民党系ヲシテ政権ヲ掌握セスムヘシト云□(3)ハ主シ親日的一大潮流ヲ形成スルノ要アルヲ感シ旧約法時代ニ議員ノ粗ボ七割ヲ選出セル国民党一流コソ仮リニ親日派トモ看做スヘキ理

由アルニ基キ更ニ親日的勢力ヲ将来扶殖セント欲スルヲ以テナリ該党中ノ有徳有力者タル黄興等ヲ新政府ノ主脳人物タラシメハ最モ妙ナラン若シ夫レ満蒙及□西藏ノ処分案ニ就テハ斯クシテ領土分割ノ憂ヲ減シ英露両国ノ利益ヲ侵サス而シテ帝国ノ勢力ヲ拡充シ且ツ民国指導上ニモ幾多ノ便宜ヲ幾多ノ威力ヲ添加スルノ結果ヲ齎スヘキヲ疑ハス且ツ民国ニ取テモ此ノ一挙ニ由テ前朝優遇費ノ全部ヲ有効ニ転用スルノ便アルニ止ラス此ノ如クニシテ名ト実トヲ弁有スルノ益アラム況ヤ革命ノ一目的タリシ興漢滅満ノ宣言ヲ実ニスルニ於テオヤ余ハ余ノ私案ヲ以テ最モ時宜スル対支策上ノ一鉄案ナルヲ信ス諸公願クハ審ニ之ヲ揆リ下スニ乱麻ヲ断ツノ一断ヲ以テセヨ(4)

内田良平はなぜこれほどはっきり、しかも具体的に中国の分裂に言及し、しかもそれを堂々と主張することができたのか。その理由は、彼及び黒龍会の勢力が長期にわたって孫文、黄興を始めとする中国の革命派との間に密接な関係を保っていたことにあった。孫文は一八九七年八月に二回目の来日をし、九月の中下旬に宮崎滔天と平山周などの日本の大陸浪人と知り合った。いわゆる「浪人」とは、本来みずからの藩を離れている武士のことを指していたが、幕末期に浪人は自身の地位を変える目的で各種の政治活動に積極的に参加し、この時一部の平民も浪人と自称し始めた。これらの浪人の中、その後自分の政治活動の舞台を主に大陸(もっとも中国と朝鮮半島がほとんど)にしたいと考えた人がいわゆる「大陸浪人」(「支那浪人」とも言う)である。大陸浪人たちは自分の活動を通じて自分の政治理想を日本の外交政策に影響させたいと考えたが、その多くは国家主義の思想の持ち主であり、日本の対外進出を支持、支援した。

一八九七年九月二十七日に孫文は平山周の紹介で、大陸浪人たちと密接な関係を有する政治家犬養毅と会った。平山周はまた犬養毅の紹介を通じて、衆議院議員平岡浩太郎から孫文が日本に滞在する費用をもらった。[5]平岡はかつて日本の大陸浪人の重要な母体である福岡の「玄洋社」の初代社長を務め、頭山満、箱田六輔と共に「玄洋社三傑」と言われ、その後玄洋社の対外活動を支えるために鉱山を経営し、さらに議員選挙に立候補し、政界入りを果たした。内田良平はすなわち平岡の甥であった。

孫文はこのとき日本で一年余暮らした。その間に中国国内では戊戌維新が失敗し、日本の大陸浪人たちが維新派の領袖の救出活動に参加し、宮崎滔天と平山周がそれぞれ康有為と梁啓超を香港から日本に連れてきた。彼らは維新派と革命党の提携を勧めたが、康有為によって拒否された。しかし、孫文はこのときの日本滞在を通じて、中国の政治に興味を持つ多くの日本の政治家や財界人と知り合い、そのなかには、玄洋社の精神的指導者である頭山満および内田良平など日本の大陸浪人の指導者も含まれていた。[6]

日清戦争の後、ロシア、フランスとドイツの「三国干渉」によって日本は手に入れた遼東半島をやむを得ず清国に返還した。このことによって、国権主義思想をもつ日本の大陸浪人が強く刺激され、ロシアを極端に敵視するようになった。内田良平などは一八九五年の「下関条約」のあと続々とロシアに渡り、ウラジオストクを拠点に柔道の道場を開設し、また現地の日本人芸者を利用してロシア軍の将校に接近し、ロシア軍に関する情報を収集し、また参謀本部から派遣されてきた西本願寺ウラジオストク別院の僧に偽装して活動する諜報将校花田仲之助中佐、[7]および参謀本部第一部長田村怡与造等と共にロシアの駐屯軍を直接偵察した。[8]内田良平は一八九八年にロシアから日本に戻ってきてから、まもなく日本がロシアに対して率先して戦争を起こす「対露必戦論」を提唱しはじめた。

そしてまさにこの年の秋に、内田良平は宮崎滔天の紹介で孫文と知り合った。孫文は内田良平に彼の革命活動を支援するよう頼んだが、内田良平は孫文に「支那は革命の必要あるべきも支那を革命するには先決問題あり。先決問題とは日露の開戦にして、日露戦はざれば露国東侵の勢力を挫く能はず。露国東侵の勢力を挫かざれば革命の変乱に乗じ支那領土を侵略する恐あり」と答えた。しかし孫文は内田良平に、「支那革命にして成功するあらんか露国の侵地を回復するは容易の事にして憂ふるに足らず。況んや日支提携するに於ておや」と中国革命こそ先に成功させるべきということであると力説した。そこで内田良平は孫文に、「支那革命の挙にして日露戦争より先んじて起ることあらんか、僕は対露計画を中止して君を援助することとせん。其の時機到来する迄は各志す所に従事すべし」と約束した。(9)

孫文ら革命派は一九〇〇年に「恵州蜂起」を起こした時、たしかに山田良政、平山周、および内田良平など日本人の積極な援助を受けたが、しかし後日の内田良平らの解釈によれば、彼らが当時中国革命に身を投じた理由は、「第一は多年の積弊によって自ら腐爛せんとする大支那を覚醒せしめようとする孫逸仙等の革命主義が、東亜の大局を救うために必要なる手段であることを認めていたのは勿論である。従って支那の革命に参加して兵火の巷に隣邦志士としての義侠の血を流すことは彼等の元より甘んずる所であった。そして彼等の経綸に照して特に重きを置いていたのは孫逸仙等の革命思想が滅満興漢ということを標識としている点で、漢民族により支那の革命が遂行される場合、満洲民族は劣敗者となって北方の故郷満洲方面に衰残の運命を託し、自然に露西亜によることとなるであろうが、この場合我が国は革命に成功せる新支那と提携して露西亜の南下政策に対抗し、満洲、西伯利を席捲し、これらの地を我が勢力下に置くこととなれば、東亜の形勢は茲に定まり、大陸の地に我が皇徳を光被せしめることが出来る。是れ東亜の危局を救うと共に我が国勢を伸張する所以である。我が東方志士の一団は即ち斯の如き遠大の見地から支那革命に参画し始めたのであって、愛国と義侠との両精神が合致して南清の風雲に心を躍らせた次第であった」[10]。すなわち、日本の大陸浪人たちが孫文の革命を支援したのは、中国の東北地区を最終的に日本帝国主義の勢力範囲に入れるという目的に駆られたものであった。しかし、彼らにこのような可能性を見せたのは、即ち革命派が唱えていた「滅満興漢」という政治的主張であった。

恵州事件の後、内田良平はふたたび日本と露西亜との戦争を唱える活動に没頭した。一九〇一年二月、彼は大陸浪人の組織「黒龍会」を組織した。その趣旨は、「東亜の大局と帝国の天職とに顧み西力東漸の勢を折き東亜興隆の経綸を実行するため、目前の急務として先づ露国と戦い之を東邦より撃退し然る後満洲蒙古西伯利を打って一丸とする大陸経営の基礎を建設すべしというにあった」。「黒龍会」という名前をとった理由は、「西伯利満洲の間を流るる黒龍江を中心として大陸経営の大業に当らんとする抱負を現したのである」[11]。内田良平は黒龍会の主幹になり、黒龍会の本部は、当時の東京市芝区西久保巴町にある内田良平の家に設けられた。黒龍会の主要メンバーには、玄洋社出身者が多く、最初の会員のなかに、内田良平以外、孫文に深く信頼された平山周と黄興に深く信頼された末永節もいた。内田良平はその後ずっと黒龍会の最高指導者だったが、頭山満が黒龍会の顧問に就任し、黒龍会の政策決定に影響力を持つが、厳格に言うと彼は黒龍会の正式メンバーではなかった[12]。

一九〇五年七月、孫文はフランスからふたたび来日した。この時期は、日本は日露戦争の「奉天会戦」と「日本海海戦」で勝利を収め、全面勝利を迎えている時期であった。宮崎滔天などの紹介で、孫文は東京で「革命」の思想をもつ清国留日学生である黄興、宋教仁などと相次いで知り合い、興中会（孫文、胡漢民、汪兆銘）、光復会（陶成章、章炳麟、蔡元培、秋瑾）と華興会（黄興、宋教仁、陳天華）の合併を決め、七月三十日に中国革命同盟会（のちに日本政府の反対を避けるため「中国同盟会」へと改名）の準備会議を開いた。注目すべきことに、準備会議の会場は黒龍会の指導者内田良平の赤坂区檜町の家だった。(13) 準備会議に出席したのは、留学生を中心に七〇名以上の在日中国人以外に、宮崎滔天と黒龍会の内田良平、末永節など三人の日本人もいた。さらに重要なのは、この会議において、同盟会の名称、綱領と「駆除韃虜、回復中華、創立民国、平均地権」という入会宣誓の言葉が決定され、そして孫文が出席者を率いて入会宣誓を行ったのである。当日、参加者があまりにも多かったため、内田良平の家の床は踏み潰されたという。(14) そのためでもあるが、頭山満の斡旋でほかの会場を探し、八月二十日に中国革命同盟会成立大会は開かれた。その後、頭山満、犬養毅、平岡浩太郎、内田良平、宮崎滔天などが「浪人会」を結成し、財力と人脈などの側面から同盟会を支援した。(15) 以上の関係で、黒龍会はこの時期を「支那革命党の揺籃期」と称しているが、そこに中国の革命は日本で彼らの東亜先覚志士によって育てられたというニュアンスも読み取れる。

二　大陸浪人の「大陸経営」と辛亥革命

「武昌蜂起」が起こってから、宮崎滔天、平山周、末永節、萱野長知、北一輝（本名は北輝次郎、電文では喜多輝次郎となる時が多い）など黒龍会関係、あるいはそれと緊密な関係を有する「大陸浪人」

はすぐ中国に渡った。それまで築かれた革命党の中心人物との関係を通じて、宮崎滔天は陳其美（武昌蜂起当時、孫文はアメリカにいた）、末永節と萱野長知は黄興、北一輝は宋教仁に従い、それぞれ辛亥革命の活動に参加した。日本国内にいてこれらの中国革命の中枢に入った大陸浪人の取りまとめ役と連絡役を務めたのは、主に黒龍会の指導者内田良平であった。これについては、宮崎、萱野および北が日本国内に送った電報がいつも内田良平を第一の受取人にしていたことから読み取れる。

内田良平は孫文、黄興、宋教仁と陳其美などの要求に応じ、資金集めと武器購入などに大きく尽力し、革命軍を支援した。当時の西園寺公望内閣は、一旦清朝政府への援助方針を決定した。これに対して、内田良平は反対し、日本の政界、財界、軍部における人脈を使い様々な工作を展開し、「首相、外相の反対、内相の賛成で事実上黙認される」という形で革命軍にも武器を供給するようにしたのである。[16]たとえば、内田良平は十一月二十五日に上海に着いて陳其美の陣営に入ったばかりの宮崎滔天に電報を送り、軍服一万五〇〇〇着、毛布四〇〇〇〇枚を安価で購入できるが、革命軍に必要かどうか、と質問している。[17]

内田良平が辛亥革命を支援したもう一つの大きな功績は、「三井銀行借款三〇万円」を成立させたことであった。一九一一年十二月十二日一〇時五〇分、内田良平は上海にいる北一輝に次の電報を送った。「昨夜原口[18]ヨリ電報ノ件ハ非常ナル苦心ヨリ成レルモノ故機逸スベカラズ返電直グ頼ム」。その日の午後六時、宋教仁と陳其美は電報を打ち、内田良平を宋教仁、陳其美、伍廷芳と李平書の代理に委嘱し、「年利七分」で三井銀行と三〇万円の借款について相談し、契約と現金を受け取るまであらゆることを彼に一任すると委嘱した。[19]一九一二年一月二十五日午後、内田は北一輝に電報を送り、三〇万円ないし五〇万円の現金を借りられること、利子は「年八分五厘」であること、手数料は一〇パーセントであること、担保は不要あるいは革命軍の軍票で担保し、借款人は孫文、黄興と宋教仁であること、を知らせた。宋教仁はその夜一〇時に電報を送り、内田が借款の成功に対して尽力したことについて感謝の意を表し、その中の一万五〇〇〇円を内田良平に差し出し、「軽少ナガラ外交其他ノ運動費トシテ受取ラレタシ」と伝えた。[20] この金額はさほど大きな額ではないが、外国の銀行によって交渉相手とされた意義は大きいものであった。それと同時に、内田良平は日本から革命軍のための武器購入と輸出も行った。たとえば、一九一二年一月二十五日午後、北一輝は内田に電報を送り、三井銀行からの借款を使って三井、高田、大倉などの日本商社から購入した武器の状況をチェックするよう依頼した。これを受けて、内田良平は日本軍の将校に頼んで一緒にチェックした。[21]

一九一二年の元旦に中華民国臨時政府が樹立されると、孫文はただちに数人の日本人を政府顧問に任命した。内田良平も外交顧問に任命された。これは疑いなく彼が長年にわたり中国革命を支援してきた功績に対する褒美でもあった。当時、孫文をはじめとする革命派は、樹立されたばかりの中華民国臨時政府に日本政府が率先して国際的承認を与えることを期待していた。そのため、一月の下旬からすでに宋教仁を日本に派遣してロビー活動の計画をはじめた。これについて、日本国内における主な仲介役は、やはり内田良平であった。しかし、中華民国臨時政府のなかには派閥が多く、日本における宋教仁のロビー活動は成果を得られればその権威強化に繋がり、得られなかった場合は逆に臨時政府における地位が脅かされることになる。日本の大陸浪人と密接な関係を有し、「親日派」[22]の実力者と見られた宋教仁が臨時政府の権力中枢から排除されることは、日本の大陸浪人たちにとって当然見たくないことであった。そこで、北一輝や内田良平などは、宋教仁の日本行きが成果を得られるように、一連の活動をした[23]。一月二十九日に一〇〇人以上の国会議員、新聞記者と弁護士が上野の精養軒において集会を開き、日本政府に対してほかの国家より先に迅速に「支那共和政府」を承認するよう求めた[24]。二月三日、北一輝はふたたび内田良平、および日本政界の黒幕ともいわれる杉山茂丸[25]などに電報を送り、宋教仁の日本行きは、「犬養君ニ孫逸仙ヨリノ依頼アリシコトハ事実ナレドモ同君カ政府攻撃ノ態度ニ出デラレシコトハ孫氏モ期待セザル所ナリ」と説明した[26]。つまり、今回は頼りになる人はやはり内田良平らにほかならぬということであった。

二月六日、北一輝はまた長い電報を送り、内田良平などに宋教仁による日本訪問の意義をふたたび強調した。つまり、宋教仁が全権代表として日本に行くことは、一挙に中華民国臨時政府のなかにおける「親日派」の堅実な地位を固める良いチャンスである。日本の国益のため、最初の国際的承認を取り付けたという功績を宋教仁に与える必要がある。各国が中国における利益を考え、現在「南北」を問わず、競って各方面に援助し、軍隊と武器を提供しているが、しかし日本の軍人と浪人は、武昌蜂起時に革命軍の資金二五万円を着服したため、武昌では至る所に日本人禁止という張り紙が張られた。また、革命軍による南京攻撃の際、日本の商社はまったく使えない武器を革命軍に売ったため、世論と臨時政府のなかの親米派はふたたび日清戦争時の「日本観」を以て親日派と日本本国を非難、攻撃するようになった。以上の理由で、日本政府は今回のチャンスを生かして革命政府を支持する態度を表明すれば、日本の印象を挽回するだけではなく、親日派の新政権内における地位の強化の一助になる、ということであった[27]。しかし、杉山茂丸は二月七日に宋教仁の来日について、臨時政府から付与された日本政府と交渉する全権代表の資格をかならず有すること、日本政府以外のいかなる人をも交渉対象としないこと、「来京ハ一切ノ虚栄的同情ヲ得ントスルノ観念ヲ除キ誠実ニ日華両国ノ提携ヲ機密ニ日本政府ト協定スル精神ノミヲ以テ」、「徒ラニ虚栄的同情歓迎等ノ鋒先ヲ避クル」という三条件を提示した(28)。要するに、宋教仁が新政権を代表して最終決断を出せば、日本における会談では日本政府がその利益を最大限に獲得できるとしながらも、宋教仁が正式な中国政府の代表として認められなかったときに、清王朝政府をも怒らせることがないようにしたいという考えであろう。

しかし、二月十二日に清帝が退位したため、二七六年にわたる清王朝の歴史に幕が下ろされた。情勢の急激な変化に従って杉山の三条件も消え、二月十三日に内田良平が宋教仁に電報を直接送り、前提条件を言わず、「独リ承認問題ノミナラズ支那永遠安康ノ途ヲ協定スルノ必要アル故時局解決以前ニ至急渡来セヨ」と要請した(29)。この電報の内容は非常に抽象的であるが、清王朝崩壊以降の中国の行方については日本側の意見を聞くべきという意志がそこから読み取れる。杉山茂丸と内田良平のやり方は、孫文らの疑念も引き起こした。孫文は、「承認ヲ得テ領土保全ノ上虞ナケレバ和議ヲ為サズ」と決めた(30)。日本側が「承認」を利用して領土についての要求を出すか否かについてははっきりしないので、宋教仁もその訪日を遅らせることを決めた(31)。こういう事態になったにもかかわらず、内田良平と小川平吉は二月二十日にそれぞれ宋教仁に電報を送り、「満洲独立ハ虚説ナリ当局者ノ証言ヲ得タ安心セヨ」と繰り返して来日を要請したのであった(32)。

実は、十九世紀末期から辛亥革命の勃発まで、日本政府当局の中国政策と「大陸浪人」の活動との間には一定の距離が保たれていた。日本政府は大陸進出の野望は当然持っていたが、一国の政府としては当時の中国政府、つまり清王朝を外交交渉の対象とせざるをえなかった。そのため、日本政府は清王朝政府の要求に応じて日本における孫文の革命活動を妨害し、辛亥革命が起こってからも中華民国臨時政府をすぐ承認することを躊躇し、後に孫文が「二次革命」を起こした時も袁世凱に見切りを付けて孫文一派を支援する行動をとらなかった。ところが、一部の日本人からみれば、朝鮮の問題をめぐって清国と衝突して以来、「政府当局の外交方針は兎角因循姑息を事とし、東亜全局の為に遠大なる経綸を行はんとする気魄を欠き[33]」、そのため、「在野」の立場から「東亜経綸」を考え、「大陸経営」を展開し、日本の東アジアにおける主導的地位を確立させることによって日本の「国権」を拡大していくことを自らの使命だと考えるような「大陸浪人」が誕生したのである。

大陸浪人による「大陸経営」は、彼らの言い方で言えば、「侵略のための侵略を意味するものではなく」、「若し四海波静かなる時代であって、しかも隣邦の支那や朝鮮が友邦として頼むに足る立派な国家であったならば、之れと握手して欧州諸国に対立し、互いに独立を全うし得るのであるが、四海波荒くして東亜の安危朝に夕を測り難きものあるに、隣邦が友邦としての実を示さざるのみならず、隣邦自身が老朽して将に倒れんとする状態であり、唇歯輔車の関係にある清韓両国が列強の為に侵略さるる暁には、その余波直に我が国に及んで国家の存立を脅かさるることとなるは火を睹るよりも瞭かである」。このような状況を避けるために、日本が「進んで隣邦を覚醒し、これを指導改善するか、然らずんばそれらの隣邦に我が精力を扶植して我が国防線を拡大し、東亜保全の補強工作を施す外には術がなかった」。言い換えれば、いわゆる「大陸経営」とは、事実上、一種の中国と朝鮮半島を日本の勢力範囲に収めることを通じてヨーロッパ列強の侵略から「東亜の守護に任ずべき使命を荷へる我が国自身を強くしなければならぬ、已むに已まれぬ必要から産まれたものであった」[34]。これはすなわち「アジア主義」の真髄であり、大陸浪人はまさにこのような「東亜経綸論」に基づいて、自分を「東亜先覚志士」と自画自賛したのであった。しかし面白いことに、孫文を含む多くの革命家も、当時これらの「大陸浪人」を「志士」と称していた。

大陸浪人は日本において在野の立場を貫くが、しかし中国の政権交代に大きな関心を抱き、また政権の中枢に極力接近しようとした。これは、実に深慮すべき問題であろう。「これらの先覚志士の抱く大陸経営論なるものを考察して見ると、その思想の根柢をなすものは言ふまでもなく熱烈な愛国心と民族的自信とであった」[35]。黒龍会によるこの自画自賛は、大陸浪人による「大陸経営」の本質についての恰好の説明であるだけではなく、同時に日本の国家利益の主張を通じてこそ、はじめて日本国家を後ろ盾にその個人的な理想を実現できることを良く知っている証でもある。事実、「大陸浪人」のなかには、大陸で新天地を切り開き、個人的な野望を実現しようと考える人が多かった。これは、まさに彼らが当初の「民権派」から「国権派」へと容易に変身できる理由であった。日本政府の政策に不満を持つことに比べ、大陸浪人と日本軍部との関係はより近かった。大陸浪人の「大陸経営」は軍部の大陸への進出を唱える勢力に歓迎され、結局のところ、その個人的野心によって彼らは日本帝国主義の大陸侵略の先兵となった。

大陸浪人による「大陸経営」の最初の対象は朝鮮半島であった。日本の侵略の口実を作るため、内田良平は玄洋社内に「天佑侠」を作り、朝鮮において動乱を企んでいた。一八八二年の「壬午兵変」の後、大陸浪人は「朝鮮問題を根本的に解決しようとすれば、勢ひどうしても進んで支那に当たる必要があった」と認識するようになり、「朝鮮が支那に併呑されることは我が国防の破綻を意味し、且つ我が国が大陸に伸びんとする出口を塞がれる結果となり、帝国の不利は実にいふべからざるものがある」[36]。しかし事件後日本の朝鮮における実力はなお清国より弱いということは、「我が先覚の志士はそれらの事態に対しても憂憤を禁ずることが出来なかったのである」。そこで、熊本の宗像政、土佐の中江兆民、奈良の樽井藤吉、愛媛の末広重恭などは「対支方針」について話し合い、その動きはまた福岡玄洋社社長の平岡浩太郎と玄洋社の精神的指導者である頭山満から支持された。頭山満は、「大を取れば小は労せずして合することが出来る。支那を取れば朝鮮は招かずとも来る。小なる朝鮮に向ふよりも大なる支那を料理するがよい」と主張した[37]。朝鮮問題は最終的に日清戦争という結果を招いたが、「下関条約」以後の三国干渉によって日本は屈辱を味わい、ロシアを最大の敵と見なしはじめた。一部の大陸浪人は対ロシア開戦を積極的に主張し、彼らの目標は「三国干渉」によって中国で失った日本の権益を奪還することに他ならなかった。当然ながら、そのなかでまず提起されたのは、遼東半島ないし中国の東北地域および内蒙古東部が含まれる、いわゆる「満蒙」地域であった。

三　内田良平の対中方針の変遷と「満蒙」問題

中国同盟会が東京において設立されてから間もなく、孫文は同盟会の機関紙である『民報』の発刊の辞のなかで、同盟会の「駆除韃虜、恢復中華、創立民国、平均地権」という政治綱領を「民族」、「民権」、「民生」という三大主義、すなわち「三民主義」にまとめた。当時は中国国内で「民主」という用語がすでに議論され、また使われていた。しかも孫文の主張する「民権」はまさに「民主」の意味に近いものであった。[38]にもかかわらず、孫文はなぜ「民主」ではなく「民権」を使って彼の民主主義の理想を示したのか。この点については、すでに言語学の側面から検討されているが、日本の近代国家思想の孫文に対する影響、とくに孫文と交流関係のある日本人の「民権」との思想的連関に注目する人はいなかった。

実は、「民権」という用語も近代日本が発明した用語であった。孫文の日本政界におけるもっとも重要な盟友である犬養毅は、つまり明治期の「自由民権運動」の代表的政党――立憲改進党の創始者であり、大陸浪人のもっとも重要な母体、頭山満、平岡浩太郎、杉山茂丸、内田良平、平山周、萱野長知、末永節の出身である福岡の玄洋社は、当初は「民権」を主張するためにできた政治結社であった。[39]大陸浪人のなかには、士族出身者も多く含まれていた。明治維新で士族の特権が剥奪され、明治政府の専制と腐敗に対する不満から、多くの士族は一八七七年に西郷隆盛が指導する西南戦争に加わった。西南戦争の後、引き続き明治政府に対抗するため、福岡の士族たちは一八七八年に「向陽社」という政治結社を設立した。一八八一年に「向陽社」は「玄洋社」に改名し、「自由民権運動」という大義名分で明治政府を牽制し続けた。[40]

しかし、当時上昇期にあった日本にとって、国内における「民権」を求めることと対外的に日本の国家利益を求める「国権」という二者の間は、本来対立関係があったわけではなかった。これについては、一八八〇年にすでに向陽社が「討清義勇軍」の創設を議論したこと、[41]「玄洋社」に改名した際に「皇室を敬戴す可し」、「本国を愛重す可し」、「人民の権利を固守す可し」という三カ条からなる「憲則」を制定したこと、などの事例から証明できる。[42] 明治政府は一八八九年に「大日本帝国憲法」を制定し、一八九〇年に議会選挙を実施した。これによって、「自由民権運動」は運動の目標を失った。そのため、「在野」という立場を貫く玄洋社は目標を「国権」に変え、そこで国権主義思想を持つ「大陸浪人」が大量に誕生した。こうした日本の自由民権運動の歴史、そして民権主義者が国権主義者へと変身したプロセスにおいて日本の民族主義が果たした役割について、孫文は知らないはずがなかった。孫文が後日、提唱した「民権主義」の内容は、日本の明治期の「自由民権運動」の思想と異なるかもしれないが、しかし孫文が中国のために民族国家の道を選んだ際、東京で同時に「民権」という用語も選んだことに対して、周囲の大陸浪人からの思想的影響を受けなかったことを立証できるような資料もない。

孫文を支援したほとんどの大陸浪人は、孫文の革命活動以外の目的も持っていた。そのなかで、とくに目立ったのは「満蒙」を日本の勢力範囲に収めることであった。黒龍会の後日の言い方によれば、清朝の末期から中国を舞台に活動する大陸浪人は、だいたい三つの種類に分けることができる。ひとつは中央政府の綱紀が緩んだため地方では匪賊が横行することをチャンスと捉え、中国に来て匪賊の首領になるのもいとわず新天地を切り開こうとした人である。もうひとつは、中国国内の反乱がおこるのを待ち、反乱勢力を支援して清朝政府を崩壊させることを通じて「支那の更生」を実現させたい人である。そして最後は「先んずれば人を制すの譬へに則り、早晩欧州虎狼の国に侵略せらるる運命にある支那の国土を、先づ我が手中に収めて、これら虎狼の国の進出を拒ぐことが東亜の安全を保持する最上の策と信じていた」人であった。[43] 黒龍会の内田良平一派が選んだのは、すなわち第二の道であろう。彼らがその道を選んだ理由は、「孫逸仙等が日本に来て頻りに革命の準備に奔走している頃、孫は日本が革命党を援助してくれれば、革命の成功した暁に支那は日本のために満洲を譲るという意味のことを言明していた」ということであった。[44] 内田良平の一九二七年の言い方によれば、「吾人が生命を賭して孫の革命を援助する所以のものは日本の利害と一致するを以てなり。孫の大義名分とせる革命の旗幟は滅満興漢にして満人を駆逐し漢人の中国と為すに在り。故を以て漢人を助け満人をして露に頼らしめ、日支提携して露を破り満洲西比利亜を我が有となし、大陸経営の基礎を作らんと欲するなり」。[45] そのため、黒龍会およびその周辺にいる「大陸浪人」たちは「革命の遂行によって日支の国交の調整と満洲問題の解決を図ることを期待し、革命党の為めに多大の援助を惜まなかった」。当時、彼らは孫文が「縦ひその言葉通りに満洲を抛棄しないとしても、少くとも之を完全に日本の勢力範囲として東亜の不安を除くだけの協調は容易に纏まるものとして予期されたのである」。[46]

このような考えから、辛亥革命が勃発してからおよそ一年半の間、内田良平はずっと日本が中国の「領土保全」を支援すべきと主張した。[47] 一九一一年十二月に彼は黒龍会本部が編集した『内外時事月函』という雑誌に「支那改造論」を発表し、日本政府が主導権を握り、日本の指導のもとで「支那帝国を改造し、新政府を建設する」重要性を強調した。内田良平から見れば、革命が勃発した中国の将来については、日本が選べる道は三つしかなかった。ひとつは「満清朝廷を保護し、之をして革命党を鎮圧せしめ、現政府を改革し、清国を保全する」。もうひとつは「支那を両分し、黄河以北を以て、満清政府の領域と為し、黄河以南を以て革命党政府の領域と為し、支那の国性国情に適応すべき政府を建設する」。そして最後は「満洲皇帝の位を廃し、満清政府に代ふるに革命党政府を以てし、新機軸的連邦共和国を建設する」ということであった。[48] しかし、第一案、つまり「清国保全案」は欧洲列強が望んでいるところであるが、清王朝の腐敗によってもっとも実現しがたい案である。第二案、つまり「支那両分の案」は「一時の方策にして」、中国には統一と民族融合を追求する歴史的伝統があるため、内乱の根絶という視点から言えばこの案はけっして「東亜永遠の策に非ず」ということであった[49]。第三案、つまり連邦共和を実行する案は、中国の歴史的伝統、儒教の伝統と国民性に合うだけではなく、「人種的傾軋」、「支那歴代に起るが如き革命の禍」を杜絶させ、「泰西の新文明、新制度器械を採用する結果として、支那人文の開発に利益」がある。そのため、日本政府は辛亥革命をチャンスに、「主働的位置と主働的勢力とを活用して、列国をして日本の提案に賛成せしめ、進みて支那問題解決の任務を果さざる可からず」というう[50]。

「支那改造論」のなかで、内田良平は日本政府に対して次のような警告も出している。「苟も。我が政府の当局者にして、依然として因循姑息なる手段に出で、列国、就中露独の後塵を趁ひ、老朽的満廷を扶持し、革命党を抑圧するが如き愚策を採るあらば、北方に於ては、満洲に於ける帝国の優越権を失し、南方に於ては、長江一帯に於ける帝国の占むべき利益圏を喪ひ、国家百年の大計を誤るに至るべし[51]」。ところで、内田良平はなぜ「清廷の保全」によって日本が「満洲における優越権」を失うことになると断言できたのか。換言すれば、内田良平はなぜ日本政府が革命党を支援し連邦共和政府を作れば日本の「満洲における優越権」を強化する効果が得られると暗示したのか。これについては、やはり革命党の「満蒙」に関する態度を連想せざるを得ない。

辛亥革命の成果は、すぐ袁世凱の手中に移った。これについては、黒龍会や内田良平らから見れば、まさに「支那の第一革命は袁世凱の出現によって、恰も籾を蒔いて稗を収穫したやうな結果となった」

というものであった。その理由は、「老獪なる袁世凱が現はれて逆に満洲問題を利用し、同胞墻に鬩いでいては日本に満洲を奪はれるから、速に内争を止めて日本に当らねばならぬと説き、之を妥協の楔として革命党を押へ、自ら大総統の地位に坐したのであるから、孫が日本の有志に約束したことは忽ち一片の反故と化し去り、満洲問題を円滑に解決することは望み難き形勢となってしまった」ということであり、[52]親日の政権を作ることを通じて「満蒙」を収めるという計画は完全に失敗したわけである。朝鮮問題で日本と衝突した経験を持つ袁世凱は、日本に対して強い警戒心と深い反感を持っている。そのため、辛亥革命以降、日本の大陸浪人は袁世凱をおもな警戒と攻撃の対象とし、「南北媾和」、そして孫文が政権を袁世凱に譲ることに強く反対し、「袁世凱時局ヲ左右セバ万事休スベシ」と考えていた。[53]大陸浪人たちは、親日派による政権掌握が中国における日本の国権拡張に対していかなる意義を持つかについて、実に良く理解していたのである。

多くの大陸浪人は辛亥革命以降、相変わらず孫文などの革命党に大きく期待した。内田良平は後日、辛亥革命が勃発する前に孫文が彼に「本来われわれの目的は滅満興漢にあり、革命が成功する際、直ちに満蒙シベリアを日本に上げても良い」と直接話していたという。[54]しかし前述のように、孫文が領土を条件に日本政府の承認を得ることに反対したことから見れば、たとえ当初孫文がこのような発言や約束をしたとしても、疑いなく清王朝を崩壊させるために支持を得られるよう、一種の便宜をはかるための発言にすぎなかった。一九一一年、孫文は中華民国政府臨時大総統に就任して間もなく行われた記者会見において、「満蒙の現状についてはいかなるお考えであるか」という質問に対して、「中国は現在なおそのような余力がない。蒙古を回復する力はすぐにないが、数年経って中国がすでに強大になり、そのとき当然ながら故土を回復することができる。中国は四億の人口を有し、数年後も失った領土を回復する実力がなければ、この大地に立国する実力がないことに等しい。余は中国がかならず失った領土を回復すると深く信じ、かつ外国の助けも要らない」と答えたのである。(55)

われわれは孫文がなぜここで「満洲」に言及せず蒙古だけ取り上げたのかを推測できないが、それでも辛亥革命の後、とくに中華民国政府の臨時大総統に就任した後に孫文が「満蒙」の問題において強い領土意識を持っていたことが感じられる。黒龍会の首領内田良平が一九一三年の春にその対中方針を見直し始めた(56)のも、おそらくこうした孫文の態度とも関係している。一九一三年七月に内田良平は、一八九〇年からすでに「満蒙独立」を画策し、(57)よって「満洲建国の先駆者」と呼ばれた川島浪速(58)と合流して「対支連合会」を設立して「満蒙」の分離工作に力を入れはじめた。(59)これは、つまり内田良平がその「対支私案」、「対支問題解決鄙見」のなかで中国の分割を懸命に唱えた背景である。とくに注目すべきは、「対支私案」のなかにあった、「更ニ親日的勢力ヲ将来扶殖セント欲スルヲ以テナリ該党中ノ有徳有力者タル黄興等ヲ新政府ノ主脳人物タラシメハ最モ妙ナラン」という一文である。孫文がいるにもかかわらず、国民党のなかの「有徳有力者」が孫文ではなく、黄興であるという言い方は、孫文に対する内田良平の評価が変わった証である。ここから、「満蒙」の分離を公然と唱えるようになった内田良平は、すでに孫文を日本の支持支援を得るに値する人物ではないと思うようになったことが分かる。言い換えれば、孫文が「満蒙」を日本に委ねなかったことによって、内田良平は孫文に見切りをつけたのである。

内田良平が一九一四年に日本政府に提出した「対支問題解決鄙見」は、一九一一年十二月の「支那改造論」で唱えていた中国領土の保全、中国にて連邦共和を実行すべきといった主張を完全に放棄し、公然と「支那ノ共和政体ハ将来日支提携ヲ図ルニ於テ一大障碍ト成ルモノアリ」、日本の中国に対する指導権を確保するために、「支那ノ共和政体ヲ変革シ之ヲシテ立憲君主制ト為シ日本ノ立憲君主政治ト粗ボ其ノ形式ヲ同一ナラシメザル可カラズ」と主張している。内田良平はこの「対支問題解決鄙見」のなかで、日中両国が「国防協約」を結ぶべきと唱え、そして自ら「私案」を作ったのである。後の「二十一カ条」の青写真ともいわれるこの「私案」は、中国は「支那ハ日本ノ南満洲及内蒙古ニ於ケル優越権を認メ其ノ統治権ヲ日本ニ委任シ」（第二条）、日本が膠州湾を占領し従来ドイツが占有してきた鉄道鉱山及びその他一切の利権の占有を認めること（第三条）、日本が福建沿海の「要港」を租借して海軍基地とすることを認めること（第四条）、陸軍の改革と海軍の復興などの事務を日本に委任すること（第五、第七条）、日本の兵器を採用すること（第六条）、中国の内乱が発生する際に日本が出兵する権利を認めること、などの内容から構成されている[60]。

中国政府に迫ってこの「協約」を受け入れさせるため、内田良平は日本政府に次のような「帝国ガ支那民衆ノ後援ト為ルニ就テ要訣」をも提案している。「彼ノ革命党宗社党ヲ首トシ其他ノ不平党ヲシテ到処ニ蜂起セシメ一旦其国内ヲシテ混乱ノ状態ニ陥ラシメ袁政府ノ土崩瓦解スルニ及ビ我ハ四億民衆中ヨリ其最トモ信用アリ声望アルモノヲ援助シ擁護シ之ヲシテ政府改造国家統一ノ業ヲ成就セシメ我軍隊ニ由テ安寧秩序ヲ回復シ国民ノ生命財産ヲ保護スルニ至ラバ人民悦服シ政府始メテ我ニ信頼スベク国防条約ノ締結容易ニ其目的ヲ貫徹シ得ベキナリ」。なお、内田良平はその「対支問題解決鄙見」において、中国を混乱状態に陥らせることはけっして難しいことではなく、帝国が革命党をはじめとする不平不満を持つ各党派をこっそり援助すれば、彼らはすぐに問題を起こすに違いない、とも話したのである[61]。これは、まさに内田良平が長年にわたり中国の革命党と付き合ってきた経験から得た結論であろう。

孫文だけではなく、黄興、宋教仁、陳其美など多くの辛亥革命の指導者たちは、みな日本の大陸浪人と種々の関係を持ち、大陸浪人から大きな支援を得ていた。確かに、今日までの一次史料から、これらの革命指導者が当初たしかに領土を割譲する正式な約束をしたという直接の証拠は見つけられなかった。(62)しかしながら、なぜ内田良平などの大陸浪人は孫文などの革命党の「滅満興漢」という思想の文脈で「満蒙」を日本の勢力範囲に収める正当性を主張したのか。これは、やはり深く考えるべき問題である。

おわりに

辛亥革命の勃発以前、革命党は非合法の地位にあったため、中国革命家の活動を支援したのは主に在野の日本人であり、そのなかにはとくに自分の政治活動の舞台を中国または朝鮮半島とした「大陸浪人」が多かった。しかし注目すべきは、日本の大陸浪人が革命家を支持した理由は、孫文らによる民族国家を追求する姿勢にもあった。つまり、彼らは異なる視点から、中国の革命家たちが民族国家を追求する意義を見出した。それは、革命党による「滅満興漢」と「駆除韃虜」のなか、「満蒙」ないしチベット地域を中国から分離させ、よってそれを日本の勢力範囲に入れられるという契機が内包されたためである。

欧米との関係に比べ、日中関係が近代中国の道のりに、より直接的で、より大きな影響を与えたことは、筆者がいままで主張してきたことである。このような影響のなかでもっとも重要なのは、中国近代の革命家たちが日本から「民族国家」の思想を学んできたことである。これは、単一民族国家を追求する日本以外の国からは習えないことでもあった。日本が単一民族国家を追求した結果、多くの国民も「日本民族」がほかの国の国民が持っていない優秀な素質をもっていると強く信じ、東アジア各国を指導し、もって欧州列強の侵略からこの地域を守ることが日本の使命であると堂々と言うようになった。しかし、こうした民族的優越感が内包されている「アジア主義」は、本来日本の国権を守るという考え方から由来するため、次第に日本自身を東アジア諸国に対する侵略にまで導いた。

「民族国家」の思想は「大陸浪人」の発明ではなかった。しかし中国問題についての言動からその民族的優越感が感じられるように、大陸浪人の野望を発酵させた触媒であった。孫文、黄興、宋教仁などの革命指導者の周辺にいる大陸浪人のなかに、たとえ内田良平と違って日本の国益を直接求めていない人がいたとしても、内田良平らと長期に付き合い、そして各種の文献にも示されていたことから、革命指導者たちが黒龍会が中国革命を支援した最終の動機についてまったく察知しなかったとは、とうてい言えなかった。しかし辛亥革命期に、彼らが黒龍会または大陸浪人に対して公式に批判したことは一度もなかった。支援を得て清王朝を崩壊させ、政権を奪取するため、「滅満興漢」と「駆除韃虜」に対する解釈はどうでもよかったということであろうか。民権派から国権派へと変身した内田良平、黒龍会、大陸浪人に比べ、中国の革命派は明らかに政権の奪取をより重視していた。受け入れがたい事実であるが、これも「民族国家」の思想によって駆動された辛亥革命の無視できない一面であった。

注

（1）「対支私案」外務省外交史料館、外務省記録、1門政治、1類帝国外交、2項亜細亜、『支那政見雑纂』第二巻8、B03030272300。

（2）「対支問題解決鄙見」外務省外交史料館、外務省記録、1門政治、1類帝国外交、2項亜細亜、『支那政見雑纂』第一巻15、B03030268800。

（3）ここは一字不明。以下同。

（4）「対支私案」外務省外交史料館、外務省記録、1門政治、1類帝国外交、2項亜細亜、『支那政見雑纂』第二巻8、B03030272300。

（5）「支那革命の端緒と日支志士の提携」、葛生能久著『東亜先覚志士記伝　上』黒龍会出版部、一九三五年、六一七―六二二頁。

（6）段雲章『孫文与日本史事編年』広東人民出版社、一九九六年、二九―四〇頁。

（7）この花田仲之助は後に日露戦争及び日中戦争の時機に日本軍の命令を受けて中国東北部において活動していた。詳しくは王柯「日本侵華戦争与『回教工作』」『歴史研究』二〇〇九年第五期、第九二―九三頁を参照。

（8）「臥薪嘗胆と入露の人々」「浦潮方面における我が志士及び軍人の行動」、前掲『東亜先覚志士記伝　上』五六九―六〇四頁。頭山満・犬養毅・杉山茂丸・内田良平『玄洋社と黒龍会、あるいは行動的アジア主義の原点』書肆心水、二〇〇八年、二七九―三一一頁。

（9）内田良平自伝『硬石五拾年譜』（原著一九二七年）葦書房、一九七八年、五一―五二頁。段雲章『孫文与日本史事編年』広東人民出版社、一九九六年、四〇頁。

（10）「恵州事件の前後」、前掲『東亜先覚志士記伝　上』六五一―六五二頁。

（11）「対露問題と黒龍会」、前掲『東亜先覚志士記伝　上』六七八―六七九頁。

（12）思想研究資料特輯第三号『国家主義乃至国家社会主義団体輯覧』（上）（昭和七年十二月調）、一九三三年、三七―三九頁。

（13）藤本尚則『巨人頭山満翁』政教社、一九二三年、五〇九頁。

（14）「支那革命党の揺籃時代と日本志士」、葛生能久著『東亜先覚志士記伝　中』黒龍会出版部、一九三五年、三七七頁。
(15) 前掲『巨人頭山満翁』五二〇―五二一頁。
(16) 初瀬龍平『伝統的右翼内田良平の研究』(北九州大学法政叢書1) 九州大学出版会、一九八〇年、一四〇頁。
(17) 「十一月二十五日午後二時十五分東京発、上海豊陽館宮崎宛、内田良平出」防衛省防衛研究所、海軍省公文備考類⑪戦役等、清国事変(自)明治四十四年~(至)大正二年 清国事変書類 巻17 来電(11) マツデン(8)、C08041018300。
(18) 原口要(一八五一―一九二七年)、日本の鉄道技術者、最初の工学博士。後に孫文によって阪谷芳郎と共に中華民国臨時政府の財政顧問に任命された。
(19) 「十二月十二日午前十時五十分東京発、上海松崎ホテル喜多輝次郎宛」、「十二月十二日午後六時十分上海発、東京麻布内田良平」防衛省防衛研究所、海軍省公文備考類⑪戦役等、清国事変(自)明治四十四年~(至)大正二年 清国事変書類 巻17 来電(11) マツデン(8)、C08041018300。
(20) 「一月二十五日午後二時三十分東京発、上海松崎ホテル喜多輝次郎宛」、「一月二十五日午後十時十分上海発、東京麻布内田良平」防衛省防衛研究所、海軍省公文備考類⑪戦役等、清国事変(自)明治四十四年~(至)大正二年 清国事変書類 巻17 来電(11) マツデン(14)、C08041018900。
(21) 「一月二十五日上海発、東京内田良平宛」、「一月二十五日午後十時四十五分上海発、東京水明館梅村ゴク宛」防衛省防衛研究所、海軍省公文備考類⑪戦役等、清国事変(自)明治四十四年~(至)大正二年 清国事変書類 巻17 来電(11) マツデン(14)、C08041018900。「一月二十六日午後零時五分東京発、上海松崎洋行喜多輝次郎宛」防衛省防衛研究所、海軍省公文備考類⑪戦役等、清国事変(自)明治四十四年~(至)大正二年 清国事変書類 巻17 来電(11) マツデン(15)、C08041019000。
(22) 「二月六日午後八時五十分上海発、東京麻布内田良平、東京京橋杉山茂丸、政友会本部小川平吉、東京青山末岡タケタリ、東京原宿有賀文八郎宛」防衛省防衛研究所、海軍省公文備考類⑪戦役等、清国事変(自)明治四十四年~(至)大正二年 清国事変書類 巻17 来電(11) マツデン(17)、C08041019200。
(23) 「一月二十五日午後七時四十分上海発、東京麻布内田良平、青山有賀文八郎、青山末岡タケタリ、京橋杉山茂丸宛」、「一月二十五日午後二時四十分東京発、上海松崎ホテル喜多宛」、「一月二十七日午前十一時十分上海発、東京麻布内田良平、青山有賀文八郎、青山末岡タレタリ、京橋杉山茂丸宛」、「一月二十八日午前九時二十分東京発、上海松崎洋行喜多輝次郎宛」防衛省防衛研究所、海軍省公文備考類⑪戦役等、清国事変（自）明治四十四年～（至）大正二年　清国事変書類　巻17　来電（11）マッデン（15）、C08041019000。

（24）「一月二十九日午後九時東京発、上海ミンリッホ気付、南京共和政府宛」防衛省防衛研究所、海軍省公文備考類⑪戦役等、清国事変（自）明治四十四年～（至）大正二年　清国事変書類　巻17　来電（11）マッデン（15）、C08041019000。

（25）前掲『玄洋社と黒龍会、あるいは行動的アジア主義の原点』二四頁。

（26）「二月三日午後六時四十分上海発、東京麻布内田良平、青山末岡タケタリ、京橋杉山茂丸宛」防衛省防衛研究所、海軍省公文備考類⑪戦役等、清国事変（自）明治四十四年～（至）大正二年　清国事変書類　巻17　来電（11）マッデン（16）、C08041019100。

（27）「二月六日午後八時五十分上海発、東京麻布内田良平、東京京橋杉山茂丸、政友会本部小川平吉、東京青山末岡タケタリ、東京原宿有賀文八郎宛」防衛省防衛研究所、海軍省公文備考類⑪戦役等、清国事変（自）明治四十四年～（至）大正二年　清国事変書類　巻17　来電（11）マッデン（17）、C08041019200。

（28）「二月七日午後三時五十五分東京発、上海松崎ホテル喜多」防衛省防衛研究所、海軍省公文備考類⑪戦役等、清国事変（自）明治四十四年～（至）大正二年　清国事変書類　巻17　来電（11）マッデン（17）、C08041019200。

（29）「二月十三日午前十時五十五分東京発、南京宋教仁宛」防衛省防衛研究所、海軍省公文備考類⑪戦役等、清国事変（自）明治四十四年～（至）大正二年　清国事変書類　巻17　来電（11）マッデン（17）、C08041019200。

（30）「二月十四日午後十時上海発、東京牛込仲町千早正二郎宛」防衛省防衛研究所、海軍省公文備考類⑪戦役等、清国事変（自）明治四十四年～（至）大正二年　清国事変書類　巻17　来電（11）マッデン（18）、C08041019300。

（31）「二月十七日午後十時上海発、東京麻布内田良平宛」防衛省防衛研究所、海軍省公文備考類⑪戦役等、清国事変（自）明治四十四年～（至）大正二年　清国事変書類　巻17　来電（11）マッデン（18）、

C08041019300。
(32)「二月二十日東京発、上海松崎洋行宋教仁、喜多宛」、「二月二十日東京発、上海松崎洋行宋教仁宛」防衛省防衛研究所、海軍省公文備考類⑪戦役等、清国事変（自）明治四十四年〜（至）大正二年　清国事変書類巻17　来電（11）マッデン（19）、C08041019400。
(33)「対支活動の先駆」、前掲『東亜先覚志士記伝　上』三一〇―三一一頁。
(34)同前、三一一―三一二頁。
(35)同前、三一〇―三一一頁。
(36)同前、三〇九頁。
(37)同前、三一〇頁。
(38)桂宏誠『孫中山的「民権」、「民主」及「共和」之涵義』財団法人国家政策研究基金会『国家』内政（研）〇九五―〇〇二号、二〇〇六年。
(39)一九一三年三月、孫文は福岡の玄洋社墓地を参拝した。
(40)井川聡、小林寛『人ありて、頭山満と玄洋社』海鳥社、二〇〇三年、四四頁。
(41)石瀧豊美『玄洋社発掘、もうひとつの自由民権』西日本新聞社、一九八一年、二三一―二六頁。
(42)『玄洋社社史』（原著一九一七年）明治文献、復刻版二二三―二二五頁。
(43)「対支活動の先駆」、前掲『東亜先覚志士記伝　上』三一二頁。
(44)「第一次満蒙独立運動」、前掲『東亜先覚志士記伝　中』三一八頁。
(45)内田良平自伝『硬石五拾年譜』（原著一九二七年）葦書房、一九七八年、七七頁。
(46)「第一次満蒙独立運動」、前掲『東亜先覚志士記伝　中』三一八頁。
(47)内田良平「分割乎保全乎、対支那大陸の根本政策問題、飽く迄も領土保全」『太陽』第一九巻第二号、九九―一〇一頁。
(48)「支那改造論」黒龍会本部編『内外時事月函』明治四十四年十二月号、二〇頁。
(49)同前、二二頁。
(50)同前、二二一―二四頁。

(51) 同前、二七頁。

(52)「第一次満蒙独立運動」、前掲『東亜先覚志士記伝　中』三一八頁。

(53)「二月十日東京発、南京宋教仁宛!! Songchouyen」、「二月十日東京発、上海 Torajo 宛」防衛省防衛研究所、海軍省公文備考類⑪戦役等、清国事変（自）明治四十四年〜（至）大正二年　清国事変書類　巻17　来電（11）マッデン（17）、C08041019200。

(54)「原来吾人之目的、在于滅満興漢、至革命成功之暁、即令満蒙西伯利亜送与日本亦可也」。段雲章『孫文与日本史事編年』広東人民出版社、一九九六年、四〇頁。

(55) 孫中山《中国若无能恢復已失去之疆土則亦无能立国于大地》民国元年春在南京与報館記者談話、（台湾）国防研究院印行《国父全書》、一九六〇年、四九六頁。

(56) 初瀬龍平『伝統的右翼内田良平の研究』（北九州大学法政叢書1）九州大学出版会、一九八〇年、一七二頁。

(57)「川島浪速の支那渡航と最初の満蒙建国計画」、前掲『東亜先覚志士記伝　中』二四二頁。

(58)「満洲建国の先駆者川島浪速」、前掲『東亜先覚志士記伝　中』二一二頁。

(59) 前掲『伝統的右翼内田良平の研究』一七三頁。

(60)「対支問題解決鄙見」外務省外交史料館、外務省記録、1門政治、1類帝国外交、2項亜細亜、『支那政見雑纂』第一巻15、B03030268800。

(61)「対支問題解決鄙見」外務省外交史料館、外務省記録、1門政治、1類帝国外交、2項亜細亜、『支那政見雑纂』第一巻15、B03030268800。

(62) 藤井昇三「孫文と『満洲』問題」『関東学院大学文学部紀要』第五二号（昭和六十二年、四二―五一頁）を参照。「孫文は日中関係の中の『満洲』問題をどのように考えていたのか、そして、この孫文の『満洲問題』に対する態度は、中国革命の展開の過程で、どのように変化していったのか」という問題に関する藤井氏の一連の論文は、この問題についてもっとも明白に指摘した論説である。その中で多くの証拠が提出されている。残念ながら、日本の満洲経営に同意するというような曖昧な表現以外、「満洲」を日本に租借、または割譲するような孫文の自筆文書はまだ確認されていない。

4　辛亥革命と日本華僑・留学生

安井三吉

はじめに

今年、二〇一一年は辛亥革命から一〇〇年ということで、中国大陸、台湾、その他世界の各地で辛亥革命一〇〇年を記念する行事が行われている。これらの行事の中心を担っているのは、もちろん中国人あるいは華僑華人である。それだけに、日本や日本人が「辛亥革命一〇〇年」を記念するのはなぜなのかという点で、日本はもちろんのこと、中国、台湾のメディアが注目している。私が勤めている神戸の孫文記念館は、「日本で唯一の孫文記念館」ということをアピールしてきたこともあって、今年は内外の新聞、テレビの取材がとても多い。そしてインタビューの際、共通して出されるのは次の二つの設問である。

（1）孫文たちは、なぜ日本を亡命・活動の場として選んだのか？

（2）多くの日本人は、なぜ孫文たちの亡命・活動を支援したのか？

孫文は、日本を「第二の祖国（母邦）」とか「第二の故郷」と呼んでいた。その理由は、一八九五年から一九二四年までの三〇年の内の前後約九年間という日本滞在の長期性だけでなく、孫文にとって日本は革命を進める上でアメリカや東南アジアなど他の地域では代替できない得がたい場所だったからである。このことは孫文だけでなく、黄興や宋教仁ら他の革命の指導者たちにとっても同様だった。そして孫文が語った次の言葉も、先の設問への回答に一つの手がかりを与えてくれるだろう。すなわち、孫文は、一九二四年十一月、神戸で行った「大アジア主義」の講演において、「あなたがた日本民族は、欧米の覇道の文化を取り入れると同時に、アジアの王道の文化の本質ももっています。[1]」と言っていたが、孫文にとって日本は、単に九年という長さだけでなく、「欧米の覇道の文化」と「アジアの王道の文化」を合わせ持つ存在としても重要な国だったのである。ここでは、あえて「覇道」、「王道」という評価の部分を削って「欧米の文化」と「アジアの文化」と簡略化するが、孫文にとって日本とは東西両文明の双方の特徴をあわせ有している国として、すなわち中国にとって学ぶべき点と危うさとを合わせもつ国としてあったということである。孫文の「大アジア主義」講演の基礎には東西文明論と孟子の王道・覇道論があるが、ここではまず、孫文のこのような日本観を一つの手がかりとして、「辛亥革命と日本華僑・留学生」について考えてみたい。

辛亥革命はいうまでもなく中国における中国人による革命であった。しかし、その準備や実行の過程で、日本と日本人が深くかかわっていたということも事実として歴史の記録に留めておくべきであろう。それは、第一に、孫文をはじめとする辛亥革命の指導者たちだけでなく、在日華僑や中国各地で革命に参加した人々のなかに多くの日本への亡命者、留学生たちがいたという点である。第二は、この革命には、多くの日本人が関係していたという点である。二十世紀初、日本は中国にとってどうしてこのような位置を占めることになったのか、これに対する回答は先の二つの設問に対する回答にもなろう。ここではまず、十九世紀末から二十世紀初の日本と中国の関係には次のような二つの特有の時代背景があったことを指摘しておきたい。

第一はグローバリゼーションの進展、当時の状況に即していえば、東西文明の交流、端的にいうと、西洋文明のアジアへの浸透、受容とそれへの反発ということである。この点では、日本も中国も共通の運命にあった。

第二は日中関係史という視角から見たとき、十九世紀末から二十世紀初頭にかけての時期、両国関係において二千年来初めての新しい現象が出現したという点である。すなわち前近代においては、日中間においてたとえば留学とは日本から中国に行くということであった。鑑真のような日本に来た僧も、日本に仏教を伝えるためであって、日本でなにかを学ぶための渡来ではなかった。その意味で、十九世紀末に起こった日清戦争は、一方で台湾の割譲など日本の中国侵略と日本人の中国蔑視の重要な契機となったが、その一方で中国人の日本観にとっても大きな転機になった。日中両国の間には西洋文明の受容の仕方、スピードに差が生じていた。孫文の「大アジア主義」講演にはこのような状況認識が基底にあり、日本に来た多くの留学生もそのような認識を共有していた。中国人の日本への留学、「東渡」が大規模に始まったのである。確かにそれは、中国人留学生にとっては「日本人の咀嚼した西洋文明」を吸収するという感覚を多分に伴っていたにせよ、である。(2) 又、日本人の中国への渡航も、日本の「文明」

（それが、「日本人の咀嚼した西洋文明」だったとしても）を伝えるという側面を帯びていった。中国における「日本人教習」、「日本人顧問」の登場である。こうして、日本という場と日本人が、中国のさまざまな分野での変革に大きな役割を果たすという、日中関係史上かつてなかった時代が始まったのである。

辛亥革命は、以上のような世界史と日中関係史における大きな変化を背景に展開したといえよう。ここでは、華僑と留学生という側面から最初の二つの設問について考えてみたい。

一　華僑

「華僑は革命の母なり」と孫文はいったといわれている。孫文がいつ、どこでこのような言葉を用いたかは実は明確ではないのだが、経歴からして彼がそのように語ったとしても別に不思議ではない。しかし孫文が、革命活動を開始した当初の日本華僑の革命への呼応にはいささか不満を抱いていたことも事実である。その自伝ともいうべき「志あらば竟《つい》に成る」（一九一九年）において、孫文は次のように述懐している。

日本には華僑が万余もいるが、その風気は固く（錮塞）、革命と聞いて怖がるのは他の地域の華僑と異なるところがない。我が党の同志たちが、横浜と神戸の間を行き来して革命の主義を鼓吹したが、数年の間、義を慕って来た者は、百数十にも達しなかった。日本華僑の（総）数と比べて、それは一パーセントにも及ばなかった[3]。

革命に対する当初の冷ややかな反応は日本華僑だけでなく中国国内でもその他の地域でも同様だったと孫文は述懐している。日本華僑だけの問題ではなかった。風気が「錮塞」あるいは「蔽塞」と、孫文はこの時期の華僑の対応を振り返っている。こうした状況は、一九〇〇年十月の恵州蜂起失敗を契機に大きく変化する。日本留学生の増加がその要因だった。

「日本留学生がまず（革命を）提起し、国内の学生がこれに従い、各省の風潮もこれにより次第になった」。鄒容の『革命軍』は華僑の風気を開き、「海外華僑も東京の留学界及び国内の革命の風潮の影響を受けた。故に、自分が今回訪問したところではどこでも華僑が歓迎を表明してくれたが、これは昔と比べて大いに異なるところだった[4]」。

ただ、日本華僑の動きは依然それほど活発ではなかった。梁啓超ら立憲派の影響力のほうが強かったが、辛亥革命は、このような日本華僑の革命への対応を一変させた。武昌蜂起の起こった一九一一年、日本在住の中国人は、華僑、留学生そして政治的亡命者（革命派、立憲派双方を含む）の三種に区分される。まず、華僑について辛亥革命とのかかわりを検討してゆこう。

近代日本華僑の活動は、幕末の開港とともに始まった。江戸時代から中国への窓口として中国人の渡来があった長崎、そして横浜と箱館（函館）が開港したのは一八五九年、神戸は六八年のことである。しかし、勅令第三五二号（一八九九年）に代表されるように、日本政府は、中国人、特に華工の入国を厳しく制限し、その結果日本の華僑人口は東南アジアに比べて低い水準に抑えられた。戦前のピークだっ

表1　在日中国人の職業構成(1911年)

全国		兵庫県	
	人		人
労働者	904	労働雑役	247
学生	624	雑業	196
呉服商	467	貿易商	89
貿易商	369	呉服商	49
理髪業	284	沖商	45
雑業	241	ペンキ塗職	43
裁縫業	232	裁縫師	40
雑貨商	200	商館員	38
無職	3,550	家族に因する無職	522
その他	1,275	その他	170
合計	8,146	合　計	1,439

全国：『内務省統計報告』第27巻、兵庫県：『兵庫県統計書』(明治44年第1編)

た一九三〇年、在日中国人は日本全体で三万八三六人だった。また、辛亥革命以前においては、在日華僑にあっては、横浜でも神戸でも華僑学校を主宰した立憲派支持の華僑の影響力がより大きかった。しかし、辛亥革命の勃発はそうした状況を一変させた。中華民国僑商統一聯合会の結成をみた神戸華僑の場合はその典型といえるだろう。

一九一一(明治四十四)年末の内務省統計[5]によれば、在日外国人総数は一万四九七四人、中国人は八一四六人で約五四パーセントを占めていた。その職業別人口は**表1**の通りである。

その中で辛亥革命との関連で重要なのは、学生と貿易商である。学生数については、後掲の資料では一九一一年当時三二〇〇人となっている。内務省統計とその差があまりに大きいのが気になるが、学生については後に触れることにする。ここではまず貿易商に注目しておきたい。なぜなら、日本の華僑社会の中核は貿易商であり、華僑の中で辛亥革命にもっともするどく反応し、もっとも活発に活動を展開したのも彼らだったからである。

次に彼らの居住地域を確認しておこう。いずれも一九一一年末の統計[6]である。北海道の中国人数は二四〇人、神奈川県は三八〇三人、京都府は一〇〇人、大阪府は七六一人、兵庫県は一四二八人、長崎県は八一八人となっている。東京府については、一九〇七（明治四十）年の統計では五九九三人となっている。東京の場合、牛込区（二六二二人）、神田区（一一五二人）と二つの区に集中していた。

さて、一九一一年十月十日に始まった武昌蜂起の第一報が日本の新聞に登場するのは十三日のことである。横浜では、その日すでに革命支持の集会がもたれたという。(7) ただ一般的には、当初華僑貿易商には革命の混乱による貿易への支障を心配する空気の方が強かった。「保商」という立場である。在日中国人の帰国についてみると、日本全体では、一〇年末の在日中国人数は八五二九人だったから前年に比べて三八三人の減となった。これは留学生の帰国が主たる要因ではなかったかと思われる。日清戦争や満洲事変時に生じたような激減の現象はなかった。革命が日中関係の悪化を招くという懸念が華僑にはなかったからであろう。

革命が広がりをみせる十月末になると革命支持を鮮明にする華僑が次第に多くなっていった。函館では、華僑海産物商が、十月下旬、上海への直行便で昆布を輸送し、また十一月下旬にも「塩鱒、馬鈴薯、キャベツ」を上海に送ったという。(8) 横浜では、十一月五日には、中華会館で数百人もの集会が持たれ、革命支持の決議がなされる。こうしたなかで、革命支持の立場をもっとも鮮明に打ち出したのが神戸華僑である。

辛亥革命の時期、神戸華僑の職業構成は先の**表1**の通りであった。貿易商たちは、出身地別に、広東系は広業公所、福建（閩南）系は福建広所、そして長江中下流域の人々は三江公所を組織していた。この三つの華僑団体が神戸華僑社会の基礎を作っていて、その上に華僑社会全体をカバーする組織として中華会館、中華商務総会（後の中華総商会）があり、また華僑子弟の教育のために神戸華僑同文学校（現在の神戸中華同文学校）があったが、どの団体・学校もその運営には貿易商たちが中心的役割を務めていた。清国政府の代表機関としては、神戸総領事館（総領事は王守善）があった。

十月十五日、呉錦堂（三江）、王敬祥（福建）、鄭祝三（広東）ら各幇《パン》の有力者が資金を提供して「博聞社」という情報交換の場を設置した。[9]おそらくこれは、革命派が世界各地に作った「閲書報社」と同一の役割を期待されたものであろう。「閲書報社」は新聞、図書の閲覧を表看板に実質は革命派の拠点となっていた。華僑はまず中国紅十字社へ献金を行っている。これは、官革双方への救援金という性格のもので、有力華商の呉錦堂が五百円、王敬祥、楊秀軒（広東）らも二百円を出している（『神戸又新日報』十一月十四日）。

この時期独自の役割を果たしたのが三江公所である。なぜなら、辛亥革命当時、中国の革命派の海外とのつながりは上海を通じてなされていたからである。まず十一月二十二日、三江公所では、会員が集って、革命支持と総領事辞任を求める方針を決め、次いで二十五日には、王敬祥らが広業公所に集って聯合会結成の方針を決める。そして二十六日、神阪中華会館において、関西地域の華僑約七百人が一堂に集り、中華民国僑商統一聯合会を結成した。会長には王敬祥（福建、貿易商）、副会長には周子卿（三江、？）、廖道明（広東、貿易商）と福建、三江、広東と三幇の貿易商（周の職業は不詳だが、三江幇の幹部の一人）から代表が出た。その他の議董、庶務、書記など役員二三名の出身地は、広東九、三江三、福建二、不明九となっている。[10]広東の比重が高い点、他方で、神戸華僑の代表ともいうべき呉錦堂と後に在日国民党の中心人物の一人となる楊寿彭の名がまだ見えないことが注目される。聯合会は、十二月三日、南京が革命派の支配下に入る一方で漢陽が清軍によって奪回されるなど官革の攻防激化の中急遽第二回大会を開催した。参加者は約四百、成立大会と比べて人数は減少したが、会場はいっそうの熱気に包まれた。第二回大会は、以下のことを決定している。

一、自今清商を改め華商とすること
一、自今断じて黄竜旗を掲揚せざること
一、本邦駐派領事の支配下に立たざること
一、自今宣統の年号を廃し、黄帝紀元四千六百九年と改むること
一、従来店舗に付せし商会の号を廃すること
一、従来の各商業会議所を廃し、自今中華民国僑商統一聯合会を以て之に代ふること
一、僑商統一聯合会の事務所を三江公所内に設置すること
一、本団体より委員二名を上海に派して、民国軍政府との連絡を保つこと

（『神戸新聞』十二月四日）

会名に「中華民国」の名を冠し、国旗と元号の点でも清朝支配を完全否定し、「中華民国」（まだ建国されていない）の一員であることを内外に宣言したものである。また、「黄帝紀元」の採用は、湖北軍政府など武昌蜂起後の革命派の一般的な傾向を受容したものであり、漢族意識の表明といえる。

大会では、義援金五千両が集り、義勇隊の派遣も決定された。義勇隊については、十二月八日、横浜からきた敢死隊を迎えて、中華会館で壮行会が開催された。後に神戸華僑の黄卓山と馬聘三の二人が引率して、博愛丸に乗船、長崎の一隊と合流、十二日、上海に向った。敢死隊はその後一隊が上海に向っていて、あわせて一一〇名ほどの規模で、上海到着後は、上海軍政府の指揮下に置かれたという[11]。黄ら

は、この時、上海軍政府に渡すために義捐金一万一千元を持っていった。(12)

神戸華僑は、大阪と長崎に聯合会結成を呼びかけたが、山東出身者など北幇が主の大阪は呼応せず、長崎は十二月九日、結成された。(13) 横浜、函館の動きははっきりしない。なお、神戸では宣統帝が退位して、清朝が滅亡した後に中華民国建国を祝賀する提灯行列が、二月二十四日の中断ののち、三月三日、挙行された。雨中ではあったが、神戸華僑にとっては晴れがましいパレードとなった。(14)

日本の華僑は、東京以外は、幕末期に開港された長崎、神戸、大阪、横浜、箱館に集住していた。横浜は、孫文と早くから関係が深く、興中会分部があり革命派支持の伝統があったが、辛亥革命時、もっとも顕著な役割を果たしたのは神戸華僑である。これは、王敬祥という革命支持の旗幟を鮮明に掲げた人物がいたこと、長江中下流域出身、貿易商を中核とした三江公所という僑団が華僑社会において重要な位置を占めていたことなどが関係していたものと思われる。そして、辛亥革命は、広東が中心ではなく、特に対外関係という点では上海が中心であったことがこれと連動していたのである。

二　留学生

一九〇五年七月、孫文はヨーロッパから日本に戻り、八月、東京赤坂で中国同盟会を結成した。

最初の会合はブリュッセルで開いたが入会者は三十余人、第二回はベルリンで入会者は二十余人、第三回はパリで十余人だった。第四回を東京で開くと入会者は数百人で、中国の一七省凡てから入

会していた。甘粛省からは留学生が日本に来ていなかったために入会者がいなかったのである。(15)

そして、一九〇六年十二月二日、東京神田の錦輝館には数千もの中国人が押し寄せ、会場は立錐の余地もなく、入りきれない人々が外にあふれていた。同盟会機関誌『民報』創刊一周年記念講演会の盛況であった。黄興が開会を宣言し、孫文と章炳麟が講演した。日本人の来賓、池亨吉、北輝次郎（後に一輝）、宮崎滔天、平山周、和田三郎らが壇上に立って挨拶を行った。会場の中国人はほとんどが留学生だった。(16)

日本留学は、日清戦争後の一八九六年に始まる。初めは一三人、すべて「官費」学生だったが、その後私費学生も加わり、日露戦争後には七千人を超えるに至った。

この日、錦輝館に殺到した学生は、五千を超えたともいうから、大変な数の学生が、孫文らの運動に呼応したわけである。中国同盟会は、東京で結成されたが、その当時の会員の内、日本で入会の登録を行ったものは八六三人という。(17) 彼らのほとんどが留学生だったとすれば、留学生総数の約一一パーセントが同盟会に参加していたことになる。また、同盟会員の出身地構成を見ると、広東、湖南、四川、湖北が続き、意外なことに浙江出身者が少ないのが目立つ。(18) 一九一四年の数字だが、留学生総数二四九二人の内、浙江出身者は二二九人であり、全体の九・二パーセントを占め

表2　在日中国人留学生数

年	総数	女（内）
1906	7,283	／
1907	6,797	／
1908	5,216	126
1909	5,266	149
1910	3,979	125
1911	3,328	81
1912	1,437	52

二宮剛史・佐藤尚子「中国人日本留学史関係統計」『国立教育研究所紀要』第94集、1978年

ていた[19]。同盟会に浙江出身の留学生が少なかったのは、浙江の革命派（光復会系）の独立性の現れといえる[20]。

一九一一年十一月五日、北輝次郎（一輝）は上海から清藤幸七郎に宛てに長文の手紙を送った。この手紙にはその時北が直接見聞したことが記されている。

日本教育が即ち排満興漢である根本点を確かむる為に彼等の幹部を見よ、思想が日本人である如く、顔が全く日本人である（始めて支那に来て他の其等と比して日本留学生を見よ、全く日本人である）、敵軍の丸を当にして空銃を提げて躍り込む如き全然日本人的行動であると。

そして北は次のように断言する。

直截簡明に短刀直入的なる革命党の一般的な気風は、実に日本教育より継承したものである。僕が立つ前一寸君〔清藤〕の宅で報知記者に、支那革命党の秘密の一端を話した時に、語を強めて、日本教育が今の革命思想を産みたるもので、多い時一万五千、前後を通じて幾万の留学生、即ち四億万漢人のあらゆる為政者階級の代表的子弟に日本の国家主義、民族主義を吹き込だから排満興漢の思想が出来たのだと云った。日本の教育家も政治家も支那通と云ふ方々も或は明確に意識されないかも知れないが、これほど明かに思想的系統の示されてゐる事例は余り類があるまい。日本は革命党の父である、新国家の産婆である。……結論はこうだ、新しき大黄国は日本と等しく国権と民

族の名の下に行動すべし。(21)

周知のごとく北は、孫文らの中国同盟会の一員であり、また宮崎滔天らと『革命評論』を刊行するなどして、早くから在日の中国人革命家と交流していた。武昌蜂起勃発に際し、宋教仁が黒龍会幹事内田良平に対して革命支援のため日本人の派遣を要請すると、内田は北を選んで中国に送り込んだのである。北は、上海から武昌まで行き、宋教仁と起居を共にして行動する。この手紙は、武昌に行く直前、上海での蜂起に遭遇した時の見聞に基づくものであるが、北は、「国家民族主義」という独特の思想を基礎にして辛亥革命を観察し、そのような視角から評価を行っているが、「日本教育」が「排満興漢」の思想を生み、その幹部たちは「思想が日本人である如く、顔が全く日本人である」とまで言う。これはあきらかに誇大な表現というべきであるが、明治日本が中国人の革命思想とその運動に大きな影響を及ぼしたということを捉えているという点において鋭いものがあった。「文明」は、今や日本から中国へと流れるようになったという認識の一つの表現といってよい。

ここで辛亥革命の主だった指導者の日本留学歴を確認しておく。孫文は日本留学の体験は無かった。湖南派の譚人鳳(一八六〇—一九二〇)は法政大学、黄興(一八七四—一九一六)は嘉納治五郎の宏文書院、宋教仁(一八八二—一九一三)は法政大学と早稲田大学に入学している。『民報』の論客、胡漢民(一八七九—一九三六)、汪精衛(一八八三—一九四四)、朱執信(一八八五—一九二〇)らは広東派ですべて法政大学の留学生であった。また、浙江派の陶成章(一八七八—一九一二)、陳其美(一八七八—一九一六)、秋瑾(一八七九—一九〇七)はそれぞれ東京精華学校、東京警監学校、実践女学校の学生だった。[22]

このように中国同盟会の指導者の多くは日本留学生だったが、彼らの革命思想が日本の大学教育によって形成されたものというとすればそれは過大な表現となろう。まして、北のような概括はあまりに一面的だった。たとえば湖南派の譚人鳳、黄興、宋教仁らは、本国においてすでに革命に志し、そのうえで日本に渡来してきた人々である。すなわち、彼らの多くは、来日以前にすでに祖国の民族的危機を肌で感じ、また革命（あるいは改良）思想の影響を受けていたのである。そして来日後も、中国同盟会や『民報』などの雑誌、『浙江潮』など各地域の留学生団体の発行する雑誌などを通じて革命思想を受容していったのである。日本の大学教育の結果などと称することなどできない。もちろん宮崎滔天『三十三年の夢』（一九〇二年）をはじめとする日本人の著作による影響も大きかったことも確かである。しかし、その一方で当時の日本人は、彼らの弁髪を笑い、「チャンコロ」などとからかいもしていたのである。彼らにとって当時の日本は、学ぶべき側面と抵抗すべき側面とをあわせもつ存在としてあった。

三　「文明」と「アジア主義」

さてここで、最初に掲げた第二の設問「多くの日本人は、なぜ孫文たちの亡命・活動を支援したのか？」について検討しよう。そこで明治末期の日中間の思想的交流を「文明」と「アジア主義」という二つの概念で整理してみたい。

まず、「文明」についてであるが、明治以来日本人の価値判断の基準の一つは「文明」、すなわち「西洋文明」にあった。これは、自己評価の基準であるとともに、他国、他民族評価の基準でもあり、また他国、他民族への日本人の対応の仕方の基準の一つでもあった。この点を断定的に用いたのが、福沢諭吉の有名な「脱亜論」(一八八五年)である。ここで福沢は日本自身の「文明開化」(西洋文明化)を主張しただけでなく、アジアの隣国、朝鮮と中国に対しても、「正に西洋人が之に接するの風に従て処分す可きのみ[23]」、西洋のやり方にならって、断固「文明化」を強制すべきであると言い切った。福沢は、この考えを、日清開戦という具体的現実に直面して次のように表明した。

戦争の事実は日清両国の間に起こりたりと雖も、其根源を尋ぬれば文明開化の進歩を謀るものと其進歩を妨げんとするものとの戦にして、決して両国間の争に非ず。……。若しも支那人が今度の失敗に懲り文明の勢力の大に畏る可きを悟りて自ら其非を悛め、四百余州の腐雲負霧を一掃して文明日新の余光を仰ぐにも至らば、多少の損失の如きは物の数にも非ずして、寧ろ文明の誘導者たる日本国人に向ひ、三拝九拝して其恩を謝することとなる可し[24]。

福沢のこのような「文明」論は、近代日本の思想の一つの大きな流れを代表するものといってよい。特に、アジアの隣国との関係を論ずる時に、このような思考は繰り返し登場する。たとえば福沢のこの主張から三七年の後、満洲事変の首謀者の一人、石原莞爾は中国に対してまったく同じような言葉を発している。

漢民族社会モ漸ク資本主義経済ニ進マントシツツアルヲ以テ我国モ満蒙ニ於ケル政治軍事的施設ヲ撤回シ漢民族ノ革命ト共ニ我経済的発展ヲナスヘシトノ議論ハ固ヨリ傾聴検討ヲ要スルモノナルヘシト雖吾人ノ直観スル所ニヨレハ支那人カ果シテ近代国家ヲ造リ得ルヤ頗ル疑問ニシテ寧ロ我国ノ治安維持ノ下ニ漢民族ノ自然的発展ヲ期スルヲ彼等ノ為ニ幸福ナルヲ確信スルモノナリ(25)

世界最終戦論という戦略論に基づき、また日蓮宗による宗教観を基礎にしている石原の場合、単純に福沢のそれと同一視はできないが、「文明」論とその中国への強制についての合理化の論理は全く同一といってよい。日清戦争から満洲事変を経て「大東亜戦争」へ至る時期の日本の隣国に対する植民地化と戦争には、このような一つの論理が貫徹していたといってよいだろう。

さて、次に「アジア主義」の流れであるが、この問題を考えるためには、やはり竹内好のアジア主義に関する考察を振り返っておく必要がある。竹内が『アジア主義』(筑摩書房、一九六三年)において、アジア主義とは「ある実質内容をそなえた、客観的に限定できる思想ではなくて、一つの傾向性ともいうべきものである」とし、また、「アジア主義はどんなに割引きしてもアジア諸国との連帯(侵略を手段とすると否とを問わず)の指向を内包している点だけには共通性を認めないわけにはいかない。」といっていたことを想起しておきたい。このような見方から竹内は、大井憲太郎と頭山満、宮崎滔天と荒尾精というように二つに分けて、前者をアジアとの「連帯」、後者をアジアに対する「侵略」を主張したものというように単純に区分できないと注意を喚起した。(26) もちろん竹内は、それぞれに違いもあることも指摘しているのだが、竹内の主張は、彼らには重なる部分があることに注意を喚起したものとして受けとめるべきであろう。

たとえば宮崎滔天と内田良平とはやはり相違があったことは確かである。滔天『三十三年の夢』(一九〇二年)と内田『硬石五拾年譜　内田良平自伝』(一九二七年)は、その点をよく表している。一八九七年九月、横浜で孫文と初めて出会ったときの印象を滔天は次のように描いている。

孫逸仙の如きは、実にすでに天真の境に近きものなり。彼、何ぞその思想の高尚なる、彼、何ぞその識見の卓抜なる、彼、何ぞその抱負の遠大なる、しかして彼、何ぞその情念の切実なる。我が国人士中、彼の如きもの果して幾人かある、誠にこれ東亜の珍宝なり、と。余は実にこの時を以って彼に許せり。(27)

これに対して孫文は、『三十三年の夢』が一冊の本にまとめられるに際し序文を寄せて、その中で滔天について次のように評した。

宮崎寅蔵君なる者は、今の侠客なり。識見高遠、抱負凡ならず。……。日に黄種の陵夷を憂え、支那の削弱を憫む。……。以為えらく、心を亜局の興衰に関らせ、黄種の生存を保たんと籌る者、取り資する所あらん、と(28)

滔天が孫文を「識見の卓抜なる、彼、何ぞその抱負の遠大なる」と書けば、孫文も滔天を「識見高遠、抱負凡ならず」と応じている。一九世紀末、二〇世紀初の日本人と中国人の間にこのような精神的交流が成立していたことは、やはり特筆しておいてよい。

内田良平の場合、孫文との関係はもっと醒めたものであった。

一九〇〇年夏、南清独立計画が失敗して福岡に戻り、今後どうすべきかを検討した場において内田は、孫文らの活動を支援するのは日本の国益に合致しているからだと説明した。

吾人が生命を賭して孫の革命を援助する所以のものは日本の利害と一致するを以てなり。孫の大義名分とせる革命の旗幟は滅満興漢にして満人を駆逐し漢人の中国と為すに在り。故を以て漢人を助け満人をして露に頼らしめ、日支提携して露を破り満洲西比利亜を我が有となし、大陸経営の基礎を作らんと欲するなり。然るに今日の勢を以てすれば革命は成らず、露国は拳匪の乱に乗じて満洲全土を占領し、永く己れの有となさんとするや必せり。故に吾徒は之れより満洲に赴き露国に当るを以て機宜の行動なりとすべし。諸君以て如何となす。(29)

ここで内田には、福沢のように「文明」論によって戦争を正当化しようという姿勢は微塵もなく、全く「日本の利害と一致」が孫文支援の理由だと公言している。このような姿勢も孫文支援の一類型としてあったことを確認しておきたい。孫文らも、こうした内田らの立場を知りながら、彼らの「支援」を求めていたのである。辛亥革命に際し、孫文は宮崎滔天、萱野長知、そして宋教仁は内田良平を通じて、日本の支援を要請している。一九一二年一月、南京で成立した中華民国臨時政府には多くの日本人が顧問として名を連ねているが、内田も外交顧問として招かれていたのである。

むすび

辛亥革命の時、日本には七千を超える中国人がいた。華僑、留学生そして政治的亡命者たちである。日本滞在の目的は経済活動、学習そして革命（あるいは改革）運動など様々だったが、日本はそのような彼らの目的実現のための場として重要な役割を果たした。ただし、注意されることは、華僑と留学生とは必ずしも常に一体となって活動していたわけではなかったということである。一九〇六年十二月の錦輝館に集ったのはほとんどが留学生だった。辛亥革命を迎えて華僑の動きが表に出てくるが、この時も留学生と共同という形にはならなかった。華僑が職業と生活の両面で日本に根を下ろしていたのに対して、留学生はいずれは帰国することを当然の前提としていた。

日本には、福沢諭吉に代表される「文明」を以て、西洋と同様なやり方で隣国に対処すべきとする考えが一つの有力な流れとして一貫してあったが、他方では隣国の革命家や民族主義者たちの活動を支援した日本人も少なくなかった。彼らの言動にはアジア主義の志向が基盤にあった。ただそのアジア主義とは不定形なもので、宮崎滔天のようなものもおれば、内田良平のような志向を持つものもいた。両者は、異質な面を有していたが同時に重なる面もあった。辛亥革命時期の孫文らは、そうした彼らの特長を踏まえながら、自らの革命を遂行する必要から両者との提携をはかったといえよう。

注

（1）孫文「大アジア主義」、『孫文選集』第三巻、社会思想社、一九八九年、三七五頁。

（2）このような中国の知識人の日本観の代表として康有為の考えを挙げておく。程度の差はあれ、当時、あるいは今日につながる中国人の日本観に通じるものがあるのではないだろうか。

「今わが国は案内者、水深を測る竿、探検隊、薬を試飲する神農、路を識る老馬ともいうべき日本という国をもっています。わが国がその利を収めつくしてその害を除けば、これ以上楽なことがあるでしょうか。家の建築にたとえれば、欧米が設計図を描き、日本が作った家に、わが国が住むようなものです。田畑の耕作にたとえれば、欧米が種をまき灌漑し、日本が耕し除草してできた収穫物を、わが国が食するようなものです」（康有為「日本明治変政考」（一八九八年）、『原典中国近代思想史』第二冊、岩波書店、一九九七年）。

（3）孫文「有志竟成」、『孫中山全集』第六巻、中華書局、一九八五年、二三三頁。

（4）孫文同前、二三六頁。

（5）『内務省統計報告書』第二十七巻、復刻、日本図書センター、一九九〇年。

（6）『北海道庁統計書』第二十四回第一巻、『神奈川県統計書』明治四十四年、『兵庫県統計書』第一編、明治四十四年、『京都府統計書』第一編、明治四十四年、『大阪府統計書』第一編、明治四十四年、『長崎県統計書』明治四十四年、『東京府統計書』明治四十年、参照。

（7）松本武彦「中華民国僑商統一連合会の成立と性格——辛亥革命に対する在日華僑の一対応」、『中国近現代史の諸問題』国書刊行会、一九八四年、二五一頁。

（8）北海道庁長官石原健三「清国居留民動静ノ件」明治四十四年十一月二十四日（アジア歴史資料センター：JACAR B08090225300-54）。

（9）蔣海波「辛亥革命時期神戸華僑の政治活動について——『王敬祥関係文書』を中心に」、『史学年報』第一八号、二〇〇三年、一一六頁。

（10）松本武彦「辛亥革命時期の在日華僑敢死隊について」、『アジア諸民族における社会と文化』国書刊行会、一九八四年、四三六頁。

（11）松本同前論文、四三六頁。

(12)蔣前掲論文、一一九頁、JACAR C8041018300-54。
(13)松本前掲論文「中華民国僑商統一連合会の成立と性格――辛亥革命に対する在日華僑の一対応」二五五頁。
(14)陳徳仁・安井三吉『孫文と神戸(補訂版)』神戸新聞総合出版センター、二〇〇二年、一三六―一四二頁。
(15)孫文前掲「有志竟成」二三七頁。
(16)狭間直樹『中国社会主義の黎明』岩波新書、一九七六年、一一―一二頁。
(17)鄭憲『同盟会――其領導、組織與財務』近代中国出版社、一九八五年、一一二―一一三頁、「中国同盟会成立初期(乙巳丙午両年)之会員名冊」、『革命文献』第二輯、一九五八年、一八頁。
(18)鄭同前論文、一一二―一一三頁。
(19)二宮剛史・佐藤尚子「中国人日本留学史関係統計」、『国立教育学研究所紀要』第九四集、一九七八年、一〇八頁。
(20)狭間前掲書、五七頁。
(21)辛亥革命時期の留学生運動については、小島淑男『留日学生の辛亥革命』青木書店、一九八九年、参照。
(22)小川平吉関係文書研究会編『小川平吉関係文書』2、みすず書房、一九七三年、四〇五―四〇六頁。なお、北一輝『支那革命外史』(大鐙閣、一九二一年、復刻、『北一輝著作集』第二巻、みすず書房)も参照。
(23)福沢諭吉「脱亜論」、『福沢諭吉選集』第七巻、岩波書店、一九八一年、二二四頁。
(24)福沢諭吉「日清の戦争は文野の戦争なり」、『福沢諭吉全集』第一四巻、岩波書店、一九六一年、四九一―四九二頁。
(25)石原莞爾「満蒙問題私見」、稲葉正夫他編『太平洋戦争への道』別巻、資料編、朝日新聞社、一九六三年、一〇〇頁。
(26)竹内好「アジア主義の展望」、竹内好編『アジア主義』筑摩書房、一九六三年、一一―一二、二二―二三頁。
(27)宮崎滔天『三十三年の夢』岩波文庫、一九九三年、一八三頁。
(28)同前書、二二頁。
(29)内田良平『硬石五拾年譜　内田良平自伝』一九二七年、下、(発行年、不明)、復刻、葦書房、一九七八年、七七頁。しかし、この部分は、後には、「愛国と義侠」という枠組みで語られるようになる。(黒龍会編『東

亜先覚志士記伝　上』一九三三年、復刻、原書房、一九六六年、六五一―六五二頁)。この問題については、王柯「民権、政権、国権――中国革命与黒龍会」(『21世紀』二〇一一年)参照。

〈追記〉「華僑為革命之母(華僑は革命の母なり)」という言葉について、黄堅立氏(シンガポール大学)は、二〇一一年十月、武漢で開催された「紀念辛亥革命一〇〇周年国際検討会」での報告「華僑為革命之母：賛誉之来歴与叙述」において、孫文がそれに近い言葉を述べたことは確かだが、このような七文字での表現は、一九二九年十一月、中国国民党中央訓練部が招集して開かれた「華僑教育会議」の席上、戴季陶が述べたのが始まりだとの見解を発表された。

5　大陸浪人と辛亥革命

――連帯の接点とその性質を考える――

姜克實

はじめに

戦後の日本の思想界では、近代日本によるアジア侵略の行為を正当化する意味においても、また侵略に対する反省、批判の意味においても同様に、「アジア主義」という思想遺産を、過度に理想化しようとする傾向があった。アジア主義とは、近代西洋列強の侵略に対抗するため、アジア地域の民族・国家の連帯・団結を主張する思想であり、国家の独立、強大化を目指す、近代的ナショナリズムの土台から生まれた、日本人固有の思想的遺産であった。戦前では、この思想は主として日本のアジア制覇の侵略行為を正当化する理論として民間の右翼や戦時下の政府によって政治的に利用されてきたが、敗戦による一時の空白をへたのち、高度経済成長とともに始まった、日本人のアイデンティティ再建の過程においてポジティブな思想として蘇った。それは、思想家竹内好の再定義により歴史の政治過程から切り離され、一種の抽象化された連帯の思想傾向・「心的ムード」[1]に形を変え、敗戦後日本人の自我再建、占領によって喪われたナショナリティの再構築に役割を果たす一方、進歩的知識人たちの、戦前の侵略行為に対する多分の自己反省の意味を含んだ、思想上の自己弁解、良心上の自己完結の理論としても再び機能し始めた。そして政治・経済の国際化が進んできた二十一世紀の今日、三たびアジアの国々をとりまとめる「共同体」の理論として脚光を浴び、学問・思想の場から政治・経済の場へ、「東アジア共同体」という新時代日本の政治・経済戦略の中に利用されようとしている。

一方、アジア主義は決してアジアの共同の思想遺産ではなく、日本という国境を一歩越えると、その存在を知り、かつその主張を理解、賛同するアジア人が殆どいない。なぜアジア主義と呼ばれるものはアジアで信用されないのか。日本のアジア主義はどのように生まれ、その本質とは何か。「東アジア共同体」の模索とともに「アジア主義」の評価も高まりつつある今日において、改めてこれらの問題を考える必要があろう。

アジア主義の思想の本質を把握するため、まず理想のベールをはがして歴史の政治過程に還元し、歴史の経験、教訓に照らしあわせてその思想源流、実践の結果を検証する作業が必要であり、筆者は近年、一連の研究を通じてこのテーマに取り組んできた[2]。本論は、この研究の一環としてアジア主義の一翼を担ってきた、辛亥革命期の大陸浪人に焦点を絞る。彼らはなぜ中国革命を支援したか、その接点はどこにあるか。大陸浪人の思想特徴の抽出及び行動パターンの分類を通じて、この問題を明らかにする作業を行う。

一　大陸浪人という集団

日清戦争の前後から、明治維新後の不平士族の系譜を引く旧民権派志士と右翼の一部は、国権主義、アジア主義に目覚め、日本を飛び出し大陸にわたって活動の舞台を求めた。今日「大陸浪人」と呼ばれる一団はほとんどこのような人たちである。時恰も、清末の革命の胎動期であり、彼等はさまざまな目的で、さまざまな形で中国の革命に関与し、革命の第一線で活躍した者も多かった。中には、山田良政、宮崎滔天、萱野長知、梅屋庄吉のような、中国革命の理想に献身する者もあれば、私腹を肥やす利権屋、各地を放浪するゴロツキ、軍部の手先を務める情報屋、スパイ、地方軍閥、馬賊、土匪の仲間に入るナラズモノも多く含まれていた。前者の革命支援は、のちアジア主義の美談として大きく取り上げられ、美化されていたが、近代史の全過程を見る場合むしろ、後者の利権屋のイメージこそ、大陸浪人の代表的姿ではなかろうか。(3)

「大陸浪人」について、『平凡社世界大百科事典』の解釈では「アジアにおける日本の強国化を念願とし、対外政策の形成と遂行に寄与したいとの自負を抱いて私的に活動する人々」と定義し、またその活動について、「日清戦争、日露戦争では通訳、諜報、破壊活動など」に従事し、「辛亥革命後は中国の政府機関、軍閥などの顧問をつとめ、時代が下るにつれてその役割も多様化し、政府や各官庁、軍、政党、企業など特定の資金源を背景に、情報収集、利権の獲得に活躍し」、満洲事変と日中戦争期以降、「傀儡政権」の官吏や顧問を務め、「体制の中に吸収されていった」と、主として日本の大陸政策の手先と捉えている。(4)同じように中国の研究者も「日本近代史の上でいわゆる『大陸経営』に志した民間人および一部の政治家・軍人の総称、その大部分は国権主義・拡張主義者で、日本帝国主義のアジア侵略の先兵別働隊であった(5)」と定義づける。

一方、このような学問界の見解と違い、大陸浪人による革命支援の連帯思想を称え、その大陸での活躍ぶりを題材として取り上げる小説、文芸作品、歴史書も多く存在した。また日本だけでなく、その活躍の場となった中国の人々も、猟奇的心理でこの集団の武勇談、活躍、献身の伝奇を見詰め、さらに辛亥革命史、国民党史を研究する海峡両岸の研究者も、革命期の文献を頼りに、この時期の大陸浪人と中国革命家たちとの協力関係を研究し、また孫文等革命先輩の遺志を受け継ぎ大陸浪人による中国革命の支援、献身に感謝した。(6)

しかし実際、大陸浪人の活動には、中国革命の支援と日本の利権拡張の利害が複雑に絡んでおり、私服を肥やす利権屋、日本政府、軍部の手先と献身的革命家が同じようにこの集団の中に混在しただけではなく、時にはその献身の行為と利権思想も重なって映し出される場合もあった。そのため、大陸浪人の活動に対して一方的に否定し去ったり、あるいは理想化、美化したりするような短絡の評価は禁物で、それぞれのケースに対する具体的な分析が必要であろう。

二　浪人志士の思想特徴とその解析

大陸浪人には、いったいどんな共通した思想特徴があるか。アジア主義の研究者趙軍氏はその「社会的心理」の特徴を、①「在野の民間的意識と、権威的な存在に対する反発心理」、②「誇り高い言葉を放ったり、豪放雄大な気概を示して尊大に振舞ったりする国士風という虚栄心」、③「体系的な思想に乏しく、常に激情や義侠心や冒険心理などのようなものに駆られて活動する情熱家的心理」、④「所期の目的や理想のために、手段を選ばず成功や失敗にこだわらない、一筋で押し通そうとしたやり方及びいわゆる献身精神」の四点にまとめている。(7) この「社会的心理」面の分析結果を踏まえ、本論では中国革命と関わりの深い、玄洋社系の頭山満、内田良平、宮崎滔天、萱野長知、及び大陸浪人の精神的指導者、政治家犬養毅を取り上げ、政治理想、行動パターン、言論なども含めて分析してみた。その結果、五人の言論行動から次のような思想特徴を抽出した。

(1) 西洋に対抗する思想

近代以来アジアにおける西洋列強の進出に高い危機意識を持ち、アジア地域の国々をとりまとめて西洋列強に抵抗する思想意識である。アジア主義者と呼ばれる集団に共通する基本的特徴の一つでもあるが、①近代的文明の肯定(あるいは部分的肯定)を前提とした、国際関係面における列強との拮抗・競争と、②西洋文明と近代の世界秩序の全般を否定し、東西対決、人種対決を唱えるという、二種類の対抗パターンに分けられる。列強との勢力面のバランス関係に配慮し、関係の改善を唱え対決を避ける政治家の犬養毅は、前者のような政治的リアリズムのタイプであったが、(8) これに対して日本の国体、「皇道精神」を重んじ、「東洋道徳」を以て「西洋に光被しなければならぬ」と唱えた玄洋社系浪人の多くは、後者の東西文明対決論者といえる。(9)

(2) アジアの連帯意識

これも「アジア主義」と呼ばれる所以の、大陸浪人の基本的特徴の一つである。これまでの研究では、アジア主義を理想化するためにその連帯がもつ健全で純真な面、いわば、同じアジアの国としての歴史・文化的連帯、同じく西洋列強の侵略にさらされた運命的連帯、あるいは同じ反専制勢力の革命志士間の「心情」的連帯などの面が多く取り上げられてきた。ここで筆者が指摘したいのは、いままで、その根本的な要因——連帯が持つ、西洋への対抗という政治目標から生まれた、弱小国の「合従連衡」の策略、手段とした性質——が無視され、あるいはあまり重要視されず、かつ心情と手段の因果関係もあまり説明されなかったことである。もし弱小国による西洋列強対抗という近代アジアの歴史環境がなければ、そもそも連帯行為の必要、またその思想も生まれなかったのではないか。歴史、文化、運命と心情云々の理論は、しょせん主唱者のレトリックか、後のアジア主義の理論家たちがまとめた理想論であり、連帯を必要とする現実的、根本的要因とは言えない。

策略、手段、方法という基本性格を持つ思想であることが、この連帯がつねに主唱国、大国、強国である日本の優位、日本の国権優先、日本によるリーダー的地位の実現など不平等の特徴を以て現れる所以であろう。アジア主義の研究者、鼓吹者にしてこのような〝不本意〟な結果は、連帯を理想化する作業上における厄介ものとなるが、逆に開き直って策略、手段、方法として連帯を捉え直す場合、この「不平等」の結果はむしろ当然の成り行きではないか。日清戦後アジア主義の実践過程に見る、盟主日本のアジア君臨や、日本によるアジア諸国への侵略と領土合併の事実は、こうした手段とした連帯[10]の必然趨勢を示すものといえる。

(3) 在野的反専制の性格

この性格は明治維新後特権を失った不平士族や政争に敗れ下野した元維新指導者の系譜から、あるいは彼らが与した自由民権運動、組織した向陽社(一八七九―八一年)、玄洋社(一八八一―一九四六年)、黒龍会(一九〇一―四六年)といった民間右翼団体の形態から来たものであり、政治面での失意と、薩長閥による「有司専制」への反発が原点であった。反専制のため、時代の潮流に便乗して「民権」の標語も掲げるが、近代的立憲政治への理解はほとんどないため、好悪の情感、士族的「仁義」、忠君、尊皇など封建的道徳意識の判断に任せ、つねに暴力、陰謀策動など非常手段をたよりに問題の解決を図った。来島恒喜(一八六〇―八九年)による大隈重信外相への爆弾テロ(一八八九年)、第二回衆議院総選挙時の暴力干渉(一八九二年)、朝鮮甲午農民戦争の際における浪人組織天佑侠の開戦策動(一八九四)、中国革命への資金・武器提供、蜂起参加などは、その活動のパターンである。非合法的暴力や陰謀工作を政治の手段としたため、在野的少数派の地位に甘んぜざるを得なかった。

一方、アジアにおける日本の国権拡張と権益確保の大方針において政府、軍部の大陸政策と差がないため、時にはその人脈、情報と活動能力が買われ、政府と軍部の大陸侵略の手先を務めたこともある。日露戦後、日本の朝鮮統監府の庇護を受け内田良平等大陸浪人が日韓合併のための「一進会」工作[11]を展開したのは、その一例である。

（4）大陸雄飛の志、革命、冒険への憧れ

趙軍氏がいう大陸浪人の「社会的心理」の一つで、旧士族出身の不平者、政治失意者たちに共通した特徴でもあった。儒学的「修身斉家治国平天下」（『大学』）の雄志を抱き、維新後の政界に進出するが、政敵に敗れて下野し、活動の場が失われた。一時、時流に棹を差し議会開設、憲法制定を目指す自由民権運動に身を寄せるが、日清間で朝鮮の宗主権をめぐる争奪が激しくなった甲申事変（一八八四年十二月）の後、国権獲得の方向に転換し、[12]「征清」「征韓」の目標に自らの活路を見出すようになった。政治的には朝野両党から追われる非主流の少数派の地位に追いやられ、経済的にも困窮していた。失うものは何もない、まさしく夢、野心のみを抱く流浪志士の輩であった。こうした日本国内における閉塞した境遇と平天下の宿志は、彼らを、将来の可能性が潜む、未知の大陸での冒険、革命行動に駆り立てたと思われる。

（5）志士的性格

大陸浪人たちがよく自称する「国士風」のことである。国家の前途を憂い、御国に尽くす献身精神と社会の不正を是正しようとする正義感、および君主に対する忠誠と朋友・同志に対する信義がその内容である。士族出身者が多く占める、前近代的武家の倫理道徳の名残であるが、①国益と国権のために貢献する対外膨張的政治指向と、②国が違えども同じ朋友、同志、人間に対する忠誠、信義の面が両立する特徴がある。終極には国益と国権への帰趨の必然性があるが、献身と協力関係が不可欠の革命期において、一時的にはアジアの革命志士たちとの「人間」的、「心情」的信頼関係を生み出す要素にもなり

うる。

（6）尊皇、愛国思想

玄洋社の「憲則」（一八八〇年）に掲げられた根本の主義でもある。幕末の倒幕維新派の「尊皇攘夷」思想の延長線に位置し、「尊皇」とは「わが日本の天子様は宇宙第一の尊い生神であらせられる」、「……吾々臣民の生命は、自分の生命であってしかも自分のものではない。天子様の御為に死すること、それは臣民として大慶この上もないことである」と頭山満が言ったように、天皇至上主義の封建道徳であり、もちろん、その「愛国」も西洋の近代的愛国主義ではなく、「皇国」という日本の国体、国粋、伝統を絶対化する意味の愛国であった。[13] 本質的には、アジアとの連帯とは相矛盾する自国中心の排外思想であり、終極的に世界全体を「皇国日本」によって包摂しようとする、「八紘一宇」の世界制覇の政治思想であった。[14] 大陸浪人の本質が窺える重要な要素でもある。

（7）利権、領土拡大主義

前に触れた「連帯」という政治目的および、「尊皇愛国」の根本主義に規定された、大陸浪人を含むアジア主義者の大多数が目指した政治実践面の目標である。黒龍会の、「目前の急務として先づ露国と戦ひ、之を東邦より撃退し、然るのち満洲蒙古西比利亜を打って一丸とする大陸経営の基礎を建設すべし」の大陸経綸[15]に象徴されるように、まず朝鮮、満蒙から着手し、大陸における西洋列強の勢力を追い出し、日本の利権、領土の拡大を目指すものであった。連帯の本質を示す、大陸浪人の代表的思想意識の一つである。

(8) 先覚者としての盟主意識

これは、(6)の「尊皇、愛国思想」と関わりを持ち、また「開化の指導者、文明の伝播者」と自己認知する、自由民権家の輸出的「連帯」行為にも通じる思想特徴である。常に小国、弱者の誘掖、保護者、指導者として君臨し、「日本皇道の精神を、先ず東洋に布き、更にこれを全世界に推し拡め」るという民族的使命感を抱く大国主義思想であった[16]。アジアにおける日本民族の精神的優位(国体)と、地位的優位を絶対化する主張である。

(9) 平等思想、民衆への信頼、人道思想

この点は大陸浪人全体の普遍的特徴ではないが、宮崎滔天、萱野長知等一部の浪人志士が有する思想特徴である。宮崎の「四海兄弟、自然自由の境」という革命目標の認識や[17]、「(支那)人民は決して軽侮す可き人民に非ず。寧ろ英露の強よりも恐る可き人民なるを信ず。……支那人は将来の世界に於て実に絶大無比の勢力者たるを忘る可からず」との異国民衆への信頼、期待[18]、及び萱野長知の「人道」を「忠君愛国」の上位に置く主張――「余輩の信ずる一国の存亡興廃は単に主権者の存亡興廃に関知せず、人道の興廃如何によって打算す。……忠君を云為しながら其民を坑にし道義を没了するものあらば、之れ社稷を守るの道忠君を唱ふるの意味を絶対的に誤れるもの、所謂常軌を逸せるものの所為也[19]」――から、その一面が覗かれる。(8)の「先覚者としての盟主意識」に相反する思想というべきもので、国境を越えた人間同士の友情と、中国革命の理想への献身的行動を生み出す原動力である。厳密に言うともはやナショナリズムを原点にしたアジア主義の思想特徴ではなく、むしろ民衆思想、革命思想の一部であり、また宮崎の「四海兄弟」の思想にはさらに、若い時信奉したキリスト教の博愛思想の色彩が窺われる。少数派の思想ではあるが、存在の意義が大きいので、あえて大陸浪人の思想特徴の一つに取り上げた。

以上の（1）から（9）の内、（1）から（5）及び（9）の六点は連帯を促進する要素であり、（6）（7）（8）の三点は逆に連帯を根本から揺るがす要素であった。近代史上における、西洋列強の脅威、近代国家建設の使命感、国家間ナショナリズムの対立、衝突など変転する政治背景の下でこうした多様な思想要素が複雑に絡み合って葛藤し、個々の大陸浪人のキャラクターに現れ、その集団全体の複雑な政治的性格を彩ったのである。

三　革命期におけるパターン分類

以上に並べたのは、アジア主義者全体にも通じる、大陸浪人の代表的思想特徴だったと言えるが、さらに本論で取り扱う五人に対象を絞って分類すると、次のような三つのタイプに分けられるのではないかと思う。

第一のタイプは、頭山満、内田良平に代表される、大陸浪人に普遍性のある思想原型というべきタイプで、以上（1）から（8）までの思想特徴のすべてを有している。中でも、反西洋的アジア連帯の思想、反専制の在野的立場、大陸雄飛の冒険、献身精神と志士的忠誠、信義などの性格は、彼らを中国革命家と理想、境遇、人情の面で結び、大陸浪人による中国革命支援の要素になるが、同時に彼らは(6)(7)(8)のようなアジア主義の本質を表す、尊皇愛国思想、国権拡張意識、盟主意識などの要素を合わせ持ったため、その一時的な革命支援の実践活動も、終局的には日本の国権拡張と日本帝国主義による大陸制覇の結果に流れる必然性がある、と考えられる。

孫文が晩年の一九二四年十一月、日中間の不平等条約の処理のため来日し、盟友の頭山満に協力を求めた時、頭山は関税自主権の確立と治外法権の撤廃面に協力する姿勢を示したが、「満蒙における特殊権益については、これを決して譲る気のないことを述べ」、孫文を失望させた。その直後(十一月二十八日)、孫は、神戸女学校で「大アジア主義」と題する講演を行ない、「西洋の覇道の番犬となるのか、東洋の王道の干城となるのか」と迫り、覇道政治を固持する日本政府とアジア主義者たちを暗に批判したのである。[20]こうして、革命草創期の、中国革命家と日本大陸浪人の間に結ばれた堅い友情、信頼は、革命成功後の不平等条約の改廃をめぐって、早くも互いの警戒心、失望感に変わったのである。

また、大陸浪人の多くは、組織的には不平士族の系譜を引く右翼政治団体玄洋社、黒龍会の中心メンバーであり、思想的にも、幕末期の尊皇攘夷思想のレベルにとどまり、政治的にはあまり進歩しなかったのも特徴である。「大西郷の征韓精神も大いなる興亜運動」だと頭山満がいうように[21]、その興亜思想の流れは、「攘夷」の主張に見る排外思想、「征韓論」にある大陸制覇思想の延長線に位置し、近代的国際戦略思想ではなく、幕末思想家佐藤信淵、吉田松陰らの大陸経綸[22]の流れを汲む、一種の封建時代の妄大自尊の華夷秩序的論策の色彩が濃かったと指摘される。さらに中には、このような単純な封建的政治意識さえ持たず、ただ先制的進出による商売面での独占的利益、利権を図り、あるいは神秘、未知な大陸に対する好奇心、馬賊に憧れる冒険心等の理由で各地に放浪し、動乱中スパイ、別働隊として日本の国策に利用される者も多く含まれていたと思われる。

第二のタイプは、組織的には玄洋社など国家主義団体に属しながら、国境を越えて革命の理想に献身する少数派の大陸浪人のタイプで、宮崎滔天、萱野長知はその代表といえよう。以上の（1）〜（5）の反西洋、アジア連帯の思想、反専制的在野の立場、革命理想と冒険精神、志士的性格を有しているが、（6）〜（8）の尊皇愛国思想、国権、利権思想、盟主意識が薄い[23]。代わりに第一のタイプにあまり見られない、（9）の平等思想、民衆への信頼、人道思想の特徴が見られる。

また「革命」――宮崎の「支那革命主義[24]」、萱野の「有道なる腕力」の実現[25]――を終極的理想とする思想特徴が見られ、この理想は、彼らをして日本という国境、また天皇制という国体を乗り越えさせ、一番革命の可能性と将来性に富む中国を最終の活躍の場と選定させ、また中国革命の指導者孫文を忠誠すべき第一の「君主」として選ばせたと思われる[26]。

さらに、他のアジア主義者と違って、宮崎と萱野には、「共和政府の建設」と「土地平均」の革命理想から、中国だけではなく、日本の宿敵たる革命のロシアにも親近感を持つ一面が見られる。宮崎は、清露両大国がもし「共和同盟乎、社会的同盟乎」を結べば「世界の現状は百尺竿頭一歩を進転して、人類同胞、四海一家の意義は茲に活躍し来らん。而して人種問題、而して帝国主義、此等は終に無意味の言語となり了らん也」と確信し[27]、萱野も、ロシア、中国革命の到来と相互呼応を予測し、そして「人道の発展が露清の革命より波及して世界人類を救済するの一原動力たらんことを切望」したのであった[28]。

このほか、前に触れた、下層社会に根付く宮崎滔天の「四海兄弟」の平等意識、萱野長知の人道、自由思想も、彼らをして革命の指導者・先覚者ではなく、中国革命の一兵卒としての平等の立場を保持させたのであろう。

大陸浪人の多数と同様、彼らの思想、思惟方法には志士的単純、短絡の弱点がある反面、深い信念と理想に富み、それに献身的情熱と平等な庶民的感覚が加わり、実践面における中国革命の忠実な戦士になり得たと思われる。大陸浪人の本質の一つである国権意識と尊皇思想のハードルを乗り越えたところは、宮崎と萱野の共通した特徴であろう。

第一のタイプに見た大陸浪人と中国革命家の連帯は、自国ナショナリズムの背景の下で成立した、呉越同舟の一時的な理想、境遇、人情面の連帯であったのに対して、宮崎と萱野の場合、「革命」を媒介にした立場の移転が特徴であり、国境のないインターナショナリズムの色彩を帯びる連帯だったと言える。

第三のタイプは、犬養毅に代表される在野的政治家のタイプである。犬養は第一線で活躍する大陸浪人ではないが、頭山満と共にその精神的指導者として敬われる面があり、また政・軍界の工作と政府のパイプ役に欠かせない重要な役を演じた人物でもあった。アジア主義的立場から日本とアジアとの特殊な歴史的、文化的、政治、経済的伝統関係を重んじる一方、日本を「黄色人種中の最も早く進歩した文明」国と見て、アジア地域における日本の盟主的地位、指導的役割と経済、政治的優位を主張しつづけた。同時に知識人、政治家の立場で国際秩序、国際関係の現状を尊重し、決して頭山満のような短絡な反西洋の排外主義者ではない。

大陸政策に関しては、より長い視野での国家戦略思想に基づいて現実主義的な利権獲得と、平和的「富源」の開発と「大陸に経済的の結合」を唱え、かつて『東海経済新報』[29]を主宰した経済人としての一面も窺わせる。[30]また、国権獲得の立場で大陸における日本の特殊権益の確保を主張するが、両国間の「友交」を破壊し、「第三国の疑惑を招く」という理由で恩義を被った大隈重信首相に反旗を翻し、「対華二十一カ条要求」を「大失敗」と批判する不羈の姿勢も見られる。[31]

犬養はまた、志士、同志として孫文など中国革命の指導者たちと平等、対等に渡り合うが、日本の利益、利権重視の戦略的視点から、宮崎と萱野のような、中国革命の理想に対する理解と忠実さはない。一九一一年辛亥革命の時、革命勢力の成功に懐疑的であり、日本に都合の良い「安定」勢力の誕生を画策するため、中国に渡って革命派の孫文、黄興と立憲君主派の康有為、梁啓超、及び清朝の旧臣岑春煊を「抱合」させようとした。[32]この画策は盟友孫文の不快を買ったことがよく知られるが、その後討袁（世凱）の二次革命時も、共和制主張の南方政府（革命政府）を支持するか、帝制復帰の袁世凱北方政府を支持するかについて、功利主義の立場で「帝制でもよい共和制でもよい、とにかく日本と平和の交際が出来さえすればいずれでも構わぬ」と放言し、革命に対する無節操の一面を見せた。[33]

犬養にとっては革命時に「中国における日本の政治的優位の確立の方が最重要の課題であった」ので、彼は「中国民族主義の台頭という事態の推移を知りつつも」あえてそれを無視し、革命派の孫文より「袁世凱を中国統一の、新たな担い手として期待するまで」[34]になったのであった。時任英人氏が指摘したように、犬養の役割は、「当時において単発的で連続性を欠く」「大陸浪人たちの活動を政治化」することにあり、日本の中国政策を「補完」するところに目的があった。[35]このような自国中心の立場で平気で中国革命とその指導者孫文を裏切る無節操の政治姿勢が、かつて政治家として犬養をもっとも信頼し、その活動を全力で支えた宮崎滔天を「離反」させていったのは、[36]むしろ当然であろう。

一方、人間として中国の革命家にも、日本の右翼勢力にも尊敬されるような志士的人格――包容力、信義、友情、義侠心――を有するため、アジア主義者と政界とのパイプ役を務め、大陸浪人の精神的指導者とも仰がれた所以である。[37]そのほか、書道家として中国の伝統文化に対するこよない偏愛と中国文人に対する心からの尊敬の一面も見られ、[38]この平等、謙遜の姿勢は人間としての犬養像を一層充実させたと思われる。

以上の三つの分類の中、各タイプから多かれ少なかれ中国革命との何らかの連帯[39]――心情的、運命的、文化的・歴史的、政治理想的連帯――の要素を見出すことができる。これは、辛亥革命時中国友人とその革命を支援した大陸浪人等の言論、活動の原動力となるが、長いスパンでその政治目的、思想の本質を見る場合、あるいは最大公約数的思想傾向を把握する場合、中にある国権拡大および日本による大陸支配、制覇の政治志向は否定できないだろう。

また、異なる国家間の利害と同じ人間同士の友情・信頼を両立させ、前者の政治目的の達成を図りながら、後者の人間関係にも忠実であったのも、革命時における大陸浪人と中国革命家の特殊な関係を象徴するものではなかろうか。革命後、国家に対する忠誠か、朋友に対する信義かという二者択一の決断に迫られた時、中国の革命家と日本の浪人志士がそれぞれ選択したのは、後者ではなく前者であった。

むすび

以上において辛亥革命時における大陸浪人の思想特徴及びタイプ分類を試みてきた。複雑、多様な浪人集団についての整理は幾ばくかの結果が得られたと思う。結びに代えて、筆者が最近考えてきた、日本のアジア主義評価の方法を提示し、大陸浪人の評価、理解に資したい。

アジア主義的連帯――すなわち本論で触れた大陸浪人と中国革命の接点――を見る時、一番重要なことは、近代国家建設のための「ナショナリズム」という連帯思想の「原点」に立ち戻り、その性質を把握することである。この「原点」の意味はまた、連帯活動の出発点だけに限らず、その帰結点、目的にも含まれる。

言い換えれば、日中両国それぞれのナショナリズムに基づく政治目標――独立した近代国家の建設、または国権、国益の回復と拡張――は、大陸浪人と中国革命家を結びつけた連帯の基本的接点だったのである。この意味でいうと、連帯とはしょせん、ナショナリズムの出発点と帰結点に挟まれた、一種の特殊な政治形態――一時的な合従連衡の方法、目的達成の手段、あるいは国家間の政治利害を超脱した政治の理想[40]――にすぎず、連帯が成立したその時からいつか終結、破綻を迎える必然的要素がすでに内包されていた。

以上のような、目的と手段を峻別する方法で大陸浪人と中国革命の接点を分析する時、手段としての、また一時的な連帯行為を過度に理想化、抽象化、永久化するのではなく、むしろ連帯を生みだした特殊な政治条件、時代背景の把握が重要な研究課題になってくる。つまり、どのような条件の下で連帯の行為が生まれ、また、どのような条件によってこの連帯が破綻するか、である。

今まで日本におけるアジア主義研究と評価の問題点は、突き詰めて考えれば、目的と手段を顛倒させ、一時的な、また手段、方法としての連帯を永久化、目的化し、理想化させようとした努力にあったのではなかろうか。

本論を通じて、大陸浪人という集団の全体に渡って中国革命への関与の普遍性が認められた。その原因と行動パターンは様々であるが、共通性の多いのは①理想・心情面、地位・境遇面からきた同感、同情であり、②国家の利益・利権獲得の目的からきた利用・策動、便乗であったと言える。本来矛盾するはずの二つの動機であるが、革命という非常時の特殊な歴史条件の下で、一時的に国家の利害関係を超越する無私、献身的革命支援の場面も見られる。この時先ず把握すべきは、この連帯が持つ一時性および手段とした性格であろう。大陸浪人の思想土台には、普遍的に国権、国益、国体（＝尊皇）思想が根強く存在している事実は、けっして忘れてはならない。

一方、少数派ではあるが、宮崎滔天、萱野長知のような、純真な革命理想を抱き、中国革命に献身した大陸浪人が存在するのも事実である。その貴重な行為を歴史に記録し評価する価値はあろうが、歴史記録の真実性、評価の公平性を期するため、その大陸浪人の集団における数量面での希少性を把握すると同時に、革命時における特殊性の特徴も認識する必要があろう。革命という非常時の条件の下で、浪人志士と中国革命家たちの連帯行為はナショナリズムの壁を一時的に乗り越えられるかもしれないが、その後両国政治のナショナリズムへの必然的回帰とそれに伴う国権意識の上昇には、連帯の理想と情熱を萎縮させる必然性も同時に含まれることを認識しなければならぬ。本論で触れた、革命成功後不平等条約の改正問題をめぐって孫文と頭山満の信頼関係に生じた縺れはその代表例と言えよう。宮崎滔天は幸い、北伐革命後の中国のナショナリズムを見ずにこの世を去ったが、晩年萱野の言論から、北伐革命後の中国のナショナリズムへの困惑が多く見られる。(41)

辛亥革命期の大陸浪人と中国革命の関係を見るとき、このようにしてナショナリズムという近代的国家主義の原点を軸に「連帯」の行為を評価する必要があろう。これはまた、大陸浪人の評価に限らず、「アジア主義」という日本近代の思想遺産を評価するための重要な尺度でもある。

注

(1) 竹内好「アジア主義の展望」、『アジア主義』筑摩書房、一九六三年、一二—一三頁。
(2) 拙著「アジア主義と日清・日露戦争」、西田毅編『概説日本近代思想史』第四章、ミネルヴァ書房、二〇〇九年、参照。
(3) 黒龍会編纂の『東亜先覚志士記伝　下』には、大陸浪人を中心に一〇一八名の志士の伝記を並べているが、その中で、宮崎滔天、萱野長知のような日本の国益ではなく、心から中国革命のために献身した例はほとんどない。
(4)『平凡社世界大百科事典』第二版。岡部牧夫執筆。
(5) 趙軍『大アジア主義と中国』亜紀書房、一九九七年、九頁。
(6) 最近の例を挙げると、昨年（二〇一〇）夏の上海万博の会場で、日本館の特別展「孫文と梅屋庄吉」が催され（八月二十四—二十九日）好評を呼び、辛亥革命百年に当たる今年（二〇一一）も、台湾の駐日経済文化代表処が主催した「孫文と日本の友人たち」の特別展が催されていた（六月十七日—七月十四日）。
(7) 前掲趙軍『大アジア主義と中国』一五—二〇頁参照。
(8) 特に政治家犬養毅氏の場合、盟主日本の指導下におけるアジアの団結を訴えるが、同時に列強とのバランス関係にも配慮し、アメリカとの「親密」関係を強調したり、英仏との対抗を否認し、日英同盟の義務を認めたり（「東洋平和のための結合」、『木堂清話』一九一六年、『アジア主義者たちの声（上）』書肆心水、二〇〇八年、八三、八五頁）、一次大戦以降、「日露提携」も主張したりした（「欧州大戦後の課題」、前掲書、九三頁）。現存の国際政治環境を受け入れた上での、欧米との対抗意識が感じられるが、西洋文明の排斥と人種対決の思想はなかったと言える。

（9）頭山満「日本の世界に対する大使命」一九三九年、『アジア主義者たちの声（上）』七二―七三頁参照。また、内田良平も「彼の西洋の諸国の唯物文化的侵略を克服しなければならぬ」という「大アジア精神」から、「日韓合邦」の意義を論じたのであった（「日韓合併思い出話」一九三五年、前掲『アジア主義者たちの声（上）』二五〇頁。

（10）竹内好のアジア主義論が求めているのはこの心情的連帯の価値であるが、連帯を「手段」として見ず、逆に「侵略」を連帯の「手段」にしている点は問題であろう（前掲竹内好『アジア主義』一四頁参照）。

（11）朝鮮の親日派の民間組織、指導者は李容九。日露戦後、日本政府および軍の庇護を受け、また内田良平ら大陸浪人の策動で、日韓併合に向け親日世論作りのために利用された。日韓併合が実現されたあと、日本政府によって解散させられた。

（12）『玄洋社社史』は、この転換点を一八八六年八月の長崎事件としている（玄洋社社史編纂会、一九一七年。復刻版・葦書房、一九九二年）、四〇七―四一一頁参照。

（13）頭山満「日本の世界に対する大使命」一九三九年、前掲『アジア主義者たちの声（上）』七〇頁より。

（14）内田良平は、一九〇一年に書いた『露西亜論』に「支那を保全」「露西亜を開導」することは「君子民族」日本の天職であるとし、また日本を「君子民族」たらしめたのは、三千年の歴史がある日本特有の「尊栄の皇室」と「太洋的自然教」であり、この恵みを世界に広めることは日本の最終使命だと論じた（黒龍倶楽部編『国士内田良平伝』原書房、一九六七年、七四六―七五三頁参照）。

（15）前掲『国士内田良平伝』二四五頁。

（16）前掲頭山満「日本の世界に対する大使命」七三頁。

（17）「革命問答」（『革命評論』第一〇号）、『宮崎滔天全集』巻二、平凡社、一九七一年、六一五頁。

(18)「暹羅に於ける支那人」(『国民新聞』一八九六年十二月)、前掲『宮崎滔天全集』巻五、七〇頁。

(19)「露清の革命は急速なれ」、久保田文次編『萱野長知・孫文関係史料集』高知市民図書館、二〇〇一年、一四頁。

(20)嵯峨隆「孫文の訪日と『大アジア主義』講演について」、『国際関係・比較文化研究』静岡県立大学、二〇〇七年九月、一一二頁参照。

(21)鈴木善一『興亜運動と頭山満翁』照文閣、一九四二年、一七六頁。

(22)いわば、佐藤信淵の「宇内混同秘策」(大同館書店、一九三七年、五七頁)にある「他邦ヲ経略スルノ法ハ弱クシテ取易キ処ヨリ始ルヲ道トス。今ニ当テ、世界万国ノ中ニ於テ皇国ヨリシテ攻取易キ土地ハ、支那ノ国ノ満洲ヨリ取易キハ無シ」の大陸経綸、吉田松陰の『幽囚録』(『吉田松陰全集』第一巻、岩波書店、一九八六年、五九六頁)に見る「開墾蝦夷、封建諸侯、乗間奪加摸察加、澳都加、諭琉球、朝覲会同、比内諸侯、責朝鮮、納質奉貢、如古盛時、北割満州之地、南収台湾呂宋諸島……」の類の「保国」経略である。

(23)例えば、宮崎滔天は「金玉均先生を懐ふ」の文に、荒尾精について「此人の心裡には必ず支那占領主義が潜んで居るに相違ない、占領主義は人道に戻るのみならず、永遠の平和を維持する所以の道でない」とその侵略主義を批判し(前掲『宮崎滔天全集』巻四、二八二頁)、また将来の政体に関しても、「人世進歩の結果」、人類が兄弟となる「自由郷」にさえ到達できれば、「君主を戴くも可」「大統領を撰ぶも可」「政府を設くるも可」。「若し此等のものを不必要となせばソレマデ也」と、君主制(天皇制)も含めて政体に拘らない姿勢を示した(前掲「革命問答」六一五頁)。同じく萱野長知も一九二五年、孫文の「大アジア主義」理想を鼓吹するとき、偏狭なナショナリズムを批判し、日支間の関税、そして国境を撤廃して「日本に来れば日本の法律習慣に従ひ、支那に行けば支那の法律習慣に従ふやうに」平等な「興亜連盟」を作るよう、と訴えた(「日支国境撤廃を目標として」一九三六年四月、前掲『萱野長知・孫文関係資料集』一六〇頁)。

(24)滔天は、兄の弥蔵の「支那革命主義」の影響を受け「支那は実に世界の運命を独力で左右するの力を把持して居ると云はねばならぬ。即ち革命成就すれば、宇内に号令して道を万邦に敷くことを得、列国の干渉来れば、世界革命の動機を惹起する。嗚呼、支那国の前途は多望なる哉だ。支那に生れた人は幸福なる哉だ。余輩は実に欣羨に堪へない」と、終生、中国の革命を自分の使命と見た(「支那革命と列国」、『革命評論』

第三号、前掲『宮崎滔天全集』巻二、六〇八頁)。

(25) 萱野長知は革命理想について次のように述べている。「汝若し理想の遂行を期す能はずんば、汝の身命を捧げて理想の贄と為れ、理想の贄よ即ち之れ最後の手段たる有道の二字を提げて起也」。「最後の解決は有道なる腕力あるのみ」(「腕力の本領」、『革命評論』一九〇六年十一月、前掲『萱野長知・孫文関係資料集』二四頁)。

(26) 君主に対する忠誠は、宮崎と萱野を含め、大陸浪人層の普遍的特徴といえるが、宮崎と萱野の場合、その忠誠対象を日本の天皇から中国革命家孫文に据え変えられたと考えられる。宮崎は「孫逸仙は一代の大人物である。悲しい哉、現代の我が日本には朝野を通じて彼に比すべきの人物がない。其学問、其識見、其抱負、其胆力、其忠誠、其操守何れの点に於ても、彼は現代の日本人の何人よりも傑れて居る」と評し(前掲『宮崎滔天全集』巻一、五〇四頁)、萱野も孫文について、その「革命家の本分」と、三民主義、共産主義などに柔軟に対応できる革命の手腕を挙げ、「実に天下一品の天才」、「完全なる大人格」者と讃えた(萱野長知「自序」、『中華民国革命秘笈』教学書院、二〇〇四年、一二〇頁)。

(27) 「支那留学生に就いて」、『革命評論』一九〇六年九月、前掲『宮崎滔天全集』巻四、六二頁。

(28) 萱野長知「露清の革命は急速なれ」、『革命評論一九〇六年九月(前掲『萱野長知・孫文関係資料集』一五頁)。

(29) 慶應義塾出の政商、朝吹英二が出資した雑誌。一八八〇年八月に創刊、一八八二年十月に廃刊した旬刊経済雑誌。犬養毅は主筆を務め、自由貿易主義を掲げた田口卯吉の『東京経済雑誌』と対抗して、保護貿易主義を唱えた。

(30) 犬養は大陸進出の理由について、「日本は領土的野心は持たないが、年々増加しつつある所の人口をして、相当の食物を得さすると云うがため」と、「経済関係よりしてこの方面に人を入るるの必要」を論じた(「欧洲大戦後の課題」、前掲『アジア主義者たちの声(上)』九五頁)。なお、犬養の経済利益重視の特徴について、時任英人も論文「犬養毅と中国」(『政治経済史学』二一〇号、一九八四年一月、二二頁)において指摘していた。

(31) 「支那問題」(一九一五年七月)、『木堂政論集』隆文館、一九二二年、一一三—一二〇頁参照。

(32) 野村浩一「犬養毅と中国革命」、『中央公論』一九六五年一月号、四二〇頁。
(33)「南北妥協に就いて」、『木堂談叢』一九二二年(前掲『アジア主義者たちの声(上)』九八頁)。
(34) 同右、一〇六頁。
(35) 時任英人『犬養毅――リベラリズムとナショナリズムの相剋』論創社、一九九一年、八〇―八一頁。
(36) 同右、一〇四頁参照。
(37) 例えば、滔天は孫文を「現代の日本人の何人よりも優れて居る」と褒めたとき「只十余年一日の如く苦節を全うしたる点において犬養木堂の彼に比すべきのみである」と言い、犬養を孫文に継ぐ人格者としていた(「孫逸仙は一代の大人物」、前掲『宮崎滔天全集』巻一、五〇四頁)。
(38) 犬養の書はすべて漢詩、漢文で書かれ、決して多くの日本書家のように「かな」を書にしない。また、中国の革命家と交流を始めてから高名な文人呉昌碩(一八四四―一九二七)の刻印を愛用し(『木堂印譜』には呉の刻印が一二個確認されている)、一九一一年辛亥革命時渡清した際も、中国の文人と交歓の機会を設け、上海で貴重な「蘭亭序」の定武拓本(現東京国立博物館蔵)を入手し、さらに呉昌碩に「宝蘭亭斎主人」の作印も依頼していた。そのほか、康有為からの書簡も扇に表装し珍蔵していた。
(39) 厳密に言うと、国家間の連帯と言うより、中国の革命家との人間としての心情的連帯である。
(40) とくに、戦後の「アジア主義」のような、後人による歴史反省と再評価から生まれた、思想上の「理想像」を差す。
(41) 萱野長知は晩年、北伐革命後の中国のナショナリズムの高揚に困惑し、孫文の「大アジア主義」の理想を掲げて日支間の関税撤廃を訴え、さらに国境を撤廃して平等な「興亜連盟」を作るよう、としきりに訴えた(「日支国境撤廃を目標として」一九三六年四月、前掲『萱野長知・孫文関係資料集』一六〇頁参照)。

第Ⅱ部　日本の影響と辛亥革命前後の中国社会の変容

6

「国民教育」を目指して

——清朝末期における視学制度の導入に見る日本の影響——

汪婉

はじめに

清朝末期における中国の教育改革が日本の教育から大きな影響を受けたことは、ほぼ定説になっている[1]。事実として、中国では一九〇四年に日本学制に範をとって、最初の近代学制である「奏定学堂章程」が制定され、翌年に日本の文部省をモデルに近代的中央教育行政機関としての「学部」も創設された。二十世紀初頭の近代教育導入の過程において、清朝政府及び各省督撫（総督と巡撫の略称、以下同）は教育視察者・留学生の日本派遣などを通じて、明治維新後の日本の教育改革の経験を参考にした[2]。

清朝政府が西洋の近代教育を導入する際に、そのモデルを直接西洋からではなく、日本にしたのは、中国より三〇年ほど早めに教育の近代化を始めた日本が、近代教育制度の導入と国家統合に必要なナショナルな意識をもった国民の育成という課題を巧みに結びつけたためであった。二十世紀に入ってまもなく、日本では就学率が九〇パーセントを超え、国民大衆に同一の教育機会を開いたと同時に、「国民統合」のシステムも整備された。欧米列強に抵抗できる国民の育成と「一君万民」という原理で国家や社会の統制に役立つ日本の国民教育制度に対して、清朝政府は強い関心を寄せ、国民に対する求心力をいっそう強め、よって列強に対抗し、またその統治を社会の末端まで貫く手段としての教育の重要性を感じた。

一九〇四年、清朝政府は「奏定学堂章程」を公布し、九年制義務教育の構想、公教育の振興を宣言した。それによれば、「各国には均しく国家による義務教育があり、東西各国の政令によれば、凡そ児童が就学年齢になって就学しない場合其の父母を罪に問う。これは強迫教育と称し、立国の本は全てここにある」(3)。国民教育の普及という方針は「奏定初等小学堂章程」の中で、いっそう明確に示されている——「国民の智愚、賢否は国家の強弱、盛衰に関わる。初等小学堂は全国民を教成するところにして……邑に不学の戸なく家に不学の童なからしめて、始めて国民教育の実義に背くことなし……」(4)。これは日本の一八七二年の「学制」頒布に関する「被仰出書」の一節をそのまま引用したものであるとはいえ、史上はじめて「国民皆学」の方針を打ち出している。さらに、中国が現在創設期にあるため、俄かに法律によって一概に強迫教育を実施することは難しいが、地方官吏および郷村の紳董はこの趣旨を正しく認識した上で、極力就学を督促しなければならない、と規定していた。具体的に、府州県の各城鎮や百戸以上の村はその規模に応じて一〜三校の初等(官)小学堂を設立し、就学年限は初等小学五年、高等小学四年と定めていた。

しかし、当時の中国では、近代的義務教育の実施を支える社会的経済的基盤が整っていないため、その実行は容易なものではなかった。清朝政府からの学堂設立の厳しい督促に対し、地方の州県では寺廟の没収や、民衆に対する課税の強化をもって対応せざるを得なかった。地方官紳による強引な学校設立は、しばしば民衆との激しい摩擦を引き起こしていた。

当時直隷省は教育改革の模範省とされたが、しかし一九〇五年九月、直隷総督袁世凱は、直隷省における学校設立の状況について次のように指摘している。「直隷省では学務が開辦されて久しいが、唯一に天津の学務が盛んであるものの、大半は形ばかりで制度も不完全である。悪徳な郷紳が公金を独占し、頑固に対抗している。知識のない愚民は噂に流され、学校設立を恐ろしいことだと思っている」[5]。

直隷省冀州の新河県では、「民間の人々は、子どもたちは毎日たきぎや野菜を拾って生計を助けており、彼らを学堂に就学させるのは家の活路を断つことに等しいと言っている」[6]。直隷省の張家口庁、多倫諾爾・独石口庁あたりでは、「愚かで無知な気風が甚だしく、識字者は百人中一人もいない。査学[7]が教え導きに尽力し場所や時を問わず教育の必要性を訴えているが、聞く者は終始疑いの念を持ち続けた。査学は村人を見かけると必ず車を止めて声をかけるが、村に学堂の有無を尋ねると、村人は『私たちはみな真面目で正しい人なのだから、学堂を設立しないことに決めた』と答えた。学堂の優れた点を説明しようとすると、やめてくれと言わんばかりにその場を立ち去ってしまった。査学は村人に生計を立てるために就学がどれほど有利であるかを説明したが、彼らは牧畜で生計を立てているので、子どもたちが就学すれば放牧ができず生計が逼迫していくという。査学はさらに、科挙制度がすでに廃止され就学以外に出世の道はないと告げるが、彼らには本来功名心がないため、出世が彼らの希望を駆り立てるものとはならない」[8]。

つまり、一般民衆は学堂の教育が現実生活に役に立たないものと考え、実益がないとして学校を嫌っていた。とくに山間僻地では民衆の生活は本来苦しく、当時「奏定学堂章程」の基本方針である民間経費による学校の設立維持は極めて困難であった。

このような状況の下で、一九〇六年以後、清朝政府は「各省学務官制」、「視学官章程」、「勧学所章程」など、一連の地方教育関連法令を公布し、地方や農村の隅々まで小学堂を普及させようとした。まずは視学制度の導入である。中央レベルでは、学部に視学官を設置し、地方レベルでは、提学使の下に省視学六名を設けるほか、各庁州県にも県視学を設けるという「三級視学体制」を整えた。清朝政府は、この視学制度を導入及び実施する過程において、明治の日本の視学制度から大きな影響を受けた。

一 「学部視学官」の設置

視学制度は近代公教育の成立に関連して、国家の教育に対する監督権の組織化として成立したものである。しかし、その国が中央集権的であるか、地方分権的であるかによって、視学機関の果たすべき責務が異なっていく。例えば、イギリスの視学制度は、「国家的公教育制度」への「監督」(Supervision)、「査察」(Inspection)の機関として、全国的に組織化され、国家による教育への関与を契機とするものでありながら、教育に関する専門的指導助言、教育専門家による「説得」、「協調」など、非強制的な姿勢が重視された。(9) これはイギリスの自治を重んじる国民性と地方分権的な伝統と実情によるものだと考えられ、教育行政のほとんどが地方教育委員会によって運営されており、国家統制の色彩は極めて弱かった。

一方、明治の日本がモデルとしたといわれるドイツの場合、その視学制度は、憲法が示しているように、あらゆる学校が国家の監督下にあるという性格であった。一八七二年の学校監督法は、凡ての公立及び私立の学校に対する監督は国の権限であると決め、国家がこの学校監督を官庁及び官吏に委任する場合は、後者はこれを国家の命令によって行うし、国家機関としてその仕事を遂行する。この学校監督は、学校に対してほとんど無制限の支配権を持つもののように見えるが、しかし実際にはその監督の内容は「学問的指導、授業実況の視察・指導監督、教員の監督、学校秩序の維持、試験方法の規正、新教科目の採用」[10]などが主なものである。つまり、欧米における視学制度は、一般的に教育の内的事項である教科及び教授方法に対する専門的指導、監督であった。

日本は明治維新以後欧米より後進国として出発したことから、あらゆる側面から、中央集権による国家統一と国民統合を図らなければならなかった。近代教育制度の導入による国民教育の普及に当たり、天皇と国体によって教育を権威付け、天皇中心の国民思想、国民教育の結集に力を入れた。これは西欧の市民革命期の教育思想に示された国民主権や自由を原理とした市民形成の教育とは異なるものであり、教育行政制度の成立期は、天皇制国家としての近代日本の体制的確立期でもあった。特に地方教育行政制度は、国家権力の教育思想を直接反映し、国家的体制化過程の一環として形成された。

清朝末期の中国における国民教育の強調には、近代的学校体制の導入によって、欧米列強に抵抗できる「国民」の形成が期待される一方、従来の支配体制も維持、強化するための国民意識の統合という狙いも含まれていた。清朝政府は、早急な近代化を模索し、その一環として、強権的な力で上からの公教育制度を作り出そうとした。これは、驚くべき短期間に上から一気に制度化された明治の日本の公教育制度に強く感銘を受けたものであり、そして中国の現実に最も適当なものという見地から、明治中期以後の国家主義国民教育方針を最良のモデルとしたのである。

一九一一年一月に学部は「奏擬訂中日学務法律命令対照表」を作り、「日本憲法の精神がわが国の憲法大綱の趣旨に近く、その法律と命令をともに重んじる点でも、わが国の憲法準備期の現状に特に相応しい」ことから、「歴年学務章程を奏定する際に参照した日本の教育法令を取り上げ、対照表を作った」と上奏した。[11] この中で一九〇九年に公布した「奏定視学官章程」と対応する日本側のものとして、「文部省視学官規程」（省令、明治三十二年、一八九九年）及び「視学官及視学特別任用令」（勅令第二六〇号）が挙げられている。これを通じて、清朝政府は中央視学制度を導入した際、日本の制度をどのように参考したのかを見ることができる。

まず、任用資格について。清朝の「奏定視学官章程」では次のとおりである。

第五条：視学官の適任者は、宗旨正大、教育原理を深く会得する者である。

第六条：視学官のなか、中学校以上の教授法を考察するため、外国語及び各種科学に精通する者が必ず一人いること。

第七条：視学官の定員を設けず、学部の職員或は直轄学校の教職員を派遣して充てること。[12]

これに対して、日本の「視学官及視学特別任用令」では次のようになっている。

一、二箇年以上文部省直轄学校の学校長又は奏任教官の職に在る者又は在りたる者。
二、三箇年以上師範学校長官立中学校長官立公立高等女学校長又は官立公立実業学校長の職に在る者又は在りたる者一箇年以上道庁府県視学官の職に在る者又は在りたる者。(13)

任用資格から見れば、日本のほうがより厳しいものであることが分かる。それは、中国では一九〇五年に科挙制度が廃止されてから、新式学堂出身者がまだ少ないからであろう。しかし視察事項などでは、**表1**が示すように日本とほぼ同じ内容であった。

以上から、視察事項に関して、「6　学堂学生の各種の風紀」以外、清朝の「奏定視学官章程」は、日本の「文部省視学官視学規程」をそのまま写したことが分かる。欧米の近代視学制度が学校教育に関する専門的指導助言を重視し、教育の内的事項——教科及び教授法を指導監督することを目的としたのに対して、日本と中国の視学

表1　日本と清朝政府による視学の視察内容

日本「文部省視学官視学規程」	清朝「奏定視学官章程」
視学官の視察すへき事項の概目左の如し	第九条:視学官が視察すべき事項の要目左の如し
1　教育行政の状況	1　各省学務公所、各庁州県勧学所、勧学区の教育行政事情
2　学校教育の状況	2　各種官立、公立、私立学堂の教育情況
3　学校衛生の状況	3　学堂の衛生情況
4　学校経済の状況	4　学堂の経費情況
5　学事関係職員執務の状況	5　学務関係職員、教員による事務と授業の情況
6　教育学芸に関する諸施設の状況	6　学堂学生の各種風紀
7　其他特に指命を受けたる事項	7　教育学芸に関する各種の施設
	8　特に部の指示を受けた事項

出所:『明治以降教育制度発達史』第4巻、1003-04頁、「学部奏擬定視学官章程摺」より筆者作成。

官制度は、教育の内的事項のほかに、「教育行政の状況、学校経済の状況、学事関係職員執務の状況、教育学芸に関する諸施設の状況」など、いわゆる教育の外的事項も対象としたのである。

また、視学官の権限についても日本の制度を参照したと考えられる。日本の「文部省視学官視学規程」は、「視学官は視察したる事項に関し意見あるときは巡視先に於て直に其要領を記し之を具申すべきし」と明記し、さらに関係者（地方官庁学校職員）に意見を陳述し得る事項として、「一、法令に抵触したる事項／二、省議の決定したる事項／三、其他特に指命を受けたる事項」[14]と決められている。ここで注目すべきは、意見を具申、陳述する権限はあるが、処置する権限は明示されなかったことである。

一方、清朝の「奏定視学官章程」による内容をまとめると、次のようになる。①各省の学務公所が「章程」に合致せず或いは実行しないものについて、視学官はその省の提学使と相談した上で改正と整理をさせること。②各庁州県の勧学所の事務が「章程」と合致せず或いは実行しないものについて、視学官は改正と整理を命じ、並びにその省の提学使及び省視学、其府庁州県の官に通告し、随時考察を留意させること。③各学堂の事務が「章程」と合致或いは実行せず、教授する授業が学科・教授・訓練の順序・方法と合致しないものについて、視学官はその学堂監督・堂長・教員に詳細に説明し、改正・整理を命じ、並びに其省の提学使及び省視学或いは府庁州県の長官・勧学所総董・県視学に通告し、随時考察を留意させること。④視学官は視察先で、その職員・教員が適任せず、或は休暇が多く、経費を浪費するなどの弊を発見した場合、提学使と協議して即時に解雇することができること、などである。[15]つまり、意見を具申するだけでなく、処置する権限も持つことは特徴的である。

以上の比較から、学校の職員・教員が適任しない場合、視学官が提学使と協議した上で即時に解雇することができるなど、中国の視察官の権限がより大きいことは特徴的であるが、清朝の「奏定視学官章程」の枠組及び基本内容は、日本の「文部省視学官視学規程」を大幅に参照したものだったことが分かる。

清朝の学部は一九〇七年から一九一〇年九月にかけて、各学区へ三回にわたって視学官を派遣し、視察先で多くの問題を見つけた。例えば、山東省では、「すでに学部に報告し、登録されている初等小学堂が実はまだ開設されていない(16)」。直隷省では、「勧学所の総董及び各州県の官が学費を全額横領し、学堂には学生がいない。視学官が来ると聞くと、臨時に学生を集め、視学官を騙そうとした(17)」ことが発覚し、視学官の報告を受けた直隷総督陳夔竜はただちに関係者を解任するに至った。学部視学官は視察した際、各地の関係者に対し、学校の試験及び学校の全般情況に関する報告を具体的に要求したため、各地における学校教育の改善に大いに役立ったようである。

二 「省視学」の設置

一九〇六年五月、清朝の学部は全国の教育行政の統一を図るため、各省に対して従来の提督学政を廃止し、「提学使司」を設けるよう命じた。提学使司は全省を統轄する教育行政機関であり、提学使を一名置き、その地位は布政使の次、按察使の上で、総督・巡撫の統制下にあった。提学使司は省都に設置され、中に学務公所を設け、総務・専門・普通・実業・会計・図書の六つの課があり、学務公所には議長一名と議紳四名を置いて提学使を補佐し、総督・巡撫の諮問に備えた(18)。

学部は、三カ月以上の海外教育視察の経験を有することを省の提学使に就任する資格とした。当時任命された二三名の提学使のうち、すでに海外視察の経験を持つ者及び長年教育行政に携わる者は直ちに提学使として赴任させたが、海外視察の経験を持たなかった一六名はまず日本へ赴かせ、三カ月間にわたって学校制度・教育行政を視察し、帰国してからはじめて赴任させた。[19] このことから、当時清朝政府が教育の視点から考えた「海外」とは、まず日本であることが分かる。

提学使司の設置にともなって、地方視学制度も次第に整備された。まず省視学の設置について、学部の「奏各省学務官制摺」は、「提学使の下に省視学六人を置き、省視学は提学使の命令を受けて各府・庁・州・県の学務を巡察し、提学使は督撫と相談した上で省視学を派遣すること」[20] と決めている。

この地方視学制度も事実上日本から学んできたものであった。当時の資料によれば、「明治三十年に文部省が視学に関する規定を頒布し、中央視学、地方視学及び道府県視学、郡視学を設置した。日本の中央視学は文部大臣に隷属し、我が国の学部視学官に相当する。地方視学は地方長官に隷属し、我が国の省視学に相当する。郡視学は長に隷属し、我が国の県視学に相当する」[21] という。

行政上では、中国の省が日本の府県と同等レベルである。明治政府による府県視学の任用資格は、「左の資格の一を有する者の中より任用」ということであり、具体的に言えば次の通りである。

一、三箇年以上師範学校官立公立中学校官立公立高等女学校又は官立公立実業学校の学校長教諭又は助教諭の職に在る者又は在りたる者。

二、小学校本科正教員たる資格を有し三箇年以上官立公立学校の学校長の職に在る者又は在りたる者。
三、五箇年以上判任官として教育に関する職務に従事し又は従事したる者。[22]

それに対し、清朝政府による省視学の任用資格は、「師範出身者或いは海外留学の経験者で、並びに学校の管理員・教員の経歴者[23]」とされている。

任用資格から見れば、明治政府による資格はより厳しいものであることが分かる。中国では新式学堂の出身者がまだ少ないため厳密に規定されていないが、そのかわりに、海外視察・海外留学の経験が重視されていた。ここにおいて注目すべきは、このような海外視察・海外留学の経験者はほとんど「日本」を経験したものであることである。**表2**は、辛亥革命直前の一九一一年直隷省学務公所職員の名簿であり、そこから、省視学を含む職員全員が日本遊歴と日本留学の経験者であることが分かる。

明治三十年五月五日に公布された「地方視学職務規

表2　直隷学務公所職員名簿（1911年当時）

氏名	官職（就任年）	出　身	日本留学・遊歴
王劭廉	学務公所議長（1911）	補用知県	日本遊歴（1906）
李士偉	学務公所議紳（1911）	補用知府	日本遊歴（1905）
梁志宸	学務公所議紳（1911）	内閣中書	日本師範学校卒業
陳恩栄	省視学（1911）	遴選知県	日本師範学校卒業
王用先	省視学（1911）	知県	日本遊歴（1905）
范延栄	省視学（1911）	通判	日本師範学校卒業
侯序倫	省視学（1911）	挙人	日本師範学校卒業
李金藻	学務公所普通課長（1911）	通判	日本師範学校卒業

出所：厳修自訂、高凌雯補集、厳仁曽増編、王承礼輯注、張平宇参校「厳修先生年譜」、『政治官報』1226号、18頁より筆者作成。

程」（文部省令第五号）によれば、日本の府県視学の仕事は「小学校及其他小学校令に掲くる学校等の視学に従事す」ることであり、具体的には、「1、教育に関する勅語の主旨の実際に行はるる情況。2、教授及管理の方法。3、学級の編制教員の配置、学科課程及試験の情況。4、設備の整否。5、学事に関する表簿の整否。6、学齢児童就学及出席の情況。7、生徒の成績及風儀。8、学校衛生の情況。9、学校長教員其他学事関係職員の執務。10、学事に関する会計及経済の情況。11、学事集会の情況。12、学事に於ける市町村一般の感情。13、学事法令施行の情況。14、其他特に必要と認むる件」[24]などである。

これに対して、中国の省視学の職務範囲は、「全省各府庁州県の勧学所及び各級各種の学堂であり、視察内容は下記のものを含む。1、各地の学務管理機構の設置及びその人員配置、学校設立・運営の成績と問題点。2、各級各種の学堂生徒の状況、例えば応募者数、入学者数、定員数、各級の生徒のレベル、紀律気風、学費など。3、各学堂による授業の設置、教材の使用、実際の授業時間数、教師の水準及び教学方法。4、各地の学校運営の経費状況（収支状況）、教職員の賃金。5、勧学所の執務場所、学校校舎の建築及び環境衛生[25]」であった。

つまり、清朝の省視学と日本の府県視学の職務範囲は、共に管下の学事全般の視察である。教科及び教授方法という教育の内的事項の指導監督のほかに、教育の外的事項――学事に関する会計及経済の情況なども含まれている。特に中国の省視学の職務範囲は、より広範な教育の外的事項に及んでいる。

その主な違いは、第一、日本の府県視学の視察先は小学校を主とするが、清朝の省視学は各級各種類の学堂まで視察の範囲を広めている。第二、日本の「地方視学職務規程」において、「教育勅語」の実行情況に関する視察は、トップに挙げられている。清朝政府も一九〇六年三月に「教育宗旨」を宣示されたが、省視学の視察要項には「宗旨」の実行情況に関する内容が見られなかった。第三、中国の省視学の視察要項には、「各府庁州県の勧学所が視察の対象」という内容がある。学部が一九〇六年五月に公布した「奏定勧学所章程」には、府庁州県レベルの教育行政機関として勧学所を設置し、その責任者は学務総董であり、県視学を兼任することが明記されている。すなわち、省視学が県視学の仕事を監察する職能をもつことになる。このような規定は日本の府県視学制度には見られなかった。省視学の視察権限がより大きいことは、特徴的である。そこから、清朝政府が各レベルの地方視学機関を介して、上から公教育を強力に推し進める意図が窺える。

省視学の視察報告書から、省視学は教育の内容、方法などに関する教育の内的事項の整備や充実を監督するだけではなく、小学校の設立、維持、生徒の就学督励など、教育の外的事項の整備と普及にも務め、まずは学校数と生徒数について厳格な監査を行ったことが分かる。例えば、直隷省の省視学高奎照は一九〇九年二月に河間府県の学務を視察した際、「河間府は初等小学堂について、城鎮部と農村部を合わせて計五八箇所あり、学生は計一三〇〇名余りあると報告していたが、実際に監査したところ、生徒数がほとんど事実ではなかった」[26]と報告している。

省視学による視察活動は監査の段階に留まらず、提学使司が省視学の巡視報告書によって反映された問題に素早く対応し、解決する方法を出していたのである。一九〇九年七月、直隷省の提学使司は省視学の報告に基づき、薊州に対して学務の改善を全面的に行うよう命令している。「本司札薊州整頓学務文」は、「当州は九百の村がある大きな州で、初等小学校が五〇校余りあると報告している。しかし、省視学が実際に監査したところ、その中、学堂と思われる所は二〇余りに過ぎない。当州の気風は開けておらず、学務は大きく後退している。当州では学堂を設立・運営する人材がいないのではなく、また寺が多いことから資金も乏しくないことが分かる。ただ官紳が不熱心だけのことである。今後、当州は学紳らを率いて真面目に学校を設立・運営し、後ろ向きでやる気のない者を任用せず、学風のよくないところを直ちに変えるよう[27]」と命じたのである。

直隷の省視学たちによる報告書の中、各府庁州県の勧学所の執務場所に触れる内容がかなり多い。例えば、陳恩栄は「平谷県の勧学所は城皇廟の裏庭を借りており」、「遷安県の勧学所は財神廟の裏庭を使っている[28]」、焦煥桐は「任県の勧学所は明倫堂の旧跡を借りており」、崔炳は「張家口庁の勧学所は高等小学堂の東庭に設置されている[29]」と、それぞれ報告している。多くの勧学所は寺院を借りるか、あるいは学堂内に設置されていた。ここから、資金が不足する中、専用資金を用い専用地で勧学所を設立していた州県は極めて少なかったことが分かる。

省視学は勧学所の総董、すなわち県視学の実力や業績を評定し、その人選を推薦する権限も持っている。例えば、陳恩栄は一九〇九年一月の平谷県学務視察についての報告書の中、「総董陳訓導が自分は適任ではないと何度も辞表を出している」ため、「現地では日本教育視察の経験がある郷紳徐仁俊が、働き盛りで、総董の職務に堪能である。当県では適任者としてこの人しかいないと思う。徐仁俊にはまず総董を一年任命し、その才能を試してみればいかがか[30]」と提案している。また、王用先は一九〇九年六月の隆平県視察報告書のなか、「当県の学務は益々衰微し、当事者は皆保守的、消極的な態度を取っている。勧学所総董劉森林は期待に応えられず、不適任であり、直ちに適任者に入替えるべきである」と報告している。提学使司はその意見に基づき、隆平県に対して、「直ちに真面目に整頓し、一カ月以内に改善状況を全て詳細に報告し、一刻も延ばしてはならない[31]」と厳命したのである。

以上の事実から、清末の地方視学制度において省視学の権限は非常に大きいことが分かる。これに関しては、民間では次のように述べている。「省視学が来ることを聞き、各地は戦々恐々息を殺して待命し、栄辱善し悪しは全てこれに賭かっていると考えた[32]」。

三 「県視学」兼「勧学所総董」の設置

一九〇六年五月、清朝政府は「奏定勧学所章程」を公布し、府庁州県レベルの教育行政機関である勧学所を設立した。勧学所は府庁州県の教育行政を司るだけではなく、学堂の建設を奨励し教育を普及させる責任ももっていた。勧学所には総董一名を置くが、これは県視学によって兼任され、現地地方官の監督を受けた。清朝の地方視学制度は間接的には欧米、直接的には日本に倣って作ったものであるが、「県視学兼勧学所総董」体制は中国独特のものであった。

行政上では、清朝の庁州県は確かに日本の郡とほぼ同等クラスである。そのため、清朝の県視学は日本の郡視学に相当することになる。やはり「任用資格」と「視察要項」という二つの面から具体的に比較してみる。

前述した「視学官及視学特別任用令」(勅令第二六〇号)は、郡視学と府県視学の任用資格を同一にしている。つまり、明治三十二年頃の日本では、郡視学にしても、小学校教員からではなく小学校校長でなければならなかった[33]。それに対して、清朝の県視学は次のように選抜された。「提学使は地元の郷

表3　直隷省趙州・深州・定州・易州の勧学所総董一覧表（1907年6月現在）

	州県	設立時期	総董氏名	履歴	就任時期	所員数	学区数
趙州	趙州	1906年2月	李甡炎	弘文学院教育選科	1906年2月	13名	13
	柏郷県	1906年2月	宋瀓	？	1906年4月	9名	9
	隆平県	1905年10月	劉森林	師範卒業	1906年6月	30名	22
	高邑県	1906年6月	宋文華	日本遊歴	1906年6月	4名	4
	臨城県	1906年2月	陳鶱顥	日本遊歴	1906年2月	5名	11
	甯晋県	1906年1月	康朝珍	日本師範卒業	1907年3月	23名	23
深州	深州	1906年1月	趙樹棠	日本遊歴	1906年7月	10名	5
	武強県	？	耿昶和	日本遊歴	1906年1月	？	？
	饒陽県	1905年11月	徐英俊	日本遊歴	1905年11月	5名	5
	安平県	1906年2月	田際勳	日本遊歴	1906年2月	3名	5
定州	定州	1906年1月	么立祥	師範卒業	1906年1月	15名	12
	曲陽県	1906年4月	楊潤芳	日本遊歴	1906年2月	13名	19
	深澤県	？	李兆霖	日本遊歴	1906年2月	？	？
易州	易州	1905年11月	陳雲昭	日本遊歴	1906年2月	16名	8
	淶水県	1906年1月	高歩瀛	日本遊歴	1907年4月	4名	5
	広昌県	1906年8月	馬汝典	日本遊歴	1906年3月	14名	14

出所：直隷省『教育雑誌』丁未第14期、「直隷各属勧学所職員一覧表」に基づいて筆者作成。この表は59-74頁にわたる大きなものであるため、ここでは一部の州を取り上げた。

紳の中から選び、年齢が三十歳以上、品行方正で、海外遊歴の経験がある者または師範習得者に担当させる。官階は正七品虚銜とする」[34]。やはり日本の郡視学の資格がより厳しいものであった。しかし、**表3**から、一九〇七年当時、直隷省の一部の府庁州県の勧学所では、「総董」のなか「遊紳」（日本遊歴郷紳）が圧倒的に多かったことが分かる。

新式学堂出身者がいまだ少ない中、直隷省の学務関係者の大きな特徴として、いずれも科挙試験の及第者でありながら、日本留学・日本遊歴の経験をもつ者であった。直隷総督である袁世凱は、科挙及第者を教育の近代化の推進力として活用する考えを示し、「各省は儒学に通じる者を留学させ、……挙人・進士の出身者を広く教育を勧める教育行政職員とする[35]」ことを清朝政府に提案した。郷紳層の役割に大きく期待を寄せていた袁世凱は、彼等をして「積弊を去りて見聞を広め[36]」させる必要性を痛感し、全省の一五二の庁州県に命じて、学務関係者を日本に派遣し、四カ月間にわたって地方教育行政や学校運営の現状を視察させた[37]。このように、直隷省では、学務関係者の資格として、日本留学・日本遊歴の経験を非常に重視していた。

次に清朝の県視学と日本の郡視学の視察事項、視察に際しての権限を具体的に比較する。まず日本の郡視学の場合、前述した「地方視学職務規程」(文部省令第五号)によって、郡視学と府県視学の視察事項は同一である。日本の各地方では、この「地方視学職務規程」に則って、郡視学職務規定の改定または制定が行われた。これ以後、日本では全国的に郡視学の職務内容がほぼ統一された[38]。

清朝の県視学の職責は、「奏定各省学務官制辦事権限並勧学所章程摺」によれば、「各庁州県の勧学所に県視学を一名置き、学務総董も兼任する。各庁州県の城内に常駐し、地方官の監督下で学務を処理する。定められた時間に各郷村市鎮の学堂を巡察し、指導と問題の解決にあたり、改善を求めること[39]」となるが、県視学が勧学所総董も兼任することから、「奏定勧学所章程」には総董の職務範囲についてより詳しい規定があった。それは、「教育の講習、民衆への勧学、学務の推進と普及」であり、具体的に言えば、「1．勧学、2．興学、3．資金調達、4．風気を開く、5．障害の排除[40]」であった。

上記の内容から、勧学所の総董を兼任する県視学の職務内容は、日本の郡視学とかなり異なることが分かる。本来、地方視学の職務内容は学校の教育内容や教師の教学方法、学生の学習状況について監督、指導することであった。しかし、中国では一九〇五年に科挙制が廃止されたばかりで、いまだに新式学堂を設立する初段階にあり、そのため、勧学所総董を兼任する県視学の職務内容も、各地方の郷紳層に対して学堂の設立を呼びかけ、民衆に対して子弟の就学を促進する段階に止まっていた。

例えば、「気風を開く」とは、「公事公益に励み、正義感のある品行方正な名士長老を訪ね、学務への協力を乞う。教員に適した人材を訪ね、随時に招聘する」ということであり、「障害の排除」とは、「各地で学務を阻害する悪徳な者、各地元でデマを飛ばして事を起こす愚民」などに対し、「勧学員が調査し、当該地の勧学所に通知するとともに、地方官にも説明し、それぞれで対処する」ということであった[41]。

日本の郡視学による視察事項には、「学事に関する会計及経済の情況」という項目があり、教育における外的事項を監督する内容も見られるが、清朝の県視学の「学事資金の調達」の主な内容は、「(甲)各地の祭祀が行わない廟の財産を調査すること、(乙)「迎神賽会」(神迎えの奉納行事)の芝居で得た資金の残高を調査すること、(丙)学堂設立のために出資した郷紳に対し、地方官による報奨を求めること、(丁)各地の事情を斟酌しながら、学生に学費を納めさせる」ことであった。同じ学事資金をめぐる内容ではあるが、かなり違うレベルの監督内容であることがわかる[42]。

もう一つ注目すべきことは、日本の府県視学と郡視学の視察監督すべき教育事務の第一のものとして「教育に関する勅語の主旨の実際に行はるる情況」が挙げられている点である。各地方の郡視学職務に関する規定には、「御真影勅語謄本の保管」、「学校儀式に関する事項」などの内容もあった。日本の教育勅語は、天皇中心の国体の尊重と儒教を基本とする国民道徳の樹立を説いたもので、勅語発布の後、明治政府は教育勅語イデオロギーを主として学校を通して社会の末端まで浸透させることに努めた。日本の学校では、「御真影」の拝礼、教育勅語奉読、「君が代」の合唱など、欧米の学校ではありえないほどさまざまな国家イデオロギーに関係する学校行事が綿密な計画の下に実施された。このような行事を学校に持ち込むことによって、学校が国家イデオロギーを教育する場とも化した。

清朝の県視学兼勧学所総董にも、「宣講」という重要な職務があった。宣講は、古くから郷村で行われた社会教化の方法であったが、視学制度の樹立に伴い、それが勧学所の仕事として取り上げられた。勧学所は郷村に宣講所を設定し、日にちを決めて毎月「聖諭広訓」と「教育宗旨」を宣講し、また、学部頒布の宣講書から新聞にいたるまでを用いて、国民教育・修身・歴史・地理・格致など、宣講や演説を通して民衆に対する啓蒙活動を行った。

以上の内容から分かるように、当時の中国は学堂設立初期の段階にあり、県視学兼勧学所総董の職務は、学校教育内容の指導だけではなく、学校の設立や就学督励、学校経費の調達、さらに宣講・演説による民衆の啓発という「社会教育的」機能にも重心が置かれ、「勧学」と「視学」という二つの性格を併せ持つものであった。そのため、日本の郡視学制度と比べ、清朝の県視学制度に職務の未分化、あるいは機構としての非専門化が見られる。

しかし、「勧学」と「視学」という二つの性格を併せ持つ清朝の県視学制度は、次の事例からも分かるように、事実上矛盾を抱える制度であった。

直隷省沙川県出身の劉鴻俊は、日本に遊学した時期に、明治維新後の国民教育振興の影響を受け、強国の鍵は学堂を広く設置することにあり、特に高等、初等の小学堂に力を入れるべきと考えるようになった。帰国後、劉は勧学所の総董に選ばれ、規定により県視学も兼任し、同時に沙川県官立高等小学堂（沙川県の最高レベルの学校）の堂長（校長）にも任じられた。こうして、三職も同時に務め、実行者でありながら監督者でもあった。一九〇八年、劉は沙川県の学務情況について報告書を提出、「本県の官立高等小学堂は、李県知事の改善への取り組みにより、校舎と課程はほぼ規定に合致している。私は学生の自習時間に、監学員、教員と交替で監督し、学生の学習態度を正し、学習上の疑問や難点について学生が理解できるまで指導した。また、毎日作文の授業に一時間使い、私と教員、監学員が学生の作文を添削し、詳細に指導している[43]」と報告している。これらの仕事は、彼の高等小学堂堂長としての職務であると同時に、県視学の主な職責が「教育の内在事項への指導と監督」と定義すれば、彼の県視学としての職責も反映されているものと言える。さらに、劉は、「私はすべての村落の距離、道路の事情を調査し、『奏定勧学所章程』に基づいて全県を六つに分けた。各区に勧学員を配置し、私は勧学員とともに村を順に訪れて学堂の設立を勧め、必要な経費を計算し、軒並み適齢児童の入学を勧告指導し、勧学員の実績の判定については勧告指導で入学した生徒数に基づいて決めた[44]」とも報告した。この部分は、劉の勧学所総董としての職務についての内容であった。

これは、県視学、勧学所総董、高等小学校校長という三職を兼任し、熱心に地方教育に取り組む日本遊歴経験者の実例である。しかし、当時、地方視学制度に対する疑問と批判の中で、もっとも集中したのはやはり県視学がなぜ勧学所総董を兼任するかという点であった。「総董には各学区の学務を統括するという権限が定められているにもかかわらず、県視学に権限が定められていないのはなぜか。当初から兼任が決められ、総董の責務は同時に視学の責務であるべきなのに、職名を一つ増やした理由はどこにあるのか。総董という肩書から、その権限はすべての学務を統括し、執行に重きが置かれるものである。視学という肩書から、その権限は学務の視察であり、審査に重きが置かれるものである。一つの権限を二分するのは容易なことだが、二つの権限を一つにするのは難しいことである(45)」。

面白いことに、批判者の論拠も日本の視学制度であった。「日本の地方教育は第二部が主管しており、視学官は上官の指図を受け、執行権を有し、我が国の県視学と似通っている。しかし、視学以外に勧学所の総董に類似する役職は置かれていない。学務委員なるものが設けられているが、学会の嘱託を受けて地方官との連絡、勧学、興学、資金調達などに携わり、執行権もなければ公費も出ない。我が国に於ける勧学所の総董の責務は各区事務の総括と規定されているが、執行権を有する点で(日本の)学務委員と性質が異なる。しかし、総董と県視学の権限は一人によって両方を兼任してはならず、どちらか一つにしなければならない。現段階の解決策として、総董と県視学の役職を二つに分け、財政に属するもの(例えば資金調達や収支の管理など)は総董が主管し、学務に関するものは県視学が主管するようにすること(を提案する)。それぞれの責務がはっきりした上で、相互補完の効果がはじめて現れる。そうでなければ総董の虚名を廃し、学務委員などの役職を設け、県視学の及ばないところを補佐することこそが、大義名分を明らかにする道であろう(46)」。

おわりに

二十世紀初頭、清朝政府は支配体制の再編と強化を目的に、一連の近代化政策に取り組み始めた。こうした政策が最短期間に達成されるための保障として、まずこれに相応しい国民を急速につくりあげようとした。そのため、清朝政府は、民衆の自発性と主体性を持った民衆教育の形成を待たず、民衆を対象とする普通教育を「上から」強制的に普及させる政策を取った。その際、「国家の教育に対する監督権の組織化」として成立した近代視学制度、中でも特に「国家権力の教育意思を直接に反映する」明治の日本の視学制度を取り入れ、その「監督」、「査察」の機能によって、全国各地方の隅々まで学堂を普及させようとした。

清末の視学制度は日本の視学制度をモデルに作られ、その特徴は、欧米の如く管下の教育内容・方法を中心とした教育の内的事項の指導監督だけを行うのでなく、「各地学務管理機構の設置および人員配置、経費状況」など、教育の外的事項の整備も含めて、管下の学事全般の視察と事務を担当したことであった。特に視学機関は小学校校長、職員、教師の任免や昇降任などに関する人事権も持っていたことから、職務範囲がより広く、権限も大きい。教育に対する指導というより、監督的性格が強かった。そこから、政府が視学機関を介して学校教育の統制を強力に推し進めようとする意図が窺える。

清朝の地方視学制度の最大の特徴は、省視学は県視学を監督する権力があり、県視学は同時に府庁州県の教育行政機関である勧学所の総董を兼任することであった。地方末端の教育行政長官が同時に地方視学を兼任する体制は、清末中国ではじめて導入されたものであり、欧米と日本の近代視学制度に前例がなかった。しかし、実行者でありながら監督者でもある体制には大きな限界があった。仕事の怠慢、事実の隠蔽、学堂の経営や学務の推進に支障が生じていた。[47] これは、清末の地方視学制度は職務の未分化、あるいは機構としての非専門化の現れであると言えよう。

にもかかわらず、清朝政府が近代的視学制度をはじめて法令上で規定したことは、中国の近代史上において大きな意味をもつ。視学制度の確立によって、中央視学官及び地方視学の名称・設置方法・職務・

選任資格などが全国的に統一され、科挙制が廃止された後、普通教育の諸施策が打ち出される中、特に「地方官僚郷紳層の協力組織」である勧学所は、学堂の地方や農村への普及政策推進の中心になり、「県視学兼勧学所総董」体制は村における小学校の設立、管理運営を監督し、「国民皆学」の理念を地方や農村の隅々まで浸透させ、教育の全般を促進する役割を果たした。直隷省、江蘇省、湖北省などの「教育改革模範省」では、勧学所の設立によって、各州県に小学堂の設立が急速に進展した。[48] 注目すべきは、これらの地域は、辛亥革命時期中国社会に対して最も重要な役割を果たした地域であった。

全国の新式学堂は、一九〇九年に五万二三四八校に上り、学生数が一九一二年に三〇〇万人にも達した。皮肉にも、清朝政府が支配の維持と強化を目的に始めた「新政」という改革によって、結果的に生まれたのは、いわゆる海外留学生や新学堂出身者からなる新しい知識人層であった。この新知識人層は、外からの知識を吸収し、またそれに基づいて新しい知識構造を打ち立て、中国社会の変革と変容の促進力へと化した。この意味で、清朝政府による新式学堂の推進は、むしろ辛亥革命の土壌作りに貢献したとも言えよう。

注

(1) 舒新城『近代中国教育思想史』中華書局、民国十九年。陳青之『中国教育史』商務印書館、民国二十五年。阿部洋『中国の近代教育と明治日本』福村出版、一九九〇年。

(2) 学制導入期における日本教育視察の詳細は拙著『清末中国対日教育視察の研究』を参照。汲古書院、一九九八年。

(3) 「奏定学堂章程・学務綱要」光緒二十九年十一月二十六日。璩鑫圭・唐良炎編『中国近代教育史資料匯編・学制演変』上海教育出版社、一九九一年、四九一頁。

(4)「奏定初等小学堂章程」光緒二十九年十一月二十六日。同前、『中国近代教育史資料匯編・学制演変』二九二頁。

(5)光緒三十一年八月「督憲袁飭学務処条議各府直隷州特設勧学所章程札」、直隷『教育雑誌』第一年第十二期、一九〇五年九月。「文牘」九頁。

(6)光緒三十年十月七日「冀州査学李金藻査視新河県各小学堂情形稟」、直隷『教育雑誌』第一年第二期、一九〇五年一月。「文牘」二二―二三頁。

(7)「査学」というのは、清末中国の地方視学制度が制定される前に、直隷省で自主的に設置された教育監督機関である。その詳細については、拙稿「直隷省における『査学』の設置と巡視活動(上)(下)」、『中国研究月報』中国研究所、二〇〇八年五月、六月号を参照。

(8)光緒三十一年十二月「張多独査学袁仲峘査口北学務情形稟」、直隷『教育雑誌』第二年第三期、一九〇六年三月。「文牘」一三―一四頁。

(9)Smith, W. O. L, *Education,An Introductory Survey*, London: Penguin Books, 1957, p. 173.

(10)Kandel, I. L.,*Studies in Comparative Education*, London: George G. Harrap, 1933 , p. 290.

(11)学部「奏擬訂中日学務法律命令対照表」宣統二年十一月十九日、『学部奏諮輯要』総務司案牘科。

(12)「学部奏擬定視学官章程摺」宣統元年十月二十九日、『政治官報』摺奏類。

(13)教育史編纂会編集『明治以降教育制度発達史』第四巻、龍吟社、昭和十三年、一〇〇二頁。

(14)前掲、『明治以降教育制度発達史』第四巻、一〇〇五頁。

(15)前掲、「学部奏擬定視学官章程摺」。

(16)「北省学務成績之一斑」、『申報』一九一一年七月十四日。

(17)同前。

(18)中国第一歴史档案館蔵「学部案巻」、文図庶務三五七、「学部政務処会奏議請裁撤学政設直省提学使摺」光緒三十二年四月初二日。

(19)同前、学部「遴保直省提学使人員摺」光緒三十二年四月二十日。

(20)光緒三十二年四月二十日「奏定各省学務官制辦事権限並勧学所章程摺」、『学部奏諮輯要』総務司案牘科。

(21)戴克敦「視学篇」、『教育雑誌』第一年第十三期。宣統元年十二月、商務印書館、一五六―一五七頁。
(22)前掲、『明治以降教育制度発達史』第四巻、一〇三三―一〇三四頁。
(23)前掲、「奏定各省学務官制辦事権限並勧学所章程摺」。
(24)前掲、『明治以降教育制度発達史』第四巻、一〇三四頁。
(25)前掲、「奏定各省学務官制辦事権限並勧学所章程摺」。
(26)「査視河間府県学務報告」、『直隷教育官報』己酉第三期、一九〇九年三月、「報告」五五―五六頁。
(27)「本司札薊州整頓学務文」、『直隷教育官報』己酉第十期、一九〇九年七月、「文牘」二八頁。
(28)「査視平谷県学務報告」、「査視遷安県学務報告」、『直隷教育官報』己酉第一期、一九〇九年二月、「報告」七九、八五頁。
(29)「査視任県学務報告」、「査視張家口庁学務報告」、『直隷教育官報』己酉第一期、一九〇九年二月、「報告」八六、九一頁。
(30)「査視平谷県学務報告」、『直隷教育官報』己酉第一期、一九〇九年二月、「報告」七八頁。
(31)「本司札隆平県据省視学王用先奉　飭査該県学務各項情形文」『直隷教育官報』己酉第九期、一九〇九年六月、「文牘」二八頁。
(32)『教育雑誌』第一年第五期、宣統元年四月、七頁。
(33)平田宗史『明治地方視学制度史の研究』風間書房、一九七九年、三五六頁。
(34)前掲、「奏定各省学務官制辦事権限並勧学所章程摺」。
(35)袁世凱等「請廃科挙摺」(光緒三十一年八月四日)、『中国近代学制史料』第二輯、上冊。華東師範大学出版社、一九八七年。一一二頁。
(36)袁世凱「遺派官紳出洋遊歴辦法片」(光緒三十一年六月十八日)、『袁世凱奏議』下、天津古籍出版社、一九八七年、一一六一頁。
(37)直隷省が四回にわたって日本に郷紳を派遣した詳細については、拙著『清末対日教育視察の研究』三〇七―三〇九頁を参照。
(38)前掲、『明治地方視学制度史の研究』、二二〇頁。

(39) 前掲、「奏定各省学務官制辦事権限並勧学所章程摺」。
(40) 同前。
(41) 同前。
(42) 同前。
(43)「沙河県勧学所総董劉鴻俊稟辦理本年第一学期学務情形文」、『直隷教育官報』戊申第十五期、一九〇八年十月、「文牘」三二頁。
(44) 同前、三三頁。
(45) 荘愈「論勧学所之職員」、『教育雑誌』第一年第十二期。宣統元年十一月、一四五頁。
(46) 同前、一四六頁。
(47) 学部が県視学に総董を兼任させる理由について、「総董と県視学二職に分けると、意見の違いが生じ易く、あるいは牽制する恐れがある」、「各地方の財政が逼迫する中、役職を一つ多く設ければ、それだけ支出も増える」、「完全に欧米や日本の真似にすると、教育行政と教育視察、監督がますます独立した体制になり、互に抵触する」という懸念を示した。――同前、一四六頁。
(48) 清末直隷省における学堂の設立状況は**表4**の通りである。

表4　清末直隷省における学堂の設立状況

	高等小学堂		初等小学堂	
年	学校数	生徒数	学校数	生徒数
1904年	185	6,372	2,400	36,344
1905年	152	6,372		68,000
1906年	83	8,554	6,853	109,467
1907年	177	10,599	8,675	148,397
1908年	174	8,639	8,534	180,489
1909年	161	9,370	10,132	206,530
1910年	170	12,305	10,789	238,754
1911年	168	14,277	11,764	267,409

出所：『直隷省教育統計表図　民国元年報告』より筆者作成。

7 二十世紀初頭浙江省における社会再編
――辛亥革命時期の官僚、士紳と日本留学――

呂一民・徐立望

はじめに

日清戦争以降、清朝政府は日本を学ぶことが西洋的富強への近道としたため、両国は全面的に協力する時期に入った。この時期について、ある学者は中日関係における「黄金の一〇年」と譬えた[1]。この時期は、中国から大勢の留学生が日本にやってきて、日本から得た知識を中国に持ち帰り、祖国そして故郷の変革に活用した。二十世紀初頭の中国人の日本留学について、中日両国の研究者はすでに多くの業績を残している。特に最近の研究は、特定の時代または中国国内の特定の地域に絞って、日本留学と中国の伝統的政治、経済、社会の変遷との関係を考察する傾向にあった。

中国のほかの省に比べ、浙江省は経済的にも文化的にも進んだ地域で、浙江人による日本留学（留日）は規模や影響もより大きいものであり、これに関する優れた研究として呂順長、何揚鳴などのものが挙げられる。とくに呂順長は留日学生監督所が発行した『官報』などを利用して、長い間浙江人の留日に関する史料を整理・研究し、彼の研究によって清朝末期の浙江省出身の留日学生の人数、出身地域、学校及び専攻、選抜や派遣のプロセスなどがかなり明らかにされた(2)。

ところが、これらの先行研究においては、留学生がいつも独自の人種とされて中国の社会階層から外されていた。さらに、清朝末期の浙江省の政治、経済、社会の変遷に対する先行研究も留学生の果たした重要な役割にはほとんど言及していなかった。しかし事実上、留日から帰国してきた学生は「新学」の背景を持ちながらも地域社会の一部であり、伝統的社会階層と密接な関係があった。本文は、こうした留学生と伝統的な社会階層との衝突、協力、およびそれによって浙江省の社会構造がいかに再編されたかを分析し、清末社会における浙江の留日学生による社会参加の意義を明らかにしたい。

一　留日経験者の増大と新たな階層の出現

洋務運動以降、中国の伝統的な社会階層は徐々に分化し始めた。しかし最初、この分化は緩やか、かつ穏やかなものであった。ところが、一九〇一年に清王朝は「新政」と呼ぶ政治改革をはじめ、それに伴って官憲、司法、軍事、そして実業界など、多くの分野にわたって人材が求められ、社会階層の再編が急激に進んだ。言うまでもなく、そこで留日から帰国してきた青年たちは、もっとも有用な人材と見なされた。浙江における「新政」は、留日した学生に限らず、各界の協力で実現したものであったが、浙江の伝統的官僚または士紳たちの、留日から帰国した学生に対する心情は実に複雑であった。

中国人による日本留学が始まったもっとも直接的な理由は、日清戦争における敗戦に刺激され、中国が近隣の発展を見直し始めたことであった。清朝政府の推進と日本政府の積極的な受け入れ、地方官僚と士紳階層の励まし、日本文化との類似性と日本留学の安いコストなどが、中国民衆の救国意識と混じり合って、中国の歴史上、未曾有の大規模な外国留学のブームが生じた。

湖広総督の張之洞は、一八九八年に『勧学篇』を執筆し青年たちに留学を勧め、そしてさまざまな理由で留学先として「西洋より東洋〔日本――訳者、以下同〕がよい」という結論を出した。「游学の国に至っては、西洋は東洋に及ばない。距離が近いため費用が安く、多く派遣でき（日本は）中華から遠く離れていないため観察し易く、東文（日本語）は中文（中国語）に近いため通暁し易い。西書（洋書）は甚だ繁雑で、西学（洋学）の重要ではないものは東人（日本人）によってすでに添削または書き換えられた。中国と東洋の情勢風俗が相似し習い易い。努力は半分で得るものは倍であることはこれ以上なし[3]」。張之洞のこの意見は、その後すぐ光緒帝の「上諭」、つまり清朝政府の意見として全国に頒布された。

張之洞は清朝末期の有力な思想家であり、政治家であったため、多くの研究者は張の主張で国民が日本へ留学する意識を持ち始めたと見ている。しかしそれは真実ではなく、日清戦争以後、日本に留学すべきとの考え方はすでに国民の共通認識になってきていた。例えば、一八九四年から八九年まで浙江省巡撫（最高行政長官）を務めた廖寿豊は、すでに「東瀛（日本）の学制は西洋から来たもので、論理と漢文（の授業）はなお古い伝統を持つが、歴史と輿地（地理の授業）は本国を優先し、要を得て便宜に従い、善変と言わざるを得ない。……（清は）日本と地理上同洲に属し、その課程（カリキュラム）、課書（教科書）は大いに参考になるであろう」と指摘していた[4]。

廖と杭州知府林啓など官僚の推進によって、一八九七年に杭州に「求是書院」と「蚕学館」が設立された。「蚕学館」の規約に「先ず日本の蚕書図説を翻訳し、本にしてから広く配る。寒暑表〔蚕室の温度を測る温度計──訳者〕は日本で百文にもならぬほど安く、当局が購入して民間に小売りすることができる」とあり[5]、日本から学ぶ趣旨がはっきりと書いてあった。一八九七年十一月、蚕学館開館の前に、維新派の羅振玉と大阪在住の華商孫淦の進言によって、浙江地方政府は杭州の汪有齢と徳清の嵆侃を日本に派遣して蚕学を勉強させた。浙江省から日本に派遣されたこの二人は、中国最初の官費留学生であり、ここから中国青年の日本留学の幕開けとなった[6]。一八九八年六月、浙江地方政府はまた求是書院（浙江大学の前身）の学生何燏時、陳榥、陸世芬、銭承志など四人を日本に留学させた。それから二カ月後、清朝政府は初めて日本留学に関する勅令を発表した。

ここで注意すべきは、求是書院から派遣された四人の専攻はそれぞれ冶金、兵器製造、商業と法律政治であり、前年に蚕学を勉強するために日本に行った二人を加え、当時の浙江では実業と商工業が重要視されていたことが窺われる。その理由は、中国が洋務運動以来、富強を求めて実学を強調するようになったことであった。この傾向が長く続けば、伝統的な社会階層と異なる新しいタイプの専門技術エリート層が自然に誕生する。実学実業を重視するこの技術エリート階層は、既存の支配階級への政治的脅威にならず、また既存の社会階層との間で社会の進歩によって生まれた利益を分かち合うこともできるはずであった。

しかし、清国人の留学生たちは、その留学の体験によって関心が次第に変わっていた。浙江から来た早期の留日学生たちも同じだった。中国の最初の官費留学生として日本で蚕学を勉強するために派遣されてきた汪有齢は、時事政局に関心を持ち始め、日本滞在期間中に書いた日記を林啓と廖寿豊に送った。林啓は「悲憤の語が多くあり、時局に心が移ったことがはっきり見える」と感じ、「廖中丞が読後も極めて推賞した」とまで述べて返信した。(7) 当時浙江の有名な維新派知識人汪康年の提案に応じて、林啓は汪有齢の考えを尊重し、彼が専攻を変えることを許した。その後、汪有齢は日本の法政大学を卒業し、中華民国時代に北京政府の司法部次長、最高裁判所(大理院)裁判官、国会議員を歴任、一九二一年から中国有数の法律系大学北京朝陽大学を創設し学長を一〇年間にわたって務めた。

一九〇〇年の「庚子国変」(義和団の乱)をきっかけに、清朝政府はついに改革を決心した。そこで、多くの軍事・教育・法政などの人材が求められ、人材養成の方法の一つが隣国日本への留学生派遣であった。この時、浙江は依然として全国の先頭を走っていた。浙江の最高の学府である求是書院は、一九〇一年の春に蒋尊簋、蒋方震、王維忱等一八人を日本に留学させ、〇二年にまた許寿裳、銭家洽など一〇を日本に送った。その中で、蒋尊簋、蒋方震、周承菼は帰国後に軍隊に入隊し、許寿裳、銭家洽、王維忱は教育に従事するなど、浙江の留日学生による専攻の分布はまさに日本に留学してきた中国学生の縮図だった。

一九〇三年、日本にいる浙江出身の留学生たちは文章を発表し、故郷浙江の人々に向けて日本留学の重要性を説き、さらに多くの青年を出洋(出国、以下同)させ、日本に留学させるように呼びかけた。

広く言えば、東京に留学生が一人多ければ、即ち将来新中国を建造する技師が一人多くなる。狭く言えば、東京に浙江留学生が一人多ければ、即ち将来新浙江を建造する技師が一人多くなる。

……浙江を必ず救おうと考えれば、その救う策は、則ち人材の造就である。造就の策は、洋を出て留学することだけである。……自ら子弟を速やかに派遣し、学費を多く持たせ、出洋を助けて宜しい。郷里のためにこれを提唱する。(8)

つまり、留学の意義は決して個人の問題ではなく、国家の進歩、故郷の発展のためにもなることと認識されたのである。

しかし、浙江の留学生たちも予想できなかったが、「新政」の展開とともに、多くの中国人が一気に日本に留学することとなった。この時期には、清朝政府も中国の民衆も、国を早く救わなければならないとの意識が強く、留学生の日本滞在期間は何度も短縮された。留学期間は普通科の三年から速成科の一年半に、さらに僅か六カ月間でも卒業できるようになった。一九〇八年一月三日、学部の上奏文「日本官立高等学校収容学生名額折」に、次のようにある。

日本留学の人数は、万を超えたとは雖も、速成で習う者百分の六〇を占め、普通科で習う者は百分の三〇を占め、中途退学者と転々として成らない者百分の五、六を占める。高等及び高等専門に入る者百分の三、四を占め、大学入学者は僅か百分の一なり。(9)

学制の短縮が留日人数の急増加につながったことはいうまでもない。さらに、清朝政府から出された官僚の留日奨励政策は、留日に新たな階層を加えって、留日学生の影響を大幅に高めたのである。一九〇三年六月、雲南（略称は「滇」）省巡撫である林紹年は、「滇省の官僚候補のなかで、時務に通暁する者は稀である。そのため続けて学生の出洋を派遣するに当たり、特に官僚候補のなかから聡明で養成可能な者を選び、一緒に日本に遊学させるべきである」と上奏した。[10] 一九〇六年九月、張之洞も「湖南湖北両省は、新たに州県長官候補者にされた新選組を出洋遊歴に派遣するつもりなり」と上奏した。[11]

辺境である雲南省から中部の湖広地域まで、さらに中央政府も各地の総督・巡撫とともに、官僚の外国留学・視察を政治改革の基本政策の一環とした。一九〇六年五月、清朝政府は当時直隷総督だった袁世凱の上奏文に基づき、「志趣（志）が正大で、学問に優長し、出洋の志を有する」翰林を四、五〇人選び、「遊学」（留学）や「遊歴」（視察）という名目で海外に派遣した。[12] 同じ月に、御史の陳慶桂による「遴選科道部曹出洋遊学遊歴」という上奏文に基づいて、清朝政府は政府の学部（教育部）によって遊学の予備学校である法政学堂を設けることを決めた。法政学堂の学制は三年間であり、卒業した学生は学部によって海外に送られ、必要な費用は各官庁から調達されることになった。[13]

しかし、若い官僚を留学で派遣する政策を出した清朝政府の目的は、新政に必要な人材の養成のみならず、留学生とくに私費留学生を誘導し、彼らを清王朝の支配維持に使える人材にすることでもあった。

近年自ら資金を持って出洋する遊学生がますます多くなり、なかには年が若く学問の基礎ができていないため道理をわきまえぬ人が多くいる。彼らは時局の厳しさや時事の難さに対する経験が些かもないため傲慢であり、その（ような人の留学による）流弊は甚だ多い。（彼らと違って）すでに仕途に入った人は、本を多く読み、道理をわきまえ、堅実で法を守る。……（そのため）現職官僚のなかから外国遊歴、遊学の者を増やせば、将来帰国後使える人材が日々多くなるだけではなく、海外にいる時に本国の遊学生と漸次に親しくなり、其の人格才識を知り、白か黒かという確かな明証を得、当時の学問と品行で、誰が学行兼修（学問と品行がともに優れていること）の士であり、誰が使えない徒であると区別できる。そしてこれによって正論を持つ人が日々多く増え、邪説を持つ勢力が相手にされずますます孤立し、学生の傲慢な気炎も亦いつの間にか必ず変わる。(14)

新しい知識を身に付け、同じ留学の経歴を持つことから、留日した人々は連絡を取り合い、連携するようになった。中国において、留日した経験を持つ新軍人階層や知識階層が急速に現れ、やがて支配階層の新鋭となった。「新政」による改革で空席のポストは多くあるものの、専門技能が必要なため、新式学堂の卒業生とくに留日経験者が据えられる傾向が強く、留日経験者は新政改革の核心勢力となった。清朝政府は、一九〇六年に「予備立憲」（憲政の準備）と宣言してから、新官制編制館・憲政編検査館などの官制改革を推進するための機関を相次いで設けた。これらの重要な機関の多くは、留日経験のある人々に握られている。(15)こうして、彼らは伝統的保守層を抑え、それによって極めて有力な留日経験を持つ社会階層が誕生した。

これについて、徐珂は以下のように述べた。

留学生は各部の要津を据えたため、部曹が最も苦しくなった。最近新政を行い、新部が設立され、例えば外務、民政、郵伝、農工、其の組織は皆新法を採り、経費が充足し、人材が多い。人々と士

はみな羨ましがり、そのなかで上司から抜擢され要津を押さえた者は、大抵皆東洋西洋に留学した者なり。(16)

清朝政府は、若い官僚の留学を通じて、新政を支える人材の育成と、留日中の学生の動向を把握することを目指したが、実際には、学生にしろ、官僚にしろ、彼らは日本滞在期間中に日本の政治体制、祖国の変化を望む人々による革命の提唱、そして比較的自由なメディアに接触し、清朝政府に対する認識が少しずつ変化し始め、最終的には清朝政府の崩壊を唱えた人もいた。その象徴的な人物は、浙江嘉興出身の沈鈞儒であった。沈は一九〇四年に科挙試験で進士に合格し、その後法部の主事になり、一九〇五年に清朝政府から留学生として派遣されたが、日本で日本の憲政運動の影響を受け、やがて中国国内の予備立憲運動に参加し、一九〇七年五月に清朝政府に「議員民選請願書」を提出した。沈は帰国後、浙江地方自治運動に積極的に参加し、一九〇九年に浙江諮議局の副議長に当選した。清朝政府の立憲運動に失望した後、彼は積極的にさまざまな政治勢力に接触し、浙江省において、主に浙江省出身者によって作られた革命組織「光復会」の運動にも加入した。(17) 沈鈞儒が清朝政府の官僚から反対者へと転身したことに対して、彼の留日経験は重要な役割を果たしたに違いない。日本で得た近代の法制知識を通じて、彼は自分が清朝政府の官僚である以前に、まず国家の公民であることを知ったのである。

二　浙江の自治運動・憲政運動と留日経験者たち

政府の推進と知識人の提唱によって、留学に賛成している人が多いことはいうまでもないが、反対する声もあちこちから上がって来た。反対者の中には、伝統秩序の支持者も、現実利益の損失者も、さらに開明の士紳もいる。彼らの反対の理由は主に以下である。

第一は、伝統的な科挙試験の支持者たちが留学を敵視していることである。『清稗類鈔』にこのような記録がある。

科挙時代の進士、挙人は、大体欧米日本の学位に相似する。宣統の己酉年に学部が「考試畢業遊学生章程」の制定について上奏し、その中に等級を分けて奨励するという条項があった。最優等者には進士、優等と中等の者には挙人の号を与え、各々に某学科との文字を冠して、文科を習う者を文科進士、文科挙人と称し、他科も此れに倣う。頑固な人々は、若輩は皆東西洋の遊学から帰ってきた者、ややもすれば異路の功名と視て、之を洋進士、洋挙人と呼ぶ。

第二は、留学して中国の伝統文化を忘れ、または留学先で結託して清王朝の支配に対抗することへの懸念である。一九〇六年十月、翰林院の官僚李伝元は、遊学の士に中国語の補習を命じるべきであると上奏し(18)、また一九〇九年八月に監察御史の胡思敬は次のように上奏し、思想と経済の両面から日本留学を否定した。

最近の東洋留学生のなかに、党派が甚だ多く、各省は皆領袖を有す。ひそかに互いに相結託し、四方で煽動する。洪秀全と楊秀清を英雄、張汶祥と徐錫麟を義烈とし、文字と詩歌に託して、できるかぎりに褒める。内地の学生は、離れても遠くから互いに唱和し、……一人の学生を出洋させるには、(清政府)は一年に七八百金を費やす。留学が盛んになってから、日本一国だけでも、毎年我々の膏血を吸い、数千万金を下らない。[19]

また、一九一〇年五月に直隷総督である陳夔竜は上奏文を出して、清王朝にとってますます危険になっている時局を説明して留学生に規制を加える必要があると明言した。

最近の東西遊学生による書籍報紙は、往々にして恣意的に風刺批評をし、善悪を混乱させ、結託して煽動する。……これから、中国の学問の基礎がある者を除き、学生の出洋遊学を一切許可せず、以て制限する意志を示す。なお、各省の督撫は提学使に対し、所属する学堂を随時、真剣に考察して切実に啓発と訓導を行い、対策を講じて防範するように務めさせるべきである。[20]

第三は、それぞれの専攻による限られた領域の専門知識であるにもかかわらず、一般官僚に登用し、よって本来の政治官僚体制が崩壊したことである。一九〇九年十月に御史趙熙は、次のように上奏した。

遊学卒業生の名簿を見るかぎり、……今までの例で言えば、皆翰林に入る可能性がある。実業を専門とする者を文学と侍从の臣に充て、文章の起草を任せるのは、習ったことと仕事の内容とが明らかに異なる。例えば優等中等の農工商医諸科の卒業生を内閣中書、知県など、(専門が)相応しくない主事にすれば、これも立法の本意に背くことである。是と非かに関ることも小さな事故と見なされ、習った内容と異なるため、本人の出来る仕事がますますなくなり、仕事があるときにまた仕える者が見つからない。このような事態が長く続くと、どの事も責任の所在が不明になってしまう。……学問と官職は別々にすべきであり、卒業した人々がみな官僚になる必要はない。それは、(その)人々が学問に基づいて生計を立てれば自立できるが、官職に基づいて生計を立てれば自立できなくなるからである。(21)

第四は、日本を留学先とするケースが最も多いが、自然科学や実業などより、文系と軍事に偏っていることである。中国国内で強い影響力を持つ『中外日報』は、ひたすら政府の改革を促しているが、しかし一九〇四年五月八日に掲載した「論士人不講求実業之非(士人が実業を求めないことの非を論じる)」という文章は、留日学生の専攻について以下のように分析し、実業に対する関心が実に弱いものであると厳しく批判しているのである。

士大夫は農、工のことについて、さほどの価値や成果がないと軽蔑している。日本に遊学する諸生を観て、その専門は文学、法律、政治の数科目に限られ、近年に新たに出版された翻訳や著述書は、霧で霞んでいるように量が膨大であるが、これもその数科目以外のものはない。同治年間の江南製造局が算学、化学の本を翻訳したことに比べても、虚学と実学の区別は判然である。[22]

多くの清王朝の官僚は、以上の理由で政府に対して留日学生問題を慎重に扱うべきであると進言するか、または反対する態度をとっていた。一九〇五年一月、翰林院侍講である文華は、「出洋して外国へ遊学する学生を慎重に選び以て流弊を防ぐ」と上奏し、[23] 一九〇六年二月に「出使日本国大臣」である楊枢は、「東洋の留学生が多く八千余人に至る。利禄功名の目的でここに来て、勉強をいい加減にし、一知半解の学をとって帰り、文明の補足のためにならないので、選派学生出洋留学章程を厳しく定めることを命ずるよう求む」と上奏した。[24] また、一九〇六年十月に大学士である孫家鼐は、東洋から帰国した留学生を慎重に任用すべきであると上奏し、[25] 一九〇七年八月に翰林院侍読である周爰諏は、「科挙を廃止し、而して聖賢の書を合わせて廃止した為、こうした乱臣と賊子は天下に後を絶たず」と述べ、このような状況を変える対策として、「まず東洋への留学生を撤回させること」と上奏した。[26] その二カ月後、御史の孫培元も、「東西洋への留学生を考試し、その優秀なものを選んで登用し、以て競って投機する人を杜絶して人材にする」と上奏した。[27]

疑いなく、中国青年の日本留学、そして日本留学の経験を持つ人材の登用について反対する官僚たちの最大の理由は、留日期間中に近代的な学問、とくに政治学の知識を身につけたため、「忠君」の思想を捨てて「民権」や「革命」の思想に傾倒することである。陸潤庠の以下のような発言から彼らのこの心情が窺える。

遊学する諸生のなか、実業といった専門で学業を成就して帰国する者は、極めて稀である。しかもついた役職は学んだものと異なる。其の中で法政の一科に集中して人が最も多い。法政なら、各国が異なり、全て其の本国の人情風俗を以て制定するものである。今は諸学生の根柢は未だに浅く、その国の古代の聖人賢人の経伝については習うこともなく、その道徳と風尚についても一切聞知せず、表面的にみて、改革を妄言するようになる。禍心を企み、民権革命の説を唱え、国家と君主が別だと考え、其の党徒を広め、潜に権力の座を狙う者もいる。朝廷による変法の鋭意を察し、各部院の大臣は学生を重用しなければ上旨に逆らうことになると思い込み、遂に邪説が横行し、中外に蔓延してしまう。長く続くと（王朝の）根本が必ず動揺し、民衆が塗炭することになる。(28)

こうした官僚たちの心配は、後に歴史の現実となった。中国人の日本留学は、清朝政府にとって「新政」を支える人材を大勢養成した一方で、そこから生まれた反逆者も少なくない。清朝末期の「新政」による改革において様々な対立が起っていたが、その性格は、基本的に民権を擁護するか、それとも皇権を擁護するかを巡る衝突であった。

早い時期に日本に留学した人々は、清朝政府がロシアにひしひしと迫られて譲歩せざるをえず、日本が短期間に急速に強大になったことに鑑み、様々な救国の道を考え、民衆の力を凝集させる地方自治も救国の重要な手段だと認識するようになった。彼らは様々な新聞雑誌で地方自治の意義を宣伝し、国内において地方自治を求めるブームの形成に力を注いだ。このような動きのなかで、日本に留学している浙江省人が作った『浙江潮』という雑誌が疑いなく重要な役割を果たした。一九〇三年二月に発行された雑誌第一号の「発刊の辞」は「欲争自由、先言自治（自由が欲しければ、まず自治を求める）」と明言し、第二号に掲載された「敬告我郷人（故郷の人々に告げる）」という文章は「中国の改革実業に関しては、その前途の最も有望にする者は、地方自治にほかならぬ」とはっきり述べ、さらに「地方自治の問題は、今日に在って正に新しく出生した産児の如き、それが円満直進できるか否か、亦は一旦悲境に陥り輾転した後に目的が初めて達成できるか否か、その責任は諸君にしかあらず。諸君！　諸君！　地方自治は、諸君の天職なり」と浙江省の人々に向けて呼びかけたのである。

こうした日本に留学している浙江省出身の学生の主張は、やがて国内においても一部の官僚によって支持され始めた。浙江出身の官僚孫宝琦と沈家本の二人は、それぞれ一九〇四年と一九〇五年に「新政」を指導する中央官庁「督弁政務処」に上書し、地方自治の実施を主張した。前者は地方で士紳の選挙を行い、「共議堂」を作ることを主張し、地方自治を通じて、「地方の閉塞した風習を廃除し、是非を公論に委ねて決め、官吏にこれ以上営私し威福を独占させず、以て草野の愚民は皆潤う」と論じた(29)。後者は、中国の地方官吏である「郷官」という制度を元に、西洋の地方自治制度を吸収し、郷鎮に「郷社」を設け、府県に議会を作る、という中国の政治伝統と西洋政治制度とを結びつけるような改革案を提案したのである(30)。

一九〇五年、日露戦争はロシアの敗戦で終結した。ほとんどの中国人は、日本の勝利の理由は「立憲」（憲政）の実施にあったと考えた。そのため、中国各地に立憲を要求する声が起った。清朝政府の反応も非常に迅速であり、同年七月にも五人の大臣を海外に派遣して各国の政治を視察することを決めた。いわゆる「五大臣出洋考察」である。帰国した大臣たちは立憲を強く提唱し、同時にほかの官僚たちから立憲を主張する上奏文も絶えなかった。一九〇六年九月一日に清朝政府は勅書を発布し、「予備立憲」(憲政の準備)の開始を公表した。数年の検討を経て、地方自治こそ憲政の基礎であるという共通認識が徐々に醸成された。そこで、清朝政府は郷鎮・州府県の地方自治章程及び選挙規則を発表し、これに基づいて各省の諮議局が相次いで設立された。

一九〇九年十月に浙江諮議局が設立され、日本留学の経験がある議員は、議員総数の一三パーセントにもかかわらず、その活動は非常に目立つものであった。副議長は二人いたが、それに就任した陳時夏と沈鈞儒、二人とも日本の法政大学に留学した人物であった。また、褚輔成、阮性存など非常に活発に活動している中堅議員もみな日本に留学していた人物である。彼らは近代的法制知識を持ち、若年でありながらも諮議局の行方を主導した。この年、与えられたポストに合わせて、浙江諮議局は議員のなかから国会の準備機関である「資政院」に一四名の資政員を推薦したが、そのなかに日本留学の経験を持つ議員が九名いた。これは、浙江諮議局のなかで日本留学の経験を持つ議員の比率と大きく異なった。一九一〇年の浙江諮議局常例議会会議で、議員による合計一九件の提案があったが、そのなかに褚輔成、劉耀東、阮性存、沈鈞儒、王家襄などの日本に留学した議員によるものが四〇パーセントを占めた。

浙江の日本留学経験を持つ議員の影響力は、資政員の人数や提案の数などの目に見えるものに限らず、会議で官僚たちに厳しく詰問して代議員の役目を全うし、社会世論を導いて共通意識を形成させる上でも大きな役割を果たした。一九一一年四月十二日、浙江諮議局は臨時会議を開いた。この会議は『申報』

の記者によって記録、発表され、この記事から当時の議員と官庁との関係を知ることが出来る。

午前中の会議は銀貨のレートについての審議であった。会議では、まず褚輔成が巡撫府の人に対して、なぜ質疑状を出してから一カ月以上経っても返事が来ないのかと質問し、それから「浙江の官庁と社会の習慣によるものである」という答えについて、「法律が習慣に勝てぬというのか、その答えは商会の代弁に過ぎないではないか」と批判した。それから阮性存は、「社会習慣が非常に頑固であり、実行は確かに難しいが、しかし官庁が一旦禁止令を出せば、しっかり守ることが大事で、曖昧にすることこそいけないのではないか」と詰問した。そこで議員たちは巡撫府が速やかに回答期限を設けることを議決し、五日後に答えるという約束を得た。

午後の会議は「地方行政歳出経常予算」の「民政費予算」について審議を行った。それには警察費用も含まれていたため、警察側の説明者が説明しようとしたところ、褚輔成は、「この予算は民政費全般に関係するもので、財政部門の責任者から説明すべき」と異議を申し立てた。この話を聞いて、警察側の説明者は軽蔑されたとして会場で怒り出した。議員阮性存、陳時夏、王世裕等は警察側の説明者が会場秩序を乱したと非難し、褚輔成も秩序回復を前提にして、はじめて会議が再開できるとした。彼らの態度は議員たちに支持され、その警察側の説明者はやむを得ず謝罪し、みな「地方公益」のため、「私図の為」ではなかったと説明した。最後に沈鈞儒は、議員が求めているのが警費規定の内容についての説明だけで、ほかは余計であると指摘し、その警察側の説明者もそれに従うしか出来なかった。(31)

この記事に出てくる質問した五人の議員のうち、褚輔成、阮性存、陳時夏と沈鈞儒はみな日本留学の経験を持つ人であり、褚輔成は「同盟会」の会員でもあった。王世裕は以前光復会蜂起の計画に関与した革命党であり、光復会の中心的人物も日本に留学や滞在した経験を持つ人であった。この『申報』の記事から、彼らは諮議局の動きを牛耳り、そこを拠点にマスコミを利用して社会に向けて発信し、世論を作り出している一側面が窺われる。実はわずか数カ月後、武昌蜂起の勝利を受けて、こうした「立憲派」と「革命派」はふたたび連携して浙江における清朝政府の支配を打ち倒したのであった。

諮議局議員の行動は当然保守的な官僚たちの不満を買い、諮議局について、大学士の陸潤庠は次のように話した。

諮議局の開設によって、選ばれた議員は皆典故を知らぬ者ばかり。恣意にでたらめを言い、当局を牽制し、総督や巡撫もこれを禁ずることが出来ない。其の甚だしき者は、資金集めの名を盗用して郷里を搾取し、自治の名を盗用して党派を密かに樹立する。前の年に資政院が会議を開き、そこで殴り合って罵り、朝廷を侮辱する者すら現れた。詭弁を才能と見なし、横暴な議論を世論と言い張り、諸説が沸騰し、(是非の)区別は到底不可能である。[32]

陸潤庠は清朝政府に諮議局と資政院を取り締まるよう求めていたため、その話のなかには中傷めいた部分もあったが、しかし諮議局で「自治の名を盗用して党派を密かに樹立する」ということと、資政院では「諸説沸騰」になっていたことは事実に違いない。

三　革命——新旧階層の再編へ

候補者に関する資格の影響で、諮議局の議員は地方士紳や商人の階層に属する人が多かった。しかし前述のように、そのもっとも中心的な勢力となったのは日本留学の経験を持つ人々であった。「新政」の展開に従い、政治に対する彼らの影響力もますます広がってゆく。ところで、清朝政府の支配を崩壊させるに際して、軍隊の支持は不可欠なものであった。いうまでもなく、浙江を「光復」させ、つまり清朝政府の支配を打ち倒した主力は新軍(新型の陸軍部隊)であったが、新軍が革命派に傾いたのは、日本で軍事教育を受け、その後帰国して清朝の軍隊で活躍した人々による活動の結果であった。

清朝政府が日本に留学生を派遣する目的は、当然ながらまずその支配を維持することにあった。新型陸軍の編成もその一環であったが、それにともなって多くの軍事人材が必要となった。そこで、日本で軍事教育を受けた人は帰国してから直ちに重用され、ますます昇進して軍隊の中堅となる傾向にあった。この点について、革命の思想を持つ多くの若い留学生と革命党はみな気付いていていた。沈鈞儒は日本に留学していた時から、日本にいる革命党の人間と接触し、特に光復会のメンバーとの往来が多かった。彼は光復会や同盟会にこそ参加していないが、革命に賛成する故に光復会のリーダーの一人、章炳麟と親密に付き合っていた。光復会の計画についても知っていた彼は、後に次のように述べた。

当時は多くの革命党人は日本で軍事を学んでいた。彼らは帰国後軍隊に入隊し、計画的に武装革命を行うことを考えていた[33]。

光復会のリーダーたちは確かにこのような計画をしていた。前述のように、当時清朝政府は、若い官僚を留学に派遣するという政策があった。徐錫麟と陶成章は、清王朝を打ち倒すには、武装蜂起という手段のほかにないとして、そのために革命党としても軍事知識の必要性を考えていた。しかし、国内でまともな軍事訓練を受けることは不可能であり、そのため、いっそう清朝政府のこの政策を利用して、「捐官」、つまり金で官僚になる資格を買って日本に行き、陸軍で学ぶことが一番良い方法であると考えた。先行研究によれば、これを最初に思いついたのは陶成章であり、革命の同志たちは皆彼の主張に賛成した。官職の資格を買って日本に渡り、陸軍で学んだ人は五人いた。このことについて、かつて直接かかわっていた陳魏は以下のように追憶した。

徐烈士錫麟は「道台」を買い、歩兵科を志願した。陶烈士成章は「知府」を買い、歩兵科を志願した。陳志軍は「知府」を買い、炮兵科を志願した。陳魏は「同知」を買い、騎兵科を志願した。龔宝銓は「同知」を買い、工兵科を志願した[34]。

それぞれ科目が違ったのも、彼らの帰国後の武装蜂起を考えて練った計画に基づくものであった。

ここで指摘すべきは、浙江において「光復」に参加した軍人は光復会や同盟会のメンバーに限らず、革命の思想をもつ若者も大勢いたが、そのうち、自ら日本に軍事を学びに行った人が少なくなかったことである。たとえば、馬叙倫、湯爾和、杜士珍の三人は杭州府中学堂を優秀な成績で卒業したため、学校側から選ばれ日本に留学させられる予定だった。彼らが志願した専攻は、陸軍学校であった[35]。

日本留学から帰国した軍事人材のなか、蒋尊簋は最も優秀な人材であった。杭州求是書院に通っていた蒋は、一九〇〇年に官費で日本へ渡り、成城学校と陸軍士官学校で軍事について学んでいた。日本に留学している間に『浙江潮』の編集を担当し、尚武精神を提唱し、光復会と同盟会の中心メンバーとなった。一九〇六年、蒋は当時の浙江巡撫に誘われ、帰国して浙江新軍の第二標（連隊）を設立して標統（連隊長）になった。その後、彼はすぐ「弁目学堂」を創立し、初級将校の養成にも力を注いだ。『浙江潮』を通じて蒋尊簋は浙江省で有名人になり、彼の名を慕って浙江全省から学堂の応募者が殺到し、限られた人数にもかかわらず、最終的に一八〇〇人が採用された。一九〇七年、第二標はまた兵士を徴集したが、やはり多くの応募者がいた。

> 浙江全省では武備、第二標弁目学堂と蒋伯器の名が知られていた関係で、応募者が殺到し、わずか数時間で満員になり定員を超えた。……これらの部隊のなかには、文系理系の知識に通じ、進歩的な思想を持つ人が極めて多く、後に浙江第二十一鎮（師）を作った時に、当然その鎮の中核となった[36]。

蒋尊簋の努力によって、革命思想を持つ軍人が多く養成された。それは、後の浙江の「光復」の基本的な力となった。

新軍のなかに留学（主に日本留学）してきた人が多いことについて、清朝政府の官僚からも心配する声が上がった。一九一〇年五月、直隷総督の陳夔竜は、「各省が新軍を編成することは、本来軍を整備し事変に備えるためであった。ところが合格した軍人を得るのが難しく、将校もまた乏しい。そのため重要なポストの半分は出洋してきた学生によって占められた。そのなかには品格が整わず、不良者もいた。たとえ一、二の賢者が見えても軍隊の経歴を持たなかった。弊害が百出で、言葉で表せないほどである」と上奏した(37)。

大学士である陸潤庠もまた、「鎮兵を編成する際、使われたのはみな軍隊経験のない留学生であった。彼等の言論は紙上の空談に過ぎず、果たせる役割も徒ら表面に留まり、同胞に向かって発砲できないという謬論を持つ者もいるぐらいであった。国家が有事になる際、総督や巡撫の命令で動かないのみならず、銃口を変えて総督や巡撫に向ける恐れすらある。使えないことは明らかであろう」と指摘した(38)。

しかし現実として、清朝政府の練兵処や陸軍部及び軍諮府から地方の督練公所までの軍事部門の軍事官僚は、各地域の新軍部隊の将校から各地方の軍事学堂の教官まで、日本で軍事教育を受けて日本軍の士官を経験した人が多く、これらの「日本士官生」と呼ばれる人々の影響は軍系統に全面的に浸透していた。もちろん、日本士官生の軍系統における力は甚大であるが、しかし軍をすべて掌握したというわけではない。浙江省の辛亥革命に参加した新軍は、その中身からみれば、浙江（武備学堂、弁目学堂）、保定（陸軍速成学堂）、南京（陸軍学堂と武備学堂）、日本士官という四つの派閥に分かれて、それぞれの組織で動いたことがわかる。日本士官生一派は浙江派と比較的密接な関係を持っていた(39)。全体的にいえば、各派の軍人のなかにも同盟会や光復会に参加した者が多く、たまに摩擦が起こることはあっても、

浙江省の辛亥革命運動において、清朝政府をかならず倒すという考えのもと互いに協力した。(40)

一九〇七年の夏、光復会の徐錫麟と秋瑾が主導した蜂起が失敗した後、蔣尊簋は革命党人との関係が政府当局に発覚したため、広西に転職させられた。その後、浙江社会の関心は「蘇杭甬鉄道事件」に向かい、この事件においても日本留学者が活躍していた。

この事件の始まりは一八九八年にまで遡る。この年にイギリスの怡和洋行は英国銀会社の代表として清朝政府の鉄道会社総弁である盛宣懐と「蘇杭甬鉄道条約草案」を結び、イギリスから借款し、蘇州から杭州を経由して寧波への鉄道敷設権を得た。しかし、仮条約の締結後、測量調査は行われなかった。一九〇五年七月、浙江省の士紳と商人たちは上海で浙省鉄道有限会社の創立を決定し、湯寿潜を会社の社長に任命し、自ら鉄道を敷設すると決意した。しかしこのことは、イギリス側から強い反対を受けた。浙江省士紳商人とイギリスとの紛争を解決するため、一九〇七年十月、清朝政府の外務部は「鉄道の敷設、借款を別々のこととし」、「鉄道は中国が自ら敷設し、華商の資本以外ならすべて利用する」という提案をした。しかし社会の各界は「利権の奪還」、「国家の生存を図る」というスローガンで抗議の集会を行い、マスコミを通じて発信するなど、政府の方針に反対した。十月二十二日、杭州は率先して「国民拒路会」を創立し、さらに借款事務に命じられた浙江省出身の汪大燮等四人の「浙江籍を剥奪する」と宣言し、その後蘇州、紹興、寧波の各地においても「拒款会」(借款を拒否する会)や「拒約会」(条約を拒否する会)が相次いで創設された。

留日している浙江省の留学生たちも事件の行方に注目した。十一月二日、東京の浙江同郷会は臨時の緊急大会を開き、杭州に陳学汶、陳時夏、金保稚、蔣観雲四人を派遣して拒約会に協力することを決めた。民衆の抗議は清朝政府を非常に緊張させ、運動が「乱党」、つまり革命党によって利用されるのではないかと心配した。[41] 社会各方面からの圧力で、浙江巡撫を代理している信勤は、十一月二十四日に浙江省十一府の紳士一一五人を代表して、借金をせず自ら鉄路を敷設することを許可するよう上書を出した。三日後、杭州で大規模な浙江全省拒款大会が開催され、大会の主催者は、この会議で各地域・各階層による「会商」、つまり協商体制を作った。この協商体制は、「地方議会の性質に近く、府県の各庁州県の代表はそれぞれ一〇人以内に限定（合計七八〇人）し、其の他は官紳（例えば王中堂、柏研香などの人物）、商（商務総会）、学（例えば学務公所の議長、教育総会の議長）、軍（例えば第一標、第二標の標統及び督練公所）、労働界（例えば荷担ぎ人夫の代表）、宗教界（例えば教会）、及び「旅滬学会」の代表、「蘇路協会」の代表、「蘇浙二路」（つまり浙江鉄路公司と江蘇鉄路公司）の二公司の総経理と副理、後者に特別席を用意する必要があるが、ただ婦女界はなお未定である」というふうになっている。[42] 疑いなく、これは浙江省が専制から民主へ移行する大きな一歩であった。

この運動は主に立憲派の湯寿潜などが主導したが、革命党もこの運動に参加し、運動を通じて革命の思想を宣伝するという思惑もあった。当時東京にあった光復会の本部は、留学生を浙江省に派遣し、また浙江保路会に打電し、支持を表明したほか、「拒馮」、「留信」を提案したのである。浙江巡撫である馮汝騤を駆逐して浙江藩司または巡撫代理をした信勤を慰留することは、信勤が保路運動に賛成したためである。そのため、光復会本部は彼を慰留して巡撫にすべきと提案したのである。確かに、東京にあった光復会本部は数回に渡って上海（「滬」）在住のメンバーに打電し、「保路運動」を好機に浙江における「光復」をはかるべきであると促したが、武装蜂起による革命だけを重視し、「蘇杭甬鉄道事件」と「保路運動」に対してそれほどの力を注がなかったことも事実である。同盟会もこの運動で行動を起こした。例えば、後の浙江「光復」において活躍した新軍のもっとも重要な将校である顧乃斌は、東京にある同盟会本部の指示を受けて、政府に抵抗する「食料による農業税を納めず、税金を納めず、浙江の独立を図る」と書いたビラを会場で二〇〇〇枚配った。

浙江省における「拒款運動」の直接の成果としては、社会各階層を動員し、また運動がその再編に導いたことである。新軍の軍人も参加したため、軍と政界、学界との交流も促されたといえる。例えば、後に浙江の自治運動において活躍した褚輔成も、この時期に新軍関係者と知り合っている。この後、褚輔成はずっと新軍の反清計画に参与し、一九〇九年に諮議局の議員になったため、彼はまた士紳商人階層と新軍との協力関係を構築する橋渡し役を務めたのである。

一九一〇年八月、浙江鉄路公司の社長である湯寿潜は、盛宣懐が郵伝部の右侍郎に就任したことに憤慨し、軍機処に盛宣懐を弾劾する上書を出した。しかし翌日、清朝政府は「鉄道以外のことに関与してはならず、免職し以て名利を求める人を戒める」と言って湯を免職した。これに対して、浙江の立憲派は即時に各種の手段を使って政府に対する大規模な抗議活動を始めた。一九〇七年の鉄道建設を巡る「拒款抗議運動」と異なり、この時には浙江にすでに民意の代表である諮議局が設けられて、官庁と直接対話ができるようになり、民衆は合法的闘争権を持つ。諮議局は湯寿潜免職事件を重要な事件として、巡撫の増韞に臨時会議を開催するような要請したが、拒否された。そこで、十月三日、浙江諮議局は常例議会会議第二回例会を開き、本来の議事予定を変更し、浙江鉄道事件主導権の奪回という提議を議決した後、巡撫に提出して中央政府への転送を求め、そして諮議局が即日停会して巡撫の上奏を待つことにするとした。それが巡撫によって拒否されてから、両者間の論争はますます激しくなった[43]。

浙江鉄道の問題を巡って清朝政府と浙江民衆との関係はますます緊張し、また、国会の召集期日が何度も延期され、民衆による国会の早期開催の意志はまったく無視された。そんな情勢のなか、革命の思想も持つ人が中心となっている諮議局と新軍との関係は、より一層緊密になり、連携をますます深めた。一九一一年十月、武漢蜂起の後、諮議局の議長陳黼宸及び彼の学生の馬叙倫、湯爾和と議員の楼守光などは、不測の事態に備えるため、武力の「保有」を決めた。彼らは商会の士紳と団結して一緒に提案を提出し、諮議局で議決されてから、湯寿潜と陳黼宸は民団の総理と副総理にそれぞれ就任し、同時に湯寿潜の教え子である督練公所の総参議袁思永から、新型武器を提供についての承諾を得た[44]。

浙江における清朝政府の支配を最後に終結させたのは新軍であった。武装蜂起のために、上海の陳其美や黄郛などの同盟会のメンバーは、自ら杭州に行ったり、また時々人を派遣して浙江の新軍に接触していたが、軍事の指導権を光復会・同盟会会員の顧乃斌と朱瑞に委ね、政治の面では褚輔成を通じて、諮議局の副議長陳時夏や沈鈞儒及び議員の張伝保などと連絡し、蜂起の準備をしていた[45]。十一月五日の暁には、新軍は顧乃斌や朱瑞などの指導の下で、杭州を攻略してそれを「光復」させ、つまり清王朝支配下から解放した。諮議局議員たちの提案で、当時人望を集めた湯寿潜は杭州都督に推挙され、杭州の影響を受け浙江省各地が相次いで独立を宣言し、浙江省における清王朝支配が全面的に崩壊する道を作った。

注

（1）（米）任達著、李仲賢訳『新政革命与日本——中国、一八九八—一九一二』江蘇人民出版社、一九九八年、第一章を参照。
（2）呂順長の主な研究成果は、二〇〇七年浙江大学に提出した博士論文『清末中日教育交流之研究——以教育考察記等相関史料為中心』（浙江大学図書館蔵）、「清末浙江籍早期留日学生之訳書活動」、『杭州大学学報』一九九六年第六期、「清末留日学生従量到質的転変——関於清末『五校特約』留学的考察」、『浙江大学学報』（人文社会科学版）、二〇〇一年第六期などがある。
（3）張之洞『勧学篇（下）』遊学第二、六頁、『張文襄公全集』第二〇三巻、台北文海出版社、一九六三年。
（4）廖寿豊から汪康年への手紙を参照。『汪康年師友書札（3）』上海古籍出版社、一九八九年、二八三四頁。
（5）「設立養蚕学堂章程」、『集成報』第一九巻。
（6）鄭暁滄「戊戌前後浙江興学紀要与林啓対教育的貢献」、『浙江文史資料選輯』第一輯、一九六二年。
（7）林启から汪有齢への手紙を参照、上記『汪康年師友書札（1）』一〇七七頁。
（8）「敬告郷先生請令子弟出洋遊学併籌集公款派遣学生書」、『浙江潮』第七期。
（9）舒新城『近代中国留学史』中華書局、一九二九年、一三三頁。
（10）『清実録』第五八冊、八一七頁。
（11）『清実録』第五九冊、四四二頁。
（12）『清実録』第五九冊、三九〇頁。
（13）『清実録』第五九冊、三九六頁。
（14）光緒二十九年十一月、「学部大臣栄鄂督張遵旨重訂学堂章程折并片奏為遵旨重訂学堂章程妥籌辦法恭折」、端方編『大清光緒新法令』。
（15）『中国近代現代史論集』第一六篇、台北商務印書館、一九八六年、二二二頁を参照。
（16）徐珂編『清稗類鈔』第五冊、中華書局、一五六頁。
（17）沈鈞儒「我的生平」、『沈鈞儒文集』人民出版社、一九九四年、五一四—五一五頁。
（18）『清実録』第五九冊、四六二頁。

(19)『清実録』第六〇冊、四四二頁。
(20)『清実録』第六〇冊、六一〇頁。
(21)『清実録』第六〇冊、三九四頁。
(22)「論士人不講求実業之非」(摘要)、『東方雑誌』第一巻第六号(一九〇四年)、六三頁。
(23)『清実録』第五九冊、一八一頁。
(24)『清実録』第五九冊、二五八頁。
(25)『清実録』第五九冊、四五四頁。
(26)『清実録』第五九冊、六一七頁。
(27)『清実録』第五九冊、六五八頁。
(28)『清史稿』列伝二百五十九『陸潤庠』。陸潤庠は、一八七四年の科挙試験で一位の状元になり、一九〇〇年以降工部尚書、吏部尚書を歴任、官僚の最高階級である大学士にもなった。
(29)「出使法国大臣孫上政務書処書」、『東方雑誌』第一巻第七号(一九〇四年)。
(30)「附沈侍郎原折二節」、『東方雑誌』第二巻第一二期(一九〇六年)。
(31)『申報』一九一一年四月十二日。
(32)『清実録』第六〇冊、一一二七—一一二八頁。
(33)沈鈞儒『辛亥革命雑憶』、上記『沈鈞儒文集』七〇四頁。
(34)陳魏『光復会前期的活動片断』、『辛亥革命回憶録』四集、文史資料出版社、一九六二年、一二七頁。また『浙案紀略、捐官之計画』、湯志均編『陶成章集』中華書局、一九八六年、三四五—三四六頁。
(35)馬叙倫『我在六十歳以前』三聯書店、一九八三年、一五頁。
(36)葛敬恩『辛亥革命在浙江』、『辛亥革命回憶録』第二集、九四頁。
(37)『清実録』第六〇冊、六一一頁。
(38)『清実録』第六〇冊、一一二七—一一二八頁。
(39)項雄霄『辛亥革命在浙江』、『浙江辛亥革命回憶録』浙江人民出版社、一九八一年、一七〇頁。
(40)周亜衛『光復会見聞雑憶』、『辛亥革命回憶録』第一集、六三〇頁。

(41)『清実録』第五九冊、六八六頁。
(42)一九〇七年十一月の浙江保路会会長王廷揚の沈㰤民への手紙は、『浙江拒款保路運動的群衆闘争及其他』、『浙江文史資料選輯』第二輯に掲載されている。
(43)『陳黼宸致醉石弟』(一九〇九年九月)、陳德溥編『陳黼宸集(下)』中華書局一九九五年、一一五一頁。
(44)馬叙倫『我在六十歳以前』二九頁。これは最後に増韞に発見され、実現されなかった。
(45)褚輔成『浙江辛亥革命紀実』、中国近代史資料叢刊『辛亥革命(7)』上海人民出版社、一九八一年、一五五頁。沈鈞儒『辛亥革命雑憶』、上記『沈鈞儒文集』七〇四頁。

(王海燕、王柯訳)

8 孫中山の「徹底した民族主義」
——近代的統一への幻想(1)——

松本ますみ

少なくとも、一九一一年の辛亥革命から満洲事変の一九三一年までの二〇年間、中華民国は日本の近代化の足跡を一方で模倣し、一方で激しく糾弾するという憧憬と憎悪というアンビバレントな関係性をもった。そのルーツをさかのぼれば、辛亥革命以前に大挙して日本に留学していた革命派、立憲派双方のエリート清国留学生に突き当たる。彼らは、清国は日本の明治年間分まるまる遅れている、という感慨を共有していた。そして、彼らエリートの手による国家建設プランを続ければ何十年か後に日本に追いつけるのだと夢想した。

満洲事変から足掛け一五年の侵略戦争をしかけた日本。甚大な人的・物的・心理的損害を中国に与えた日本。しかし、悔しいけれども日本の経済レベルに追いつくことがこの百年間中国為政者の潜在的課題であった。だとすれば、二〇一〇年に日本を抜き世界第二位のＧＤＰを達成したことは、まさに清末以来の大国勃興の夢が実現したということであろう。

しかし、辛亥革命百周年の記念すべき二〇一一年に、温州近くの高速鉄道で大事故が起きた。急ピッチの高速鉄道網建設の陰で事故の証拠隠滅や場当たり的処置は国際社会ばかりか中国人民の激しい非難にさらされたこともまた記憶に新しい。また、二〇〇八年のチベット騒乱、二〇〇九年のウイグル騒乱といった民族問題、二〇一〇年の劉暁波のノーベル平和賞をめぐる民主化の問題、巨大汚職、貧富の格差、偽ブランド問題等々、大国中国が解決しなければならないことは山積している。

外国資本・技術を導入した重厚長大な鉄道建設、ダム建設やプラント建設をはじめとする経済建設と経済成長、中国人意識をもった国民の創設、個人や福祉よりも国家の威信の優先、民主主義の前段階としての賢人統治と一党独裁、清代の天下国家時代の最大版図とほぼ重なる領土の保全、政策反対者への容赦ない制裁……。これらはある意味で「建国の父」孫中山（孫文）の残した二十世紀〈近代〉の遺産である。孫中山は近現代中国の光と影を同時に生み出した人物ともいえ、二十一世紀となっても中国は彼の国家建設プランの枠組からまだ自由になっていない。

孫中山は十九世紀末から二十世紀初にかけて統一にどんな理想をみたのだろうか。本論では、孫中山の中国国家建設への青写真の中で、特に、「統一」に関わる言説と彼がいう「徹底的民族主義」に至る道とをたどっていくことにする。

一　「統一」というトレンド——共時性の中でのキリスト教宣教運動と中国

孫中山は一八八三年に香港で授洗したクリスチャンだった。生涯キリスト教信仰を捨てなかった。[2]だが彼の革命に関わる言動にクリスチャンらしいそれを見出すことは少ない。しかし、いくつかの例外がある。その一つが、辛亥革命後の一九一二年七月、北京基督教等六教会歓迎会における演説での「革命の真理を知るものの大半は教会の人たちであった。今日、中華民国の成立は私の力でなく、教会の手柄である。……宗教と政治は連帯関係にある……みなさんが宗教的道徳で政治の及ばないところを補ってくれることを私は望む」(3)というくだりである。もう一つの例が同年の「在法教堂歓迎会的演説」で、キリスト教宣教師に向け、先進の欧米文明を伝えてくれたことを「民国四億の民に代って感謝」し、続けて次のように述べていることである。

世の中には野蛮な宗教もあれば文明の宗教もある。わが国にはどこにでも偶像崇拝があり異端もなお盛んで、唯一の尊い神を崇拝する宗教ばかりでない。幸いにも西方の宣教師という先覚者がわが国を教え導いてくれている。願わくは将来(中国)全国(民)が全治全能の神の宗教を信仰するようになり、民国政令が及ばぬところを補わんことを。国政が改良され、宗教も改良され、政治と宗教がともに手を携え、中外人民の親交がますます盛んにならんことを。(括弧内:引用者)(4)

これら発言には二つのメッセージがある。一つは、先進を伝える「文明的」宗教の拡大によって、民国共和政治の補完をしていこうということである。そこには、「野蛮」な宗教は淘汰されるべきという考えも見え隠れする。もう一つは、将来中国全体のキリスト教化で世界との一体化を目指そうということである。中国のキリスト教人口は一九一二年統計で約二三万五三〇三人(5)、四億人とされた人口の〇・〇六%に過ぎなかった。共和国家となった中華民国の国民のエートスをどのように充実させていくかについて、欧米の先進文明の源とも考えられたキリスト教信者である孫中山に課せられた課題はこんなところにもあった。

孫中山は一九一二年四月一日、臨時大総統を辞職するに当たって、中華民国国民の天職は世界平和を促進することにあると演説した[6]。また、翌年二月二十三日に、東京留学生歓迎会の席上で、自らの博愛・平等思想の目的は中国だけでなく、世界に向いていることを表明し、「道徳家は世界大同を願い、戦争なき日を願う……将来すべて平和な大同の日がくることを。これが私のたゆまぬ望みであり、最も大いなる思想である[7]」と述べた。さらには、一九一九年の発言でも「人類は文明の時代に入って後、無意識のうちに相互扶助の原則に則り、人類進化の目的である「大同」の世界実現に向かっている[8]」と語っていた。

この十九世紀末から二十世紀初の当時、欧米世界には植民地主義に連動するように一つの大きなムーブメントがあった。それが世界宣教運動（World Missionary Movement）である。欧米プロテスタント各会派は、キリストの再臨の前に全世界の人々にキリストの福音を伝えなければならないと考えた。換言すれば、キリストの再臨は全世界の人々がキリスト教に改宗することにかかっていると考えた。最重要ターゲットとなったのは、四億もの「異教徒」を抱える中国で、この地の民の改宗が済めば世界のキリスト教化はほぼ達成できると考えられた。集中的に宣教師派遣が計画され実行された[9]。プロテスタント各会派はキリスト教による世界の統一によって、世界上の諸問題は解決できると考えていた。

種族革命ののちの中国の統一、世界の大同＝平和実現を考えた孫中山と、福音による世界の統一＝平和実現を考えたキリスト教宣教師、さらには宣教師に世界宣教の「自由」と「機会」を与えた植民地主義。孫中山の考える遠い世界の究極的な統一＝大同の世の建設は、中国の『礼記』にあらわれる伝統的大同であったのかそれとも、地上におけるキリスト教世界の誕生であったのかは不明である。が、いずれにしても、中身が均一な何かが創生されれば、諸矛盾は跡形もなくなるという思考方法であることは共通している。国民と想像されるものの知性、徳性、イデオロギー、価値観の均質化を目指すその方向性に、異なる価値観や異論、夾雑物を排除して考え、さらなる均質化を推進する体制の萌芽を見出すことができる。さらには、統一のためには、指導するものと指導されるものの間に厳然とした区別があった。孫中山の場合は、賢人（先知先覚者）による愚者（不知不覚者）の指導が必須と考え、指導期間を訓政期間と称した。キリスト教宣教の場合は、使命感を帯びた先進国出身の宣教師による異教徒の回心への指導が行われるべきであった。そこには、指導者は被指導者よりも明らかに先進で優秀であるという自明性が横たわっていた。

二 「支那」の地図と範囲──革命前、孫中山の統一への模索

国立国会図書館の近代デジタルライブラリーサイトで「支那」「地図」という二つのキーワードをもつ書籍で検索をかけると、四番目にヒットするのが、孫文逸仙『支那現勢地図』（東京：東邦協会、明治三十三年＝一九〇〇年）である。(10) その以前にも、三冊の「支那」地図が出版されていたものの、いずれも歴史地図か日清戦争遂行のための戦略地図であった。「支那」の名前を冠して日本で出版された本格的地図は意外にもこの孫中山のものが初めてである。

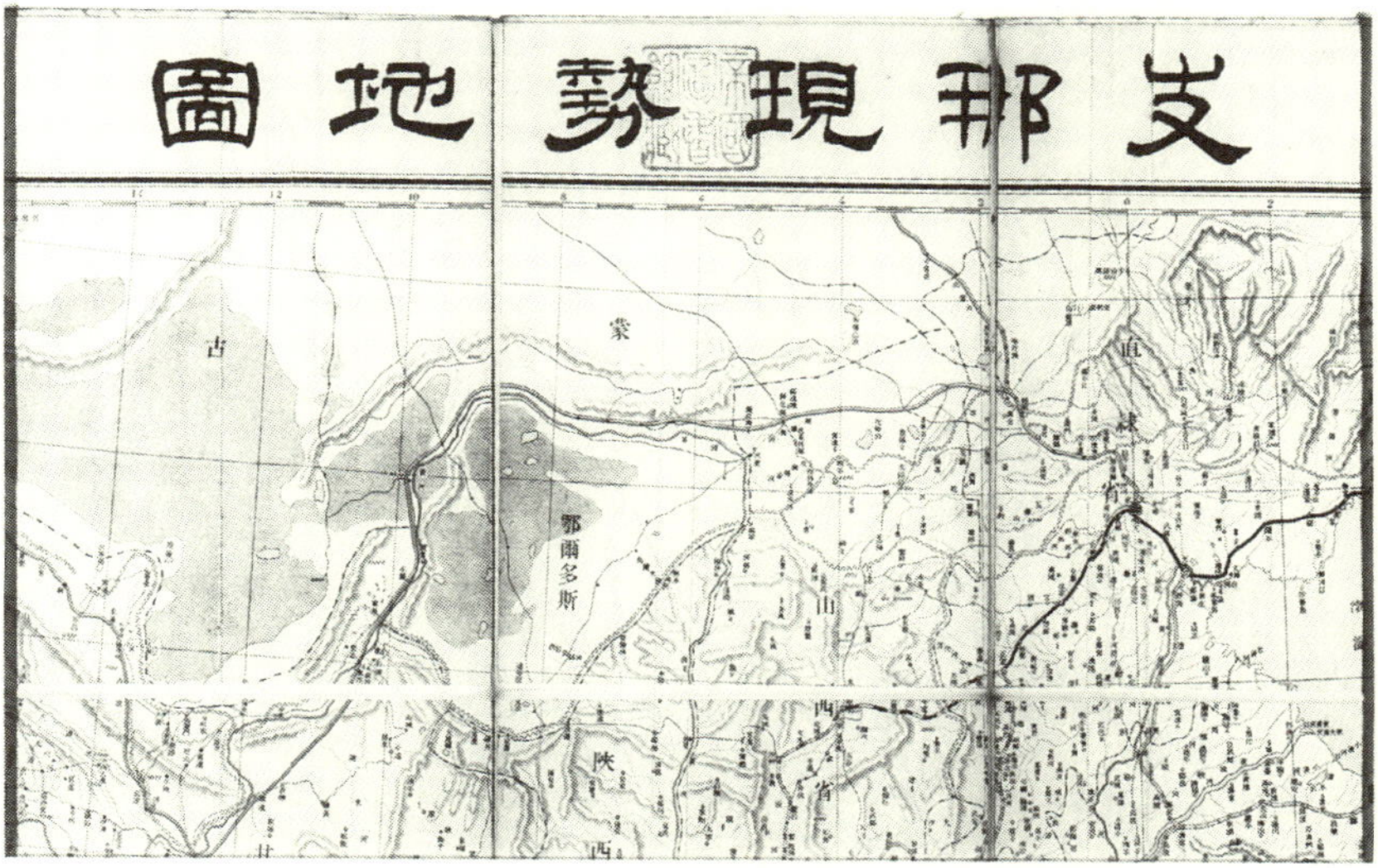

図１　蒙古との境界付近『支那現勢地図』

この地図の特徴は、自然地理や都市名の他に各列強・中国が敷設、あるいは敷設予定であった鉄道路線図が色分けされて詳細に記載されていること、さらに「支那現勢一斑」（一斑とは一部分のこと）として、面積及び人口（四億二六九万）、各省別の人口及び面積、省の中心都市情報、外国債、外国貿易輸出入原価、歳出入金計表、外国互市（開港場）の情報、重要物産、対外債務や対外貿易情報などがまとめられていることである。その意味で、畳約半畳分（一〇三×一〇一㎝）の一枚図ながら「支那」に関する情報がコンパクトに詰めこまれている。

　地図の発達と植民地主義の発展とが密接に関係していることはよく知られている。現地に身の安全を図りながら調査員を送る、現地に測量機器を持ち込み測量する、情報（地誌、自然地理、人文地理）を得る、得た情報を郵便や電報で送りそれを一箇所に集積し、地図に書き加える、出版する、方針と戦略を練る、地理を教育の正規科目とする、実際の軍事行動や宣教活動、商務活動に使う、うまくいけば植民地として支配し、富を収奪する、あるいは有利な条件で交易する……。

「実学の要とは……本国の地図に通暁することにあ」るので、ロシア、ドイツ、フランスでできた三種類の地図と英国人の海図を組みあわせて作画したと孫中山は述べている。さらに「道路、鉄道、河川、航路、高低差に関しては最近の旅行家が測量して製図したものを書き込」み、地域間の境界や鉄道を多色刷りにして工夫をしたとする。(11)

この「支那」地図は、境界線を明確にし、列強経営鉄道を国別に色分けし、将来的に列強の圧力を排除して権益を回収すべき均質な空間とその利権回収の主体となるべき均一なる国民の存在を想像させる。隣国日本でこの地図が発刊されたのは偶然ではない。日本は明治以来、孫中山のいう「実学の要」である地図や地理学を有効利用しながら、教育や新聞雑誌を通し国民形成をおこない、北海道の拓殖を図り、諸外国と日本との差異化を図り、海外派兵をし、対外戦争に勝利し、海外植民地すらも獲得し、「強国」の仲間入りをした近代化の大先輩であった。

新しい「支那」国民のアイデンティティを構築するためには、同一性を保障する何らかが必要で、孫中山の場合その何らかはまず地図による自己表象と考えた。自者と他者を塗り分ける境界で囲まれた地図は、国民形成のための重要なツールである。(12) その意味で、自らのプランによる「支那」の革命と統一を夢みる孫中山の地図作りの眼は、列強植民地主義者の「正確な」情報に基づく支配の欲望のまなざしと共通するものがあったはずである。

三　辛亥革命以前の「支那」の範囲

この「支那現勢地図」で、「支那」として描かれている範囲はいわゆる「支那本部＝十八省」であるが、「支那国勢一斑」は、面積及び人口の欄が列強が作った地誌情報そのままに「支那本部と属藩（満洲、蒙古、西蔵、ジュンガル部、東トルキスタン）」に分かれていた。その意味で、この一九〇〇年の時点の孫中山の脳内地図では「支那」は二重構造になっていた。すなわち、視覚的地図として革命派や周辺の人々に見せたい狭義の「支那」＝十八省と、列強がChinaと認定する属藩も含めた清国の実効支配地域である。当時の孫中山にとって属藩は観念上の存在であるゆえ地図にあえて描かなかった。しかし、一九〇五年の中国同盟会総章第十六条規定に、中国同盟会の西部支部には新疆、西蔵が、北部支部には蒙古、東三省が含まれている。[13] このことから、革命後の正式な国家ヴィジョンでは清朝の版図継承を意識していたことがわかる。地図上でも二重構造の清をどのような新しい国家体制に移行させるのか、その領域はどこまでかについて、孫中山の革命派と立憲派は激論を交わした。

革命派と対立した立憲派は新政権ヴィジョンでは一貫して伝統的な大一統の堅持を主張した。天下国家の大一統のもと政治・社会改革を行い、その上で満、蒙、回、藏の民が共存できるならば、皇帝の種族は問われないとした。が、論戦相手である革命派は光復革命論を展開した。野蛮な「夷狄」である満洲人支配を終わらせ、漢人による中華を復興することで、失われた漢人の矜持を恢復するというものであった。それを強調するために、当時流行の種族論が使い廻された。例えば革命派の論客章炳麟は、伝統的華夷秩序とは文化的なものでなく、種族的差に基づくものとしたし、理念的空間「中華」を再解釈し、「中華の民」たる資格は「漢種」のみに属すと考えた。孫中山に大きな影響を与えた鄒容は「中国に住む満洲人を追い出すか殺して復讐する」[14]と復仇主義を正当化した。弱肉強食の世界の状況に対応し、文明と進化を体現できるのは漢人のみという、根拠のない優越感に支えられた人種優越主義の裏返しとしての人種差別主義がより科学的、論理的、進歩的と革命派知識人は考えていた。

日本で論陣を張った立憲派と革命派であったが、双方とも蒙、回、藏という属藩の実情に関し正確な知識を持ち合わせていたとは考えにくい。実際、革命派にとって「支那」が十八省のみを指すということはほぼ共通認識であった。たとえば、一九〇三年の「支那保全分割合論」で孫中山は「支那の国土は数千年統一していた……近世の五、六百年間、十八省の地の領土は堅牢で、分裂の恐れはない」[15]と述べた。また一九〇五年には「(革命が成功すれば) 十八省の議会が後ろ盾になってくれるだろう」[16]と語り、十八省が漢族の伝統的領域であると認識していた。また、他の革命派論客も漢族と満、蒙、回、藏などは別民族であり、漢族が居住する十八省でのみ漢族国家を建設することを思想の柱としていた。満、蒙、回、藏などの民が住む属藩を包摂して新国家を建設することに関して革命派がまともな論議をした痕跡はなく、包摂しないほうがいい、という意見まであった[17]。

立憲派の康有為や梁啓超などは、革命派の標榜する種族革命論に反対し、大一統こそが最高の安定システムであると主張していた。そして、満漢はとっくに融合しているのに、種族革命を行えば必ず列強の瓜分に遭う、と警告していた。特に、一九〇七年に楊度は、種族革命は必ず国家分裂を引き起こし、漢国家、蒙国家、回国家、藏国家となる。分裂すれば必ず列強の瓜分にあい、亡国に至るはず、と強く警告した。それに対する革命派の反駁は、はなはだ心もとないものであった。章炳麟も汪東も「蒙、回、藏各族の発展程度は自立できるほどになっていないので、必ず頼りとして漢族に付き従うであろう」とするものであったし、汪精衛の「駁革命可以召瓜分説」にしても、民族分裂問題や属藩の分離の可能性については触れていない。革命派は、属藩の帰属如何は革命勝利のための重点課題とは考えていなかった。(18)

そんな中で、両者の間に一致点があったのが満、蒙、回、藏の人々に対する認識である。革命派による排満復仇の種族主義の民族主義に対して、梁啓超は「大民族主義」を提唱した。漢族以外のエスニシティを融合し、一つの民族とするというのである。

梁啓超は一九〇三年の『新民叢報』第三七・三八合併号に発表した「政治学大家伯倫知理之学説」で「中国民族というもの……大民族主義を提唱すべきである。……大民族主義とは国内の本部・属部を併せて国外の種族に対するものである……漢・満・蒙・回・苗・藏を一つにして一大民族を組成し……この大民族は必ず漢人をもって中心点とし、その組織は必ず漢人の手で成るべし」と述べた。(19)数的にも「文化的」にも優越する漢族を中心に属藩の人々を統合することで初めて、強い統一国家を建設することができると梁啓超は考えた。

革命派の汪精衛はこれに応えて「国内の他族は我に長い間同化しており、なにをいまさら本部属部の別があろうか」と大民族主義の提案を一笑に付し、「いま、民族主義をとるのは満洲に対してであり、満洲が平定されれば、蒙古もこれに従って傾服し、同化力でこれを吸収するのはたやすい」(20)という楽観的見通しをたてている。漢族以外の属藩の人々の処遇に関し、立憲派の梁啓超は「将来的融合」を考え、革命派の汪精衛は「既に同化した」と認識した点で両者の意見が大筋で一致していることがわかろう。

いずれにしても、当時の革命派も立憲派も、属藩の人々の処遇や土地について当事者不在のまま議論を進めていたことになる。彼らの論議では、中国の領域とは十八省のみをさしていたり、観念的に属藩をも含めていたりして議論がかみ合わなかった。そんな彼らに共通していたことはもう一つある。実地を歩かず「地図をみて机上で観念上の議論をする」ということである。

革命派も立憲派も、来るべき新中国国家においては日本をモデルとする国民統合と富国強兵を達成し、世界の趨勢であった弱肉強食原理を制すべく、教育と殖産興業を推進し、新たに近代的態度をもつ中国人意識を全国民に植え付けなければならないという使命感に燃えていた。そんな彼らは、日本の北海道拓殖事業に関連したアイヌ民族同化政策に関してもなんら疑問を持たなかったことであろう。彼らは来るべき新国家で属藩の民の協力や合意が必要とは認識していなかった。まさに「先知先覚者」の自覚をもったエリートのプランによる上からの国民統合論である。特に革命派は、種族革命の末に漢族中心の国家建設を夢想していたゆえに、属藩の王公やその地の人々の動向の無視は当然であった。

四　満、蒙、回、藏の属藩はなぜ中華民国の範囲に包摂されたのか

革命前まで「中国の範囲とは十八省」と考えていたのが革命派の趨勢であったことはすでに見たとおりである。しかし、革命が成功したとみるや否や、新中国は清帝国の版図を継承すると孫中山はあっさりと宣言した。その最初のものが、一九一一年十一月中旬、パリで新聞記者のインタビューに答えたも

のである。「中国は地理上、二十二省に分かれ、それに三大属地すなわち、蒙古・西蔵・新疆が加わる……政治的には中央集権ではなく北米の連邦制度の導入が最もふさわしい[21]」と蒙、藏、新疆地域の帰属について言及した。しかし、連邦制導入はその後中華民国建国構想に活かされることはなかった。

十八省から属藩を含めた範囲が中国であると孫中山が認識するに至った理由については、「旗」についての議論が興味深いので、横山宏章と張永の記述に従ってまとめてみよう。

まず、一九一一年十月十日の武昌起義では、革命派結社共進会の旗で漢族の十八省を象徴する「十八星旗」が翻った。十一月二十日の時点では、この「十八星旗」が湖北、湖南革命軍の正式の旗であった。ところが、十二月に入って江蘇の都督程徳全、浙江の都督湯寿潜、滬軍都督陳其美など立憲派や立憲派に近い革命派が上海で都督らを集め、共和聯合会大会を開催した。彼らはその席で漢、満、蒙、回、藏の五族を象徴する赤、黄、青、白、黒の「五色旗」を制定した。海外にいた孫中山が帰国する前に来るべき新国家に関して政策決定をしていったのは、革命派だけでなく立憲派や外交官伍廷芳といった旧清朝の官僚であった[22]。当時、孫中山の提唱する「青天白日旗」は広東、広西の革命軍が採用、「十八旗」は湖北、湖南革命軍が採用していた。上記会議後「五色旗」は江蘇、浙江一帯の革命軍に採用された。十二月末に孫中山が南京入りする前、上海駅では道の両側に並んだ士卒が鉄砲の先に掲げていたのは「五色旗」であり「青天白日旗」でなかった。孫中山はそれに対して非常に不満であった[23]。

立憲派都督や清国外交官はなぜ革命派の意図に反する「五色旗」に拘泥したのであろうか。それを考えるためには辛亥革命前の清国の外交関係を考慮しなければならない。

十九世紀末から二十世紀初の清のチベットをめぐる外交を研究した平野聡によると、南京、北京条約以来、近代外交と国際法の受容を迫られた清国の総理衙門は伝統的「中国」だけでなく、属藩を含めた「China」の代表者という立場をとるようになった。自国と他国の対等性に基づいた呼称を創出する必要が生じた結果、外交文書ではChinaに対応した自称として「中国」が用いられるようになっていた。平野は「清＝China」と見なす西洋や近代国際法こそが、清に「中国の一部分としてのチベット」という言説を提供したとする。「天下国家」をなした（文化的）中国＋属藩からなる清国の版図は、かくて近代的な「（領域的）中国」として内外の外交官から認識され承認されることとなった。(24)

辛亥革命後、清国の後継国家として中華民国像を諸外国に見える形で立ち上げる準備期間は約二カ月間しかなかった。そのような慌しさと混迷の中、清国官僚・外交官や旧来の立憲派の立場からすれば、十八省のみが中国の範囲と考える革命派の基本的立場は大問題であった。清国外交官が列強との厳しい外交交渉の中でかろうじて清国領域内に守り踏みとどまらせてきた満、蒙、回、藏の属藩の地を中国がみすみす喪失する危険性をも意味していたからで、このことはかつて楊度が指摘したとおりであった。

近代国家はまず国境画定を領土保全への欲望から着手するが、清国外交官の目からすれば、十八省と属藩をも包摂する近代国家成立のための諸条件を整えたのは清国官僚であった。彼らはありとあらゆる手を尽くして蒙古や西藏の王族に中華民国の範囲に留まるように説得工作を行った。彼らは領土の完全なるを求めたがゆえに、満、漢、蒙、回、藏の統一を求めた。立憲派の説明は、君主抜きでこれら五族を国内に留めることは不可、ということであった。(25) かくて、清国皇帝が退位せぬままに中華民国の主権範囲に関するお膳立ては固まった。一九一二年一月一日に、孫中山は「中華民国臨時大総統宣言書」を発表し中華民国の建国を宣言し、南京で臨時大総統に着任し、次のように述べた。

国家の根本は人民である。漢、満、蒙、回、蔵の諸地方を一つにして一国家とするとは、すなわち、漢、満、蒙、回、蔵の諸族を一つにすることである。――これを民族の統一という。……武漢を皮切りに十数行省がまず独立した。いわゆる独立とは清廷の支配から離脱し、各省が連合することである。蒙古、西藏の願いもまたかくのごとし。行動を統一させ、道を踏み外さず、重要決定は中央で行い、縦糸横糸を四方の境界に張り巡らす――これを領土の統一という(26)

宣言書では、民族の統一は、領土の統一、軍政の統一、内治の統一、財政の統一と並立して挙げられた。中華民国は全国レベルでの諸制度の一元化をめざした。清の版図をそのまま主権範囲として受け継いだ上で漢、満、蒙、回、藏の五族を一つに融合・同化して単一の「中華民族」を創出しようという宣言でもあった。辛亥革命直後の孫中山は、満洲族から漢族の手に政権奪還を果たしたので、民族主義はすでに成功したと考えていた(27)。残された種族=民族に関する課題は「種族同化を実行すること(28)」であった。彼が恐れたことは、五族がおのおの自立する民族主義で、それは列強の侵食を許す分裂の民族主義であった。

五　鉄道建設と拓殖・屯田と統一

さて、話題を一九〇〇年の孫中山の「支那現勢地図」に戻そう。彼が青年期より地図に並々ならぬ興

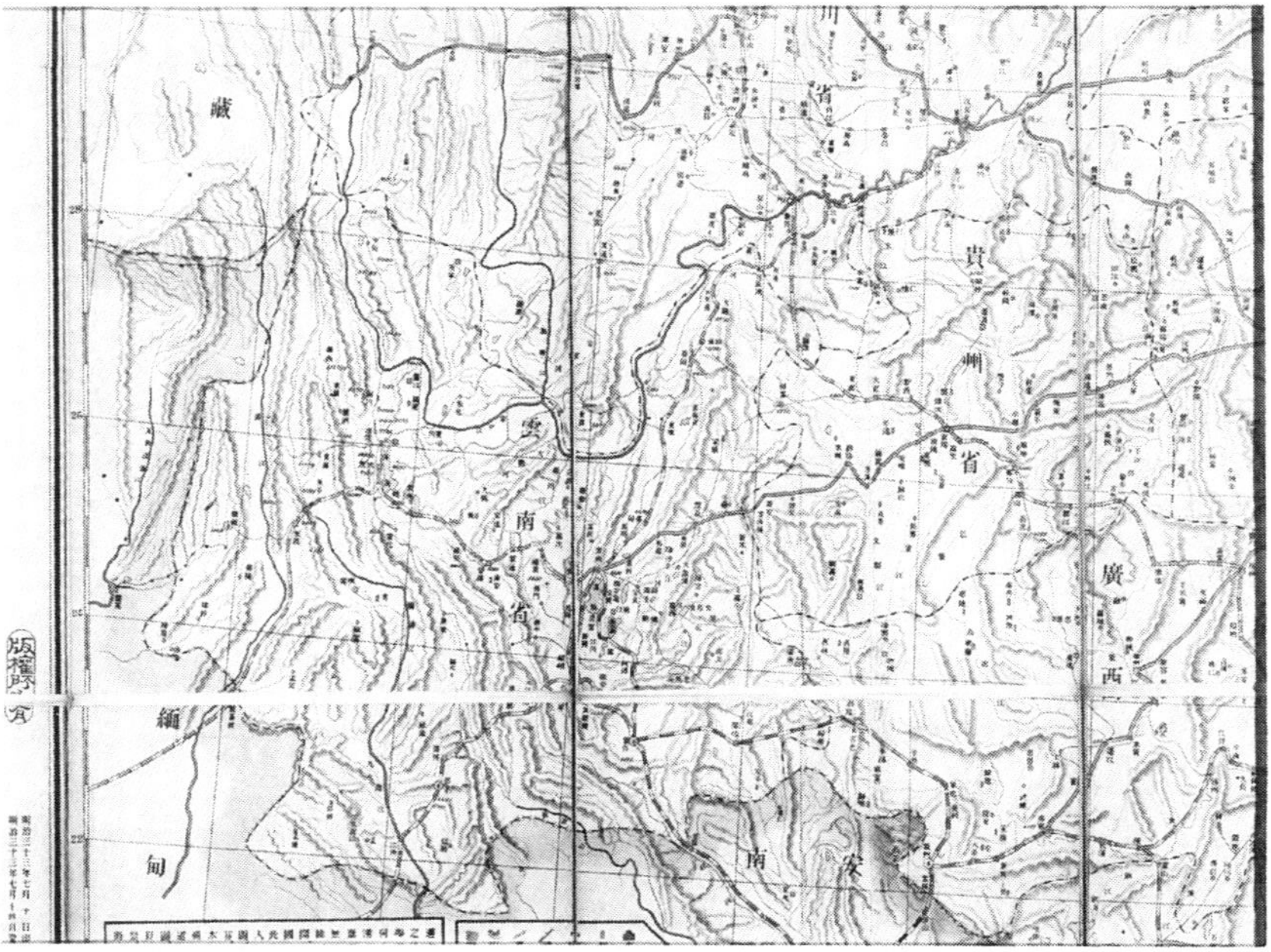

図２　雲南、ビルマ・ヴェトナム国境付近　『支那現勢地図』

味を抱いていたこと、その興味が革命への目覚めを喚起したことはつとに指摘されている[29]。この「支那現勢地図」は見ようによれば鉄道路線建設予定図ともとれる。それというのも、この地図では、既設のもの以外に、彼が将来必要であると考えた鉄道路線が延々と書き込まれているからである。しめて北部に八線、中部に九線、南部に十一線であり、その中には現在でも未着工の路線も含まれる。

　さて、一般的には鉄道は物資輸送と経済発展のために必要と考えられている。孫中山もこの地図の出版からさかのぼること六年、一八九四年の「上李鴻章書」では、鉄道が経済発展のためには必要で、鉄道の有無が地球上の各国の命脈を決める[30]、と訴えている。また、鉄道は余剰食糧を運び飢饉を救うことができる、[31]とも主張し、鉄道敷設の必要性を主張していた。

しかし、孫中山の鉄道建設の目的の特徴は別のところにあった。それが、有事の際の国防人員の配置（軍事目的と屯田）、移民による開墾（農業開発）、移民による天然資源開発（資源開発）、移民を師としての属藩の民の教化（国民統合）という一石四鳥案であった。[32]

一九一二年一月に中華民国が成立し中国の主権範囲が定められた。これに乗じる形で、二月に黄興らが拓殖協会を組織した。広大な満、蒙、回、藏の地において農、漁、鉱、林業開発で利益を上げ、不穏分子化しうる兵丁の余剰を屯田拓殖事業に投入することで列強が虎視眈々と狙う辺境国防に備えるという国家事業宣言であった。[33]開墾、殖産、不穏分子の除去（一種の棄民政策）、国防のための拓殖事業は、まさに明治日本の北海道拓殖事業の後追いであった。

もっとも、次に大総統となった袁世凱がこの拓殖案にストップをかけた。一九一二年八月に『蒙古待遇条例』が発布され、蒙古の王公が清朝時代に享受していた特権、称号が温存されることが決定された。蒙古は内地と一律平等で、中央は蒙古の行政機関にたいして理藩、殖民、拓殖などの字句を用いないことや、王公の爵位の温存などが定められた。[34]殖民や拓殖とは蒙、藏の王公にとって既得権益の侵害を意味する。袁世凱は王公らの旧来の封建的特権を認めることで、事実上中華民国の統治権の及ぶ範囲を漢族居住地に限定した。

これを見ても、孫中山らと袁世凱ら北京政府の蒙、藏に対する態度は全く相反していたことがわかる。旧王公の権利を認めるとは、孫中山にとっては守旧派の復活であり、開発を待つ宝の山を目にしながら利用しない保守反動勢力の行為と映ったことであろう。

一九一二年四月に臨時大総統の職を解かれた直後、満、蒙、回、藏への鉄道敷設に関する計画案を孫中山は集中的に披露しはじめる。それは、孫中山が意見のあわない旧清国官僚や外交官と意見を摺りあわさずに済むようになり、彼らに対する反論も含めて持論を自由に開陳できるようになったからという解釈もできる。同年六月には、孫中山は殖民政策と鉄道敷設の関係について詳しく述べている。すなわち、中国の鉄道には三線が必要である、南路は広東からはじまり終点はチベット、中路は揚子江からはじまり終点は新疆イリ、北路は秦皇島からはじまり終点は外モンゴルを通ってウラル海にぬけるという計画案である。孫中山はこの中で第一線の北ルートを最重要課題とした。「北ルートは馬の産地への要道であり開墾の急務もある。移民を辺境に拓殖」するため、鉄道建設は「まず交通が不便なところと繋げることが大事」と述べた。その上で、移民に関しては次のような積極的意見を述べる。「わが国は人口が多い……交通便利な所で生活の道を探すのは難しい。……全国の財を集めて軍備拡張をしようとすれば殖民地開拓もできる。天然固有の殖民地を経営しないならば貧困を患う国はさらに困難を抱える。これこそ愚の骨頂である」[35]。

孫中山の拓殖案がさらに具体化するのは、一九一七―一九年の『建国方略　実業計画（物質建設）』においてである。孫中山はここで旧属藩の地に中国本部から十年以内に一千万人の漢人移民計画を立て[36]、西北・西南鉄道、西藏への鉄道の建設計画を明文化した。添えられた地図[37]には蒙、回、藏の各地区に向けてくっきりと中国沿海地域から出発する鉄道路線が素描される。これらは一九〇〇年の「支那現勢地図」にはなかった。余剰兵丁による屯田と国境警備、移民による開墾と資源開発、移民を師としての属藩の民の教化（国民統合）を計画した[38]。それは、「未開の地」に住むと想像された非農耕民の蒙、回、藏の人々に「数千年もの先進文明[39]」の担い手漢族による指導を押し付けることであった。

鉄道によって国内殖民地と沿海部を連結合体させることにより、彼の民生主義は一部解決をみるはずであった。国家が土地を取得し、土地なき民に貸し出し、資本、種、器具、家を与えて開墾させること[40]は、漢族を「食べさせる」問題解決となるはずであった。しかし、それは蒙、回、藏の地域の人々の生活様式、生産方式、宗教事情にかまわず開発を行うことを意味していた。漢族移民が蒙、回、藏の人々を啓蒙し、同化させ、統一した漢族中心の国民をつくっていくこと。これが彼の新たな民族主義の主題となっていく。

六 「徹底的な」民族主義へ

そんな中で、孫中山は一九二〇年には、「我が中国のあらゆる諸民族を一つの中華民族に融合せねばならない。同時に中華民族を文明的民族に作り上げなければならない。そうして初めて民族主義は仕上がったことになる[41]」と断定するようになる。

一九二一年の「中国国民党本部特設駐粤辦事処的演説」では孫中山は中国に唯一存在していいのは漢族＝中華民族の民族主義のみで、他の民族の独立を謳うような複数の民族主義は存在してはいけないと断言した[42]。ここでいう「徹底的民族主義」とは、漢族以外の民の漢族への徹底的同化をめざす民族主義を指した。

チベットは当時、正統政府であった北京政府との交渉決裂後、イギリスと独自条約を締結してしまっており、実質的なイギリスの影響下にあった。孫中山は、主権喪失は同じ中国人の裏切りあるいは文化程度の低さに起因すると考えた。彼の論理では、四族が漢族に同化もせずに存在するということは文明程度の低さのあらわれであり、それゆえ外国勢力につけ込まれる。それは中華民国の主権範囲を狭めることを意味する。彼によれば、満、蒙、回、蔵の四族を漢族に同化できれば、自動的に中国の失地は恢復されるという(43)。

「優秀な」漢族が「遅れた」四族を指導することは自明のものとされた。遅れた四族を漢族という絶対者のもたらす慈悲の目で見つめることを「民族平等」と言い換えるならば、それは対等な関係での共感や思いやりとは違う。孫中山の中では、拭い去ることができない近代的華夷秩序すなわち「民族優劣差別主義(44)」が存在し続けたということになる。

七　孫中山の「民族平等思想」

今回本論を執筆するにあたって、あらためてこの十数年間中国で出版された孫中山に関する論文や著作数十点に目を通した。孫中山を建国の父とたたえ、彼の思想や行動を偉業と称える現代中国の状況を考えれば大量の著作や論文の出版は理解できる。特に、孫中山が「民族平等思想」を持っていたという主張は多い。だとすれば、現代の中国論壇で、孫中山の「民族平等思想」の何を評価しているのかを見ることは、孫中山の現在に至る遺産を読み解く上でも有効であろう。代表的な李国棟の『民国時期的民族問題与民国政府的民族政策研究』(二〇〇七年)に従って、まとめてみよう。

まず、李は孫中山の「民族平等思想」によって、政治的平等が保障されたとする。中華民国臨時約法では参議院を各旧藩部から選出できると規定されることや、一九二四年の第一回国民党代表大会（一全大会）で「中国以内各民族の自決権」を認めると定められたことにその根拠があるとする。その結果、「内夏外夷」「貴夏賤夷」といった陳腐な旧観念が放棄されたという。第二に、経済的平等があるとする。それは、沿海部と西部の経済格差を是正しようと、鉄道建設や移民計画を立てたからであるという。第三に、文化の平等、第四に、宗教の平等が保障されたとする。さらに李は、孫中山は「民族団結」を促進し、「祖国」統一の基礎を固めたとし、その影響は中国共産党の区域自治思想の萌芽となっている、と述べる。ただし、漢族中心に種族同化を図るのだけは、大漢族主義的色彩が強い、とさすがに批判する[45]。

しかし、孫中山が蒙、回、藏の土地を開発と収奪の対象とし、人々の生活様式、言語や思想・宗教の尊重を問わず、闇雲に同化主義の民族主義を発動し、それに与せぬものに痛罵の言葉を浴びせかけ、均質な統一中国の建設のため漢族の指導性を自明のこととしたことに対する批判を明確にした論文は管見の限りない。現代中国では開発は善なのだ。

ここに中華人民共和国の民族政策が孫中山の民族政策・認識を継承していると私が考える根拠がある。中国共産党は、一九二四年の一全大会で孫中山が提示した「新民主主義」に政権の正統性の根拠や民族政策のルーツを求めている。各民族は「平等」であるが、漢族の指導を仰ぎ漢族に同化して中華民族を形成するという孫中山のイメージは現代の中国共産党の「少数民族」観に反映されている。現代の「少数民族」像には二つの相反するイメージが賦与されている。一つが、「中華民族大家庭」の中で、異なる過去を持つものが一つの中華に凝集したというイメージ、すなわち現代版の大一統である。もう一つは「保守で落後」のイメージである。(46) だから優遇政策の対象となっているのだが、到達目標は漢族である。少数民族はみな漢語を学び、漢族的な思考・行動様式をとり、民族独自の生活様式や宗教信仰の自由は中国共産党に許容される範囲内で可能であり、その他もろもろの局面も中国共産党の指導に従うこと。これこそが現代版の華夷秩序である。

現代版の華夷秩序は、ある人間集団がそれ以外の人間集団を自らの集団に従属させ支配するような政治体制や社会関係を補強する。また、他者を自分に従属させ支配しようという意志に基づき、力の支配を正当化する考えにもつながる。また、自者にのみ権利があり、他者には全く権利がないか、あるいは少しは権利があっても、自者の許容範囲の中に置くという人権無視の考えにもつながる。私はこれこそが孫中山の「民族平等思想」の本質であり、例外を許さぬ統一思想の陥穽であると考える。

おわりに

国家主導で重厚長大なものを作ること、均質な国民形成は国家の富強につながり、国家富強になれば国民は幸せになると信じること。このようなイデオロギーをもつ東アジアの新興国家代表は日本であり、その後追いをしたのは孫中山ら革命派であった。そこに少数者の権利尊重の思想はなく、国家主導の進歩と国民の幸福という物語のみがあった。

中国で現在進行形の西部大開発は孫中山の「建国方略」の青写真を下敷きにして進行している。鉄道、高速道路建設といったインフラ整備や海外からの投資環境整備、教育環境の整備に重点をおく西部大開発は、西部と沿海部の経済格差を克服するという名目で行われている。だがその一方で、大規模資源開発による生態系破壊、土地の収奪、開墾による沙漠化、一部の漢族と現地人しか潤わぬいびつな発展、現地民族の伝統産業ばなれ、民族アイデンティティの不明化を招いている。少数民族の権利とされる民族教育は現在風前の灯状態となり、漢語教育を受けると子どもたちは故郷を離れる。十分な教育を受けられないものは地元に残るが、そのような人々は絶対的貧困を克服できぬままである。「豊かになるためには漢語教育が必要」とは少数民族地区の常識となり、いまや漢語の読み書きのできないモンゴル、ウイグル、チベットの若者は少なくなってきた。かつての天下国家時代、理念としての中華が存在した清代に、中華を便宜上理解し、関わったのは蒙、回、藏民族の上層部だけでよかった。ところが中華が実体をもった国家となった人民共和国では、少数民族のどの個人も中華を領域という空間だけでなく身体の一部として血肉化することを余儀なくされている。漢族移民は内モンゴル、新疆、チベットに定着し、内モンゴルではモンゴル人は二割以下の少数派に転落した。新疆では四〇二・五八万人が一九四九年から二〇〇五年に移民し[47]、全体の約四割を漢族が占めるようになった。漢族移民は人民共和国成立後、孫中山のいう同化政策＝文明の使者となったのだろうか。その意味で、辛亥革命から百年たった現代、孫中山の統一への幻想は、その原型をほぼ保ちつつ現実のものとなっている。しかし、それは、少数民族側から見れば「文化的ジェノサイド[48]」を伴っているという事実を重く受けとめなければならない。

注

（1）本章は、拙著『中国民族政策の研究』多賀出版、一九九九年に多くを負っている。

（2）舒波「孫中山与基督教」、『民国档案』一九九七、1。

（3）孫中山「北京基督教等六教会歓迎会的演説」一九一二年、広東省社会科学院歴史研究室・中国社会科学院近代史研究所中華民国史研究室・中山大学歴史系孫中山研究室合編『孫中山全集』第二巻、北京：中華書局、一九八一年、四四七頁。

（4）孫中山「在法教堂歓迎会的演説」一九一二年、『孫中山全集』第二巻、五六八―五六九頁。

（5）山本澄子『中国キリスト教史研究』東京大学出版会、一九七二年、二〇頁。

（6）孫中山「在南京参議院解職辞」一九一二年、『孫中山全集』第二巻、三一七―三一八頁。

（7）孫中山「在東京中国留学生歓迎会的講演」一九一三、『孫中山全集』第三巻、二五頁。

（8）孫中山「心理建設」、『孫文選集』第二巻、社会思想社、一九八七、七四頁。

（9）World Missionary Conference, *Report of Commission I Carrying the Gospel to All the Non-Christian World*, Oliphant, Edinburgh and London: Anderson & Ferrier, 1910, pp.81-107.

（10）孫文逸仙人「跋」一九〇〇年、『支那現勢地図』国立国会図書館近代デジタルライブラリー http://kindai.ndl.go.jp/info:ndljp/pid/1088984（二〇一一年八月二十四日アクセス）。

（11）同前。

（12）ベネディクト・アンダーソン（白石隆他訳）『定本　想像の共同体――ナショナリズムの起源と流行』書籍工房早山、二〇〇七年、二八四―二九三頁。

（13）「中国同盟会総章」一九〇五年、『孫中山全集』第一巻、二八五頁。

（14）鄒容（近藤邦康訳）「革命軍」一九〇三年、西順蔵（編）『原典中国近代思想史』第三冊、岩波書店、一九七六年、一九五頁。

（15）孫中山「支那保全分割合論」一九〇三年、『孫中山全集』第一巻、二二三頁。

（16）孫中山「与汪精衛的談話」一九〇五年、『孫中山全集』第一巻、二九〇頁。

（17）張永「従〝十八星旗〟到〝五色旗〟」、『北京大学学報（哲学社会科学版）』Vol. 39, No. 2.、二〇一〇年。

(18) 張永、同前。
(19) 梁啓超「政治学大家伯倫知理之学説」一九〇三年、『飲氷室文集』十三。
(20) 汪精衛「民族的国民」、『汪精衛文存』上海：上海啓智局、一九三五年。
(21) 孫中山「与巴黎《巴黎日報》記者的談話」一九一一年、『孫中山全集』第一巻、五六一―五六二頁。
(22) 横山宏章『中国の異民族支配』集英社、二〇〇九年、八七―九一頁。
(23) 張永、前掲論文。
(24) 平野聡「チベットをめぐる国際関係と近代化の混迷」、『東アジア近現代通史 3』岩波書店、二〇一〇年、一五〇頁。
(25) 尚秉和・中国史学会編『辛亥革命〈八〉』(リプリント版、上海人民出版社、二〇〇〇年)、五四二頁。
(26) 孫中山「中華民国臨時大総統宣言書」一九一二年、『孫中山全集』第二巻、二頁。
(27) 一九一二年四月一日の「在南京同盟会員餞別会的演説」では、「今日、満清は退位し、中華民国が成立し、民族、民権の両主義がともに達成された。ただ民生主義がいまだ着手されていない」と述べている(孫中山「在南京同盟会員餞別会的演説」一九一二年、『孫中山全集』第二巻、三一九頁)。その一月前の同年三月三日に中国同盟会は革命団体から政党への改編をはかるべく新しい党規約を定めていた。その第二条には、「本会は中華民国を鞏固にし、民生主義を以て宗旨とする」第三条には「種族同化を実行する」とある(『孫中山全集』第二巻、一六〇頁)。
(28)『孫中山全集』第二巻、一六〇頁。
(29) 胡波「地図上的愛国者与強国夢――論孫中山的地図情結」、『広東社会科学』二〇一〇年、第三期。
(30) 孫中山「上李鴻章書」一八九四年、『孫中山全集』第一巻、一四―一五頁。
(31) 孫中山「中国的現在和未来」一八九七年、『孫中山全集』第一巻、九〇―九一頁。
(32) 最も早いものが、二十五歳前後の孫中山「農功」一八九〇年、『孫中山全集』第一巻、六頁である。
(33) 黄興等「創弁拓殖協会宣言書及章程」一九一二年、黄彦・李伯新選編『孫中山蔵档選編』中華書局、一九八六、二七三頁。
(34)『法令全集』第一期、中華民国元年印鋳局(中国第二歴史档案館編『中華民国史史料長編』二、南京大学

出版社、六九〇―六九二頁）。なお、この条例は、一九一二年三月十五日に「蒙古聯合会」の那彦圖などが袁世凱新総統に要求していた条件とほぼ一致している。「蒙古聯合会那彦圖等向総統臚陳治蒙十一事呈請施行」（中国第二歴史档案館編、同前、一八八―一九四頁）。

(35) 孫中山「在上海《民立報》記者的談話」一九一二年、『孫中山全集』第二巻、三八三―三八四頁。

(36) 「建国方略」、『孫中山全集』第六巻、二六四頁。

(37) 同前、二六〇、三三四頁、附録。

(38) 同前、三二四、三七〇、二六二、二六五頁。

(39) 孫中山「在東京中国留学生歓迎会的講演」一九一三年、『孫中山全集』第三巻、二五頁。

(40) 同前、二六四頁。

(41) 「上海国民党本部会議演説」、『孫中山全集』第五巻。

(42) 「在中国国民党本部特設駐粤辦事処的演説」、『孫中山全集』第五巻、四七三―四七五頁。

(43) 拙著『中国民族政策の研究』一一九頁。

(44) 横山宏章、前掲書、二一三頁。

(45) 李国棟『民国時代的民族問題与民国政府的民族政策研究』北京：民族出版社、二〇〇七年、六二―七三頁。

(46) 朱和双「中国西南少数民族婦女形象的現代建構」、『貴州民族研究』Vol. 25, No. 3、二〇〇五年。

(47) 汪学華・劉月蘭・唐湘玲「建国以来新疆人口的省際遷移状況分析」、『西北人口』No. 31、二〇一〇年。

(48) 楊海英『続 墓標なき草原』岩波書店、二〇一一年、三一三―三一四頁。

9　新名詞と辛亥革命期の中国
――日本の影響を中心に――

沈国威

一　近代知の源としての日本

十九世紀末から二十世紀初頭までの十数年間、中国は封建王朝の「天下」から民主共和の「国民国家」へ移行する近代的転換期にあった。国家体制だけではなく思想・文化なども伝統的なものから近代的なものに変わろうとしていた。このような前近代からの脱皮は、近代的知識の獲得なしには実現できるものではないが、日本が中国にとって掛け替えのない近代知の提供者であった。しかし日本から知識を得ようとする発想は、例えば歴史学者、渡辺三男が指摘しているように長い間存在しなかった。(1)日本は情報収集の対象だけではなく、知識の提供者にもなりうるという認識が日清戦争（一八九四―一八九五）敗戦後ようやく芽生えた。(2)一八九六年秋『時務報』が創刊された。主宰者の汪康年は、「非創一雑誌、広訳五洲近事、詳録各省新政、博捜交渉要案、俾閲者周知全球大勢、熟悉本国近状、不足開民智而雪国恥（雑誌を創刊して、広く五大州の近況を翻訳し、各省の新政を詳しく載せ、重要な外交交渉を博捜して、読者に地球の大勢を周知させ、我が国の現状を洞察させる。さもなくば、民智を開き、国恥を雪ぐことはできない）。」と雑誌の主旨を述べている。そのため汪康年は日本メディアのニュースを扱うコラム「東文報訳」を計画し、東京の清国公使館の査雙綏に日本語翻訳者の斡旋を依頼した。査雙綏は返信の中で「日本新出政治書甚夥、容略暇当詳為探問、並史書各種価目、一斉開単奉覧（日本では新しく出版された政治関係の図書が非常に多く、暇な時に詳しく調べ上げ、歴史図書等の目録といっしょに提出する）。」と書いている。(3) 査の返事から汪康年は日本の書籍全般についても調査するよう依頼したと推測される。同誌は第三号（一八九六年八月二十九日）から日本の新聞雑誌をニュースソースとする「東文報訳」を正式にスタートさせた。日本のメディアから記事を選び、中国語に翻訳したのが、日本の漢学者古城貞吉である。(4)

一方、康有為も、日本の書籍から有用な知識を得ようとした。(5) 康有為は一八九七年旧暦一月十日以降、広西の桂林から数回弟子の梁啓超に書簡を送り、広西での学校設立、日本書翻訳、新聞出版、道路建設等に関する事業展開の可能性を探るよう梁啓超に指示した。師の意向を受け、梁啓超は一八九七年五月から三回にわたって、『時務報』に「訳書」という長文を連載した。(6) この文章の最後の段落で「日本自維新以後。鋭意西学。所翻彼中之書。要者略備。其本国新著之書。亦多可観（日本は明治維新後、鋭意西洋に倣い、西洋の書物を翻訳し、重要なものをほぼ訳した。日本の新しい著書も見るべきものが多い）。」と初めて日本から新知識を受け入れる必要性を公言した。さらに『時務報』第四二号（一八九七年十月十六日）の誌上で梁啓超による「大同訳書局叙例」が掲載され、「聯合同志、創為此局。以東文為主、而輔以西文。〔中略〕至旧訳希見之本、邦人新著之書、其有精言、悉在採納（同志を集めてこの翻訳局を創設した。日本書をもって主とし、西洋書をもって輔とする。人文科学を優先に、自然科学を次とする。古い貴重な翻訳書や、日本人が新しく著した本で、すばらしいものがあれば、すべて訳出する）。」と訳書局設立の趣旨を述べている。「日本書をもって主とし、西洋書をもって輔とする」という翻訳方針の確立は画期的な出来事と言わなければならない。更に「日本人による新著も、内容がよければ翻訳の対象に加える」という認識も示されている。新しい知識は、日本経由のものだけではなく、日本発のものも視野に入れたのである。二十世紀に入ってから、清政府は、立憲君主制の実現を含む政治改革で難局を乗り切ろうとした。いわゆる清末新政である。同じく立憲君主の政体を持つ日本は、改革派だけではなく、清政府にとっても、格好の手本であり、「師法日本」は朝野のコンセンサスとなり、日中関係は黄金の一〇年を迎えたとアメリカの歴史学者レーノルズが指摘している(7)。筆者は「西学は東洋より来たる」という現象を近代知識を伝える日本ルートの確立と分析した(8)。

知識は日本を出発点、或いは経由地とする以上、日本的な変容を蒙らないわけにはいかない。思想、文化、社会のみならず、中国語そのものも日本語の影響を強く受けることになった。新語の急増はこの時期の最も顕著な文化的事件と言える。新時代を迎える思想上の準備、民衆喚起、新概念の受容は、いずれも言語面に大きな痕跡を残した。辛亥革命を含む中国の近代は、日本を抜きにして語れずという言葉のもう一つの意味は、日本からの新語訳語抜きでは近代中国に発生した事象を言表すらできないということである。近代の歴史、思想史、社会史等の研究における日中の相互影響、葛藤についてはそれぞれの分野の専門家に任せるとして、本稿では、言語研究者としての筆者は、社会の思想に大きな変動をもたらした日本語語彙の受容と中国社会の反応という角度から観察していきたい。

二　新知識の受容と新名詞

中国最初の近代的国語辞書『辞源』の編集長、陸爾奎は、辞書の序文で「癸卯甲辰之際、海上訳籍初行、社会口語驟変。報紙鼓吹文明、法学哲理名辞。稠迭盈幅（一九〇三、一九〇四年頃、上海では翻訳書が流行しはじめ、新聞雑誌は文明を鼓吹し、法律哲学の術語が紙面に溢れている）。」と述べている。王国維も一九〇五年の時点で「近年文学上有一最著之現象、則新語之輸入是已（近年、人文科学において最も顕著な出来事の一つは新語の輸入である）。」と指摘している。[9]また『時務報』を創刊した汪康年は、後年「近年広訳日本書籍、遇有日人所用名詞、即一律承用、而新名詞流入文字者、指不勝屈。甚至公牘用之、甚至詔旨亦用之。而稍涉新学者、尤満口皆是（近年広く日本の書籍を翻訳し、日本語の術語をそのまま借用するので、中国語に入った日本語は数えきれない。公文書のみならず、詔書にも用いられるほどであった。少しでも新学を齧った者なら口から出てくるのは新名詞ばかり）。」と振り返る。[10]新名詞が社会問題として顕著に現れたのは一九〇三、一九〇四年頃からであったことが分かる。また論者は誰もが新名詞のほとんどが日本語から借用した学術用語だと指摘している。いつの時代にも新語の問題は生じるが、二十世紀初頭の中国のように急速、そして広範囲に問題化したのには幾つかの要因がある。

（1）まず、新知識導入の緊迫性。西洋書の翻訳は、十九世紀六〇年代からすでに政府主導の下で、上海江南製造局翻訳館、北京同文館が着手した。しかし内容は工業、技術に限られ、政治、経済等の人文科学のものは皆無に近い。一から西洋語を学習し、その書物を翻訳するという提案に、康有為は『日本書目志』の自序で「吾国岌岌。安得此従容歳月(中国に危機が迫っており、のんびりしている時間はない)。」と指摘している。梁啓超も「今不速訳書、則所謂変法者、尽成空言、而国家将不能収一法之效(今速やかに図書を翻訳しなければ改革はすべて空論に終わり、国家は改革の成果を上げることができない)。」(大同訳書局叙例)と述べている。西洋書翻訳の人材も時間もない状況下で、日本書から重訳することにより迅速に西洋の新知識を取り入れる方法が提唱されたのである。

(2) 教育制度(人材登用制度)の改革。一八九八年四月、光緒帝は八股文を廃止し、策論を課すとの上諭を発表した。湖南、江西各省の反応は素早く、試験問題に時事問題や新知識を問う内容が付け加えられた。同年十月、戊戌政変が起き、改革の諸政策が廃止に追い込まれたが、科挙改革は続行された。癸卯恩科(一九〇三)は完全に八股文を廃止することができなかったが、策論が追加された。新名詞は、試験に合格するために欠くことのできない要素となった。ちんぷんかんぷんの新名詞を使い、試験官の好みに迎合しようとした受験生にとって、梁啓超主宰の『新民叢報』が格好の参考書となった。また改革派の官僚、例えば呉士鑑、江標、徐仁鋳、張鶴齢らも新名詞の擁護者として知られ、自ら主催する試験では策論の成績を最も重要視した。江西学政呉士鑑はその代表的な例である。[11] 呉士鑑は一九〇一年江西の歳試の時、受験生熊元鍔の解答を梁啓超の文章を彷彿させるものだと激賞し、一位を付けた。熊元鍔は厳復に私淑した青年で、新学の知識が豊富であった。[12] 江西歳試の時の課題は不明であるが、翌年に行われた郷試の課題の一つは、「西国学術　有形上形下之分　其已成科学者　凡幾　要旨若何　何者最

為切用　宜審其先後緩急之序　以資採択而収実効策」であった。[13] 熊元鍔は優秀な成績を収め、挙人に及第した。

（3）日本語学習、日本留学、日本書翻訳のブーム。一八九八年以降、日本書翻訳の必要性、ひいては翻訳せず直接日本語の書籍を読む可能性が康有為、梁啓超らによって盛んに宣伝された。[14] また張之洞の『勧学篇』が広く読まれるにつれ、日本留学、日本語の学習、日本書の翻訳はいずれも大規模に行われるようになった。日本語において実質の概念を表す語はほとんど例外なく漢字を使用するので、翻訳の過程で多くの日本語の語彙が十分な翻訳処理を経ぬままに中国語に取り入れられた。

（4）新知識の受容層が非常に広い。日本語を学習したり、留学をしたりする人は中国を改革したい熱血青年だけではなく、旧い世代の知識人も多く含まれていた。彼らの中には短期間の留学を終え、帰国し重要なポストに就いた者が多く、新名詞が彼らの文章等で広がったケースが少なくない。

（5）メディアの役割。陸爾奎が指摘したように二十世紀初頭、新聞雑誌に掲載されている文章の中に中国の典籍に見られない新語、訳語が溢れている。新聞史研究者の戈公振は、清代の文章は、桐城派と八股文の影響を受け、構成を重んじ、意味を軽んじる傾向があった。魏源と梁啓超が現れ、新知識を紹介するに至っては、文章が自由奔放になった。日本留学の学生たちが新聞、雑誌を始めてから、極力分かりやすさを追求し、好んで新名詞を使い、文章のスタイルもそのため一変したと述べている。[15] 柴萼は、改革派の新聞雑誌、例えば『時務報』、『湘報』、『湘学報』、そして梁啓超が日本亡命後に創刊した『清議報』、『新民叢報』などは新名詞の普及に大きな役割を果たしたと指摘している。[16] 西洋の宣教師たちも敏感に新名詞の普及における新聞の役割に気づいた。マティアの未亡人がその著 *New terms for New Ideas,*

1913の中で新聞に使用されている新名詞を多く取り上げている。[17] 柴萼は徐世昌の手によると言われる宣統帝の上諭に「四万万（四億）」という語があると指摘している。後述するようにこの表現は王先謙らに強く非難された。しかし清王朝崩壊直前の宣統でなくても、光緒、慈禧の名義で発布された上諭の中にも多くの新名詞、例えば、憲法、議院、自治などが登場している。新聞がこぞって上諭を掲載するので、上諭の用語の影響は役人同士の間に限られたものではないことに留意する必要がある。

ところで、短期間における新名詞の急増は、言語社会に深刻な問題を引き起こした。『辞源』編集責任者の陸爾奎は、「然行之内地。則積極消極内籀外籀皆不知為何物。由是縉紳先生摒絶勿観。率以新学相垢病。及游学少年。続続返国。〔中略〕以言革新。又競以旧学為迂闊。新旧扞格。文化弗進（上海等と違って内陸部では積極、消極、内籀〔帰納─筆者、以下同〕、外籀〔演繹〕なぞは誰もその意味が分からない。従って地方の読書人は新学の書を非難し、読もうとしない。一方留学帰りの青年は、革新を唱え、競って旧学を貶む。新旧の学問が相容れなければ、文化も進歩しない）。」とあり、柴萼も前掲の文章で「蓋新学者不能読古書。而老生又不解西籍。二者交譏（新学の人は古籍が読めず、旧い知識人はまた洋書が分からない。両者は誹りあうばかり）。」と指摘している。つまり新名詞が新旧知識の断絶をもたらし、言語のコミュニケーション機能を著しく損ねた。張之洞の教え子で、詩文で知られる樊増祥は当時の流行語「過渡」について「新学家皆曰今日是過渡時代。夫所謂過渡者、由此岸達彼岸方及中流之時也（新学を標榜する人はみな今日を過渡時代と言っているが、いわゆる過渡とは川を渡るとき、向こう岸までまだ到達していない時のことである）。」と言っている。[18] 冗談めかした発言ではあるが、新名詞は字面通りの解釈が必ずしも正しい意味にたどり着かないことを示唆している。特に一部の漢籍語が日本で訳語として再利用された場合、古典義と現在義が衝突し、混乱をもたらした。例えば、「経済」「自由」「革命」などの語は中国の知識人に非常に不評であった。学術用語としての新名詞がかえって知識の導入、伝播の障害となった。問題を解決するには、術語辞書や新しい国語辞書を編纂するほかない。『新爾雅』（一九〇三）や『新釈名』（一九〇四）が最初の試みと言えよう。『新爾雅』は日本の大学等の講義録か入門書を翻訳したもので、編者の汪栄宝、葉瀾は後に憲法草案や新法律の制定にも参加し、重要な役割を果たした人物である。[19]『新釈名』は梁啓超が『新民叢報』の四九号から始めた連載で、単行本を目指したが、三回で中止となった。いずれも大見出し語形式を用いて、重要なタームを取り上げ、百科全書的に説明を加えたものである。また日本の術語辞典をそのまま中国語訳し、出版したものも多かった。[20]一九一五年に出版された中国の国語辞書『辞源』も日本語に負うところが大きかった。[21]

三　賛否両論の新名詞

十九世紀末二十世紀初頭、日本が中国に新知識を提供するルートになるにつれて、新名詞は中国の伝統的言語社会に強烈な衝撃を与えていった。

王国維は、急増した日本からの新語訳語を「好奇者濫用之、泥古者唾弃之（好奇者がそれを乱用し、守旧者がそれを拒絶する）。」と一九〇五年当時の状況を指摘している。新名詞をめぐって、様々な反対意見が湧き起こった。純粋に言語学的なものもあれば、社会言語学、ないし政治的、イデオロギー的なものもある。前者としては、例えば厳復は、訳語としての意味の的確性という観点から、「経済学」、「自由」、「憲法」について疑問を挟んでいる。王国維も「直観」「観念」は必ずしもよい訳語ではないと指摘している。非母語話者の日本人による漢字語の造語は適不適の問題を生じるが、同じ母語話者でさえも同じ結果にならないことを想起すれば至極自然なことであろう。

しかし反対意見の多くはイデオロギー的なものであった。柴萼は、前掲の文章で次のように書いている。それまで厳復は西洋の書を翻訳して、できるだけ古典の文章に倣おうとした。「図騰(トーテム)」「宗法(宗教)」「拓都(トータル)」「幺匿(ユニット)」などの訳語は、非常に上品で(雅馴)、周や秦の時代の古書を彷彿させるものである。ほぼ同じ時期に梁啓超は上海で『時務報』の主筆として活躍していた。「変法通義」を執筆した時、最初はまだ文章を大事にしようとしたが、後になると「以太(エーテル)」「脳筋(神経)」「中心」「起点」を盛んに使うようになった。続いて『湘報』が創刊され、唐才常、譚嗣同らが投稿して呼応する。このような状況に対して旧い文章家たちは大いに恐れをなした。[22]

旧い文人代表格の王先謙は、一八九八年夏、湖北巡撫陳宝箴に手紙を送り、『時務報』が創刊されてから、文章が大いに乱れた。脳筋、起点、圧力、愛力、熱力、漲力、抵力、阻力や、支那、黄種、四万万人などの語が誌面に氾濫し、文壇が汚された。文章の乱れは伝統的学問の道にとって障害となりかねない。公私を問わず、弊害があるのみで、廃刊にさせた方がよい」と主張した。[23]

同じく湖北省の紳士、葉徳輝も梁啓超らが『時務報』、『知新報』を主宰してから、異端の語句、西洋の俗語、例えば支那、震旦、熱力、圧力、阻力、愛力、抵力、漲力などが氾濫し、東南数省の文章は、詭異に傾き、もはや文章とは呼べないと書いている。[24]

二人が取り上げた語は似ており、その時代の代表的なものである。しかしこれらの語の多くは何も新

表1　新名詞一覧表

	『格致彙編』1876～1892	『中西聞見録』1872～1875	『時務報』1896～1898
以太	0	0	0
脳筋	9	13	5
起点	1	0	11
圧力	224	62	19
愛力	31	0	22
熱力	0	4	2
漲力	70	1	6
抵力	25	10	0
阻力	60	8	13

しいものではない。次の表に示されているようにそれまでに宣教師らの翻訳書、雑誌ですでに使用されている。

つまり新語の問題は自然科学から人文科学への応用と文体の転換によって発生したのである。王国維は「十年以前、西洋学術之輸入、限于形而下学之方面、故雖有新字新語、于文学上尚未有顕著之影響也、数年以来、形而上之学漸入于中国、而又有一日本焉、為之中間之駅騎、于是日本所造訳西語之漢文、以混混之勢、而侵入我国之文学界（十年前は、西洋の学術の導入は自然科学に限定されたので、新語術語の出現は人文科学への影響はまだ小さかった。ここ数年、人文科学も徐々に中国に導入され、また日本経由で導入されたので、日本製の新語訳語が怒濤のように中国語に入ってきた）。」と分析している[25]。

在野の文人の他に清王朝の重臣、例えば端方、張之洞も新名詞の強烈な反対者であった[26]。張之洞は張百熙、栄慶らと制定した『学務綱要』において、「学堂不得廃棄中国文辞、以便読古来経籍（学校は中国の詩文を捨ててはならない。中国の典籍を学習する上で必要だからである）。」の節で[27]、古文、駢体文、古今体詩辞賦などの「中国各種文体は、歴代相受け継がれ、世界文化の精華であり、国粋を保護する一大事である。他の学科の妨げにならない条件下で、各地方の学校はそれをないがしろにしてはならない」

と訓示している。更に「すべての教員の講義及び学生の質問は、言葉においては下品、粗野なものを使ってはならない」と要請している。また「戒襲用外国無謂名詞、以存国文瑞士風（外国の無意味な述語の踏襲を戒め、中国の国粋の保存に努める）。」という節で、「昨今、青年は外国の言葉を好んで使用している。例えば団体、国魂、膨張、舞台、代表などである。このような語は固より雅馴に欠け、今後、教科書、日記、試験解答に使用した場合、必ず排斥する」と警告している。それと前後して、『大公報』は重要ニュースの紙面に、四川学使、呉蔚若の訓辞を掲載した（一九〇三年二月二十一日付）。呉は、時の文章の中に「組織、思想、団体、発達、代表、目的、劇烈、圧力、漲力、熱力、愛力、能力、風潮、膨張、起点、正比例、反比例」が枚挙できないほど濫用されていると指摘し、浅学の輩はたまに西洋の翻訳書を見たら、その理屈を理解しようとはせずに、その語句だけを覚え、中国の古典の解釈に使い、議論は乱雑で、一貫性がなく、これまでの八股文と同じやり方に過ぎないと非難している。呉はまた科挙の受験生に「自分が中国人であることを忘れずに、古典にない語句を科挙試験に使わないよう」にと戒めている。

日本語からの新名詞に対し、強い反発を示す理由としては以下のようなものがある。

（1）日本の言葉は「雅馴」ではないからである。『学務綱要』は、「文字怪異（おかしい）」、「鄙俚粗率（低俗でいい加減）」、「固欠雅馴（もとより雅馴に欠けている）」と新名詞を酷評している。樊増祥の「丑怪字眼」、『国粋学報』の「東洋文体粗浅」、劉師培の「東籍之文、冗蕪空衍、無文法可言」などの評価も同じ意味である。「雅馴」が新名詞を受け入れられない致命傷となったのである。

「雅馴」は語彙レベルの問題としては、文章の中で使用する語彙は、由緒正しいものでなければならないということである。中国の古典に出典のない語彙を使うことは「雅馴」を台無しにする主な原因である。『学務綱要』は、日本の立派な学問家はその著作で漢文を用いる時、みな極めて雅馴である。というのは、その語彙は中国の経史子集から採用しており、それ以外のものを使っていないからである。樊増祥は、新名詞は、古今の文章で一緒に組み合わされたことのない字を無理に連ねて作ったものであると言っている。「雅馴」がこれほど重要視されるのは、雅馴でなければ高尚なものを伝えることができないと考えられていたからである。

（2）文章スタイルの破壊。新旧、中外の語句を混ぜて使用するのは、従来の文章の文体統一性を壊す恐れがあると考えられる。『学務綱要』は「もし中国外国の文章作法を混ぜて使っていけば、いずれ中国の文章作法、漢字の意味が悉く変わってしまう」。そうなれば「中国の学術伝統はすべて失われてしまうだろう」と述べ、強い危機感を募らせている。いわゆる中国の文章作法とは、韻律、対句等の形式上の特徴を指していると思われるが、二音節語を中心とした新名詞の多用によって、文章のリズムに大きな変化が生じることは必須であろう。

（3）新名詞は定義が定かではなく、使用者によっては、間違った用法をする。

新名詞に対する使用者の理解不足も反発を招いた重要な理由の一つである。『大公報』は、一九〇三年三月一日、四月十九日に社説「国民文明野蛮之界説」、「学魔」を掲載し、「中国ではいま文明を我が物顔のように自慢する者がいるが、せいぜい何冊かの翻訳書を読み、日本語からの術語を幾つか知っているに過ぎない。二三の新名詞を覚えただけで、文明輸入の主役と勘違いしているが、実は手にしたのは無用なものばかりだ」と論じている。新名詞の濫用は、国民の知的進歩に無益なだけではなく、国民の進む方向をも乱した。『申報』も一九〇六年六月三十日付で「論文字之怪現象」を発表し、当時の文章は陳腐な表現に分かりにくい新名詞を混ぜていると指摘している。また同年十月二十八日付で「新名詞輸入與民徳陦落之関係」を発表した。文章は、「新名詞が中国に入ってから中国の学者は字面の意味に頼り、その本当の意味が分からないまま使用している。悪質な者は新名詞を護身の道具にし、民衆の道徳を壊した。」と指摘し、その例として「家族革命」「地方分権」「抵力圧力」「自由」「平等」「共産」「運動」「競争」「権力」などを取り上げた。

当時の文章は、術語の意味を説明する割り注を多用し、新名詞の普及、定着に力を入れている。ただし個々の語の意味だけではなく、体系的に新知識を紹介しなければ語の意味を完全に理解することができない面がある。『新爾雅』など百科辞書的な術語集が重宝される所以である。(28)

（4）民族主義的な反応。日本経由で西洋の新知識を取り入れることには、完全なものは期待できないと考える中国の知識人が少なくない。また新名詞の多くは中国の典籍にすでに存在しているもので、日本人による造語ではなく、中国の古典語を用いて、訳語に当てたに過ぎないとの主張も多く行われた。周商夫編『新名詞訓纂』（上海掃葉山房、一九一八年）は新名詞の語源を中国の典籍に求める最初の考察で、計六一五語を取り上げている。第二次世界大戦の中で王雲五は『王雲五新詞典』（商務印書館、一九四三年）を出版し、三七〇〇以上の語についてそのルーツは中国の典籍にあると立証しようとした。

しかし、新名詞を人為的に阻止できるものであろうか。新名詞が初めて非難された一九〇三年当時でさえ、「新名詞は排斥しなければならない」という主張が、もはや不可能であろうことは『学務綱要』を見れば分かる。この二万字弱の文章に使用された新名詞は数え切れない。例えば「参考西国政治法律宜看全文（西洋の政治法律を参考にする時、全文を読むべきである）」という節では、日本の憲法の条文を引用しつつ、「民権、義務、自由、法律」について詳細な説明を行っている。憲法や政治体制に関する話題を語る時、新名詞はすでに欠かせない存在となったのである。(29)

柴萼は「学者非用新詞。幾不能開口、動筆。不待妄人主張白話。而中国語文已大変矣（学者は新名詞を用いなければほとんどものが言えず、文章も書けない。無学な輩が白話を主張しなくても、中国語の文体はすでに大きく変わった）。」と指摘している。この指摘には興味深いものがある。つまり新名詞は語彙のレベルで言文一致への準備をしていたのである。一九一九年からの五四運動で提唱された白話文体の確立は、新しい知識を伝えるのになくてはならない新名詞の普及、定着を前提としていたのである。梁啓超は後に司法長官になってから「取消」を「撤銷」に、「手続」を「程序」に、「目的」を「鵠的」に変えようとしたが、時、既に遅しで、日本語からの術語がすでにすっかり定着していたと柴萼が指摘している。

新名詞の不可避について、王国維は言語面からその理由を分析してみせた。王国維は新名詞の出現を時代の趨勢と考え、「言語とは思想の代表であり、故に新思想の輸入は、即ち新言語の輸入でもある。（中略）新しい学問をするには、新しい術語が必要である。直接日本語から新語訳語を借用することは、一、自ら作るより便利である。二、日中で同じ術語を使えば学術交流に有利になる」と指摘している。

また北京大学で教鞭を執っていた服部宇之吉は、「奏定学章程綱要有不許用新語之不雅馴者一条、然学術随事而創作、新語勢所不得免也。（中略）今中国正当広求知識于外国之時、而敢問語之雅馴、或因此致阻碍学術之発達、則豈能免顛倒本末軽重之譏乎（政府の教育大綱には新語の中で雅馴ではないものを使ってはいけないという項目があるが、学術の進歩につれ、学者が必要に応じ新語を造るのはやむを得ないことである。〔中略〕今中国は正に広く世界に知識を求めようとする時、語句の雅馴を問題にする余裕はなく、これによって、学術の発達が阻害されては本末転倒である）。」と述べている。(30)

では、当時の新名詞を非難する文章の中で問題になっている語の中にはどのようなものがあったのだろうか。(31)そのほとんどが現代中国語に定着した語である。

以太　脳筋　脳蒂　中心　起点　現象　政事　商業上　中心　手続　目的　規則　場合　但書
成立　取銷　経済　社会　積極　消極　有機　無機　民主　野蛮　思想　組織　団体　国魂　膨張
舞台　代表　報告困難　配当　観念　犠牲　影響　機関　衝突　運動　家族革命　地方分権　抵力
圧力　自由　平等　共産　競争　権利　革命軍　精神　勢力圏　中心点　方針　歓迎会　預備科
学界　維新　進歩　過度　開化　改良　個人　腐敗　全体　料理　支那　大劇場　同胞　直接
間接

四　新名詞と国民教育

辛亥革命を引き起こした誘因の一つは立憲プロセスの挫折だと言える。清末新政は、立憲をめぐって展開されてきた。実際の内容は、立憲君主の政体の制度設計とそのための国民創造である。両者とも日本を手本とし、日本の書物から豊富な思想的資源を得ている。制度設計における日本との関わりについては研究が多くある。ここでは、これまでほとんど利用されなかった国民必読書という資料を素材に、国民教育における日本の影響を特に言語面から見てみよう。[32]

朱樹人編著の『国民読本』(上海文明書局、一九〇三)は、「国民」と冠する最初の書物である。書名の「読本」からも分かるように、本書には日本的要素が多く含まれている。文章は平易な文語文体で綴られてはいるが、当時の一般民衆にとって理解不能な新名詞もふんだんに用いられている。続いて高歩瀛・陳宝泉編訳の『国民必読』(北洋大臣学務処、一九〇五)と孟昭常著の『公民必読』(預備立憲公会、一九〇七)が公刊された。いずれも日本の書物から素材を取っている。特筆すべきは、清学部編の『国民必読課本』(一九一〇)である。清政府は一九〇六年に立憲準備を宣言し、一九〇八年に「九年預備立憲之清単」という準備作業のリストを発表した。その一項目に『簡易識字課本』、『国民必読課本』の編纂と出版が入っている。識字率を高め、立憲国家にふさわしい国民を養成するためである。学部が示した当初の編纂方針によれば、『国民必読課本』は甲乙の二編からなり、甲編は、内容が簡単で、範囲が狭く、典籍からの引用も少ない。乙編は内容が深く、範囲が広く、典籍からの引用も多い。甲乙編はまたそれぞれ上下二巻に分けられ、上巻は大義が明らかなものを中心に文章を典籍から採集し、秦漢唐宋の儒学者たちの学説でそれを証明する。下巻では、歴代皇帝の諭旨や制度、法令から重要なものを採録した上、『聖諭広訓直解』に倣い、解釈を付けて読者の理解を助ける。しかし最終的に、厳復らの校訂を経て刊行された『国民必読課本』は、当初の編集方針から大きく逸れた。甲編下の内容は国家全体について説明するもので、「憲政」という項目ではまず上諭が二通掲げられているが、光緒三十二年七月と同三十四年八月に発表された立憲に関するものである。上諭に続いて『聖諭広訓直解』に倣う「謹案」という解釈の部分があり、立憲諭旨、立憲君主、統治権、立法権、行政権、司法権について用語の意味を説明している。

乙編下は、甲編下と内容的に同じだが、より詳細に展開する編纂方針に従って、一九〇六—一九一〇年の上諭八通が掲載され、「謹案」はまず「憲法」の定義を示した上で、「政体、大権、議院、行政、司法、臣民之権利義務、地方自治」について説明している。聖諭・広訓・直解の関係と違って、「上諭」あっての「謹案」というより、「謹案」が先行し、「上諭」は、あくまでも権威付けのために後から付けてきたに過ぎない。そして「謹案」は、日本の書物より取ってきた内容であることは用語の面からも明らかである。

次に国民に関する記述を見てみよう。甲編下にある「国民」の項目は、「国民教育」、「国民常識」、「立憲国民」の三節から構成されている。「国民教育」では国民は立憲国民の資格を得るべく、勉学に励み、忠君愛国の義と社会進化の理を理解し、国民としての義務を尽くさなければならないとし、教育大綱に徳育、智育、体育という「三育」が示されている。「国民常識」では、常識は人生に必須の普通知識とし、その内容は修身、国文、算数、体育が最も重要なもので、地理、歴史、自然科学、法律、経済、図画等も不可欠であるとしている。「立憲国民」では、専制政体を有する国家の人々と違って、立憲国民は憲法に法的地位が保証され、国家の政治全般に関与することができるとし、国家の富強は国民の程度によって決まるため、依頼心をなくし、国家のために努力しなければならないと説かれている。

甲編下の記述を受け、乙編下は、「憲政・臣民之権利義務」において下記の項目がリストアップされている。

・任官と選挙被選挙の権利
・言論出版結社集会の自由の権利
・法律の定める以外のところ、逮捕、監禁、処罰を受けない権利
・裁判を起こす権利
・公正な裁判を受ける権利
・財産居住を侵犯されない権利
・納税と兵役に服する義務
・法律に基づいて納税する権利
・法律を守る義務

一見して分かるように、これは清政府が一九〇八年八月二十七日に頒布した「欽定憲法大綱」第二章「臣民権利義務」の内容で、「大日本帝国憲法」の文言を中国語に訳したものである。各項目の具体的な内容に関して、大綱に、「その細目は憲法制定の際、定める」とあるのみであるが、『国民必読課本』では各項目について詳しく説明されている。用語の面でも権利、義務をはじめ、憲法、選挙、議院、議員、言論、出版、結社、集会、思想、公共事業、審判、納税などの日本からの新名詞が用いられている。梁啓超はかの有名な『新民説』(一九〇二―一九〇五)において、新民たる素質は、自尊、合群、尚公徳、尚武、進取などを唱え、また権利思想、義務思想も論じていた。[33] 朱樹人や高歩瀛・陳宝泉らは主に国民が備えなければならない知識、素質の観点から国民教育の問題を取り上げ、特に後者は「軍国民」を新しく問題提起した。しかし学部の『国民必読課本』のように法律に規定された権利と義務を厳密に説明

しているものはまだない。本書では「国民」ではなく「臣民」という在来の呼称が使われているが、その内容が実現された暁には、専制国家の臣民ではなく、近代国家の国民であること疑う余地がないであろう。

このような斬新な内容は、上諭に対する「謹案」という旧形式で示されており、加えて文語文体という言語形式を採っている。[34] 俄に社会全体に浸透することは期待できないだろう。学部編纂の『国民必読課本』はこのように旧い器に新しい内容物という矛盾した一面を持つが、「憲法、自治、国家、国民、民主、共和、権利、義務」等の時代のキーワードを定着させる役割は看過できない。中国の未来はまさに日本製の新名詞によって描かれようとしていた。

おわりに

王朝交替という意味を持つ漢籍語「革命」は、幕末の日本において、例えば福沢諭吉の『西洋事情』（一八六六—一八七〇）にあるように、国家や社会の組織形態、権力配分を暴力的な手段によって急激に変える意味に用いられるようになった。[35] フランス革命はその典型的な事例として紹介されている。『哲学字彙』（一八八一）に、「Revolution 革命、転覆。按、興国謂之革命、亡国謂之転覆」とあり、プラス評価の意味合いを与えようとしたが、「革命」が持つ暴力的なイメージは結局拭い去ることができなかった。特に「革命党」は暴力で現状を変えようとするグループの呼び名となり、孫文とその追随者らの中国での相次ぐ武装蜂起は、日本のメディアでは「革命党による蜂起」と報道され、中国関連ニュースの流行語となった観すらある。「革命」と「改良」、人々がそれぞれのタームのもとに結集し、対立していた。前述した通り、立憲君主制を目指した改革派は理論面、民衆動員の面でも多くの準備作業をし、革命の回避に必死であった。しかし立憲は清王朝の頑な反対に遭い、皇室内閣の成立によって頓挫した。上からの改革の道が閉ざされたのである[36]。

一九一一年十月十日に武昌で起きた武装蜂起はそれまでのものと違って、多くの省が独立を宣言した形で呼応し、清王朝は一瞬にして崩れ倒れた。清王朝を葬り去った武昌蜂起が「革命」と呼ばれるのも、むべなるかな、である。同年十一月に宋教仁が起草した『鄂州約法』が公表された。宋はかつて日本の法政大学で各国の憲法と政治制度を研究したことがある。『約法』は三権分立、議会、自由等の新名詞を用いて、民主、共和の理念を訴えた。

翌年の二月、退位詔書が発表された。二千年以上続いた封建帝制の終わりを告げたこの詔書は、「代表、国会、政体、心理、共和、立憲、国体、選挙、組織、領土」と新名詞をふんだんに使用している。張謇が執筆したものを袁世凱が添削したと言われているが、実際は張謇の幕僚で日本留学をしたことがある挙人の楊廷棟の手によるものである。辛亥革命は、民主、共和思想を普及、定着させた功績が大きいと言われている。このように、新名詞は旧い時代の退場を見届け、新しい時代の幕開けに立ち会った。但しその時は、新名詞によって表出された新しい知識はまだ文語文という旧い言語形式に頼らざるを得ない。言文一致という文体の革新が次のステップで待たれている。一九一九年の新文化運動がそれである。文体革新の成功がなければ、新知識が全国民に行き渡ることはないだろう。

注

（1）沈国威『近代日中語彙交流史』笠間書院、二〇〇八年、改訂新版、八一頁を参照。
（2）例えば、いわゆる最初の清政府公費留学生は、実は通訳養成の目的で日本の公使館に派遣された若者であったが、事情で高等師範学校校長の嘉納治五郎にその教育を委託されたので、公使館内ではなく、町の学校で教育を受けることになった。そのため図らずも「最初の留学生」となった中国の若者は、日本の近代的教育内容に触れることができた。一八九六年三月の時点で、総理衙門は日本に倣う意識がまだなかった。
（3）『汪康年師友書札・二』上海古籍出版社、一九八六―一九八九年、一二七七頁。
（4）沈国威「『時務報』の東文報訳と古城貞吉」、『アジア文化交流研究』第四号、二〇〇九年、四五―七一頁。
（5）沈国威『近代中日詞彙交流研究』北京：中華書局、二〇一〇年、二七四頁。
（6）『時務報』第二七号（五月二十七日）、二九号（六月十日）、三三号（七月二十日）。
（7）D・R・レーノルズ『新政革命與日本』中国語版、江蘇人民出版社、一九九八年。
（8）沈国威「中国における近代知の受容と日本」、沈国威編著『漢字文化圏諸言語の近代語彙の形成――創出と共有』関西大学出版部、二〇〇八年、一―四一頁。
（9）王国維、「論新学語之輸入」、『教育世界』第九六号、一九〇五年四月。
（10）汪康年、一九一一年四月二十六日付『芻言報』。
（11）呉士鑑、一八六八―一九三三、浙江杭州人、一八九二（壬辰）進士。江西学政、湖南提学使等を歴任。教育視察のために日本を訪れたことがある。
（12）王栻主編『厳復集』二、中華書局、一九八六年、二七三―二七五頁。
（13）『江西郷試録』、『江西郷試闈墨』熊元鍔等撰、奎宿堂刊。「西洋の学術は形而上の学と形而下の学とに分けられているが、学科として成立したものにどのような学科があるのか、学習する順序はいかなるものか」という問いは、中国の教育制度改革の中で大いに議論を交わされた問題である。沈国威「厳復與訳詞：科学」、『翻訳史研究』二〇一一年第一輯、一一四―一三七頁参照。
（14）沈国威「日本発近代知への接近――梁啓超の場合」、『東アジア文化交渉研究』第二号、二〇一〇年、二一七―二二八頁。

(15)戈公振『中国報学史』三聯書店一九五五年版、一三一頁。
(16)柴萼「新名詞」、『梵天廬叢録』中華書局、一九二六年、巻二七、三三葉下―三五葉上。
(17)沈国威「西洋人記録的世紀之交的新漢語」、『東西学術研究所紀要』第四二輯、二〇〇九年、一〇一―一一一頁。
(18)樊樊山『樊山判牘正編続編』樊楚才編、大達図書供応社、一九三三年。『樊山政書』中華書局、二〇〇七年。
(19)沈国威編著『「新爾雅」とその語彙』白帝社、一九九五年。
(20)沈国威「中国近代的科技術語辞典(一八五八―一九四九)」、『或問』第一三号、一三七―一五六頁。
(21)沈国威「『辞源』與現代漢語的新詞」、『或問』第一二号、二〇〇六年、三五―五八頁。
(22)柴萼「新名詞」前掲。
(23)王先謙『虚受堂書札』台北：文海出版社、一九七一年、一八〇五―一八〇六頁。湯志鈞『戊戌変法人物伝稿』中華書局、一九八二年、五七九―六〇二頁。
(24)葉徳輝「長興学記駁義」、『翼教叢編』台北：文海出版社、一九七一年、二五五頁。湯志鈞『戊戌変法人物伝稿』中華書局、一九八二年、六〇二―六〇八頁。
(25)王国維「論新学語之輸入」。
(26)張之洞はいたく新名詞を嫌って、それを使用した幕僚を叱咤した逸話が有名であった。雷頤「従張之洞厭悪日本新詞説起」、『光明日報』二〇〇二年十二月三日。
(27)張百熙、栄慶、張之洞『学務綱要』一九〇三年九月。舒新城編『近代中国教育史料』中華書局、一九二八年、八―三〇頁。
(28)これらの辞書は主に日本語から訳出したものである。沈国威編著『「新爾雅」とその語彙』白帝社、一九九五年。
(29)大日本帝国憲法は、一九〇一年に沈紘らによって中国語に翻訳された。張之洞の知識はこの翻訳から得たものと思われる。
(30)服部宇之吉『心理学講義』東亜公司、一九〇四年。
(31)但しここで問題にしているのはいわゆる新語意識のことである。リストにある語はすべて日本製というわけではない。

(32) 沈国威・孫青「厳復と清末学部編『国民必読課本所編』(一九一〇)」、松浦章編『東アジアにおける文化情報の発信と受容』雄松堂、二〇一〇年、三一―五四頁。

(33) 梁啓超『新民説』中州古籍出版社、一九九八年版。

(34) 本書は句読点がなく、清王朝の支配者に言及された場合、改行、三文字分行頭上げを施している。

(35)「急激な変化」という派生義、例えば「産業革命、技術革命」なども十九世紀末から用例を増やし、政治以外の文脈に拡大した。

(36) 十九世紀末の「革命」には暴力的な意味が強く付きまとっている。孫文は日本の新聞に「革命党」と呼ばれたため革命党と自称したという言い伝えは実証されていないが、梁啓超は早くから「革命」の持つ暴力的イメージを問題視し、「改革」という訳語を提案した。梁啓超「釈革」、『新民叢報』二二号、一九〇二年十二月十四日。

10 地域と知域の重層
——二十世紀知識人孫文にみる知域像——

濱下武志

はじめに——「知域」と「地域」が通じ合うこと

本章は、「学知」や「民知」などと場によって異なる表現をとる知や知識を、「地域」概念と重ね合わせて「知域」と表わし、この「知域」を通して、時代思想と歴史との関係を、因果関係としてではなく両者の緊張として捉えようと試みる。従って、「知域」は明確な定義を持つ社会科学的な概念ではなく、むしろ、これまで個別的に議論されてきた思想と歴史におけるさまざまな問題を、ひとつの、あるいは共通の場に置いてみることによって、そこに生ずるさまざまな複合的な組み合わせや、それらの総合を考え、それによって新たな課題検討の地平を考えようとする「知の空間」を想定するということである。別言するならば、これまでの個別的なあるいは継続的な問題を問題群として捉えるための知的な装置ということもできる。

地域は社会的な行動の範囲をあらわす空間概念であり、知域は社会的な認識の範囲を現す空間概念である。これは、これまでの「実体としてのアジア」か「思想としてのアジア」かという二分論に対して、両者をひとつの視野において議論しようとする。

知識という知と地域という域とを組み合わせ、一方では知識が持つと想定される普遍性を地域的な空間領域で画することによって限定したり条件づけたりすることを試み、他方では、地域という空間が融通無碍に論ぜられ、そこには必ずしも明確な概念装置が無いかのような傾向に進んでいく中で、両者の往還を試みようとする枠組みが「知域」である。

もし、知識ということから出発するならば、学知や民間知など、学問分野や学科に対応した知の在り方を検討する領域が見えてくるであろう。そして、もし知の地域としての知域を考えるならば、西洋知や東洋知あるいは南洋知などによって表現される、地域に固有の知識や思想をくみ上げることを目標としつつ、同時に、地域の知識は、その地域としての空間を離れ、外に向かって拡大したり、異なる知域から受け容れられたりする。(1)

この原点と離点とが相互に往還しつつ、さまざまなレベルで知域と地域が交差し合うという過程は、一方では、思想研究の対象としての知域が歴史にフィードバックすることを方法的に保証するものであり、思想家の思想ではなく、時代の思想を歴史のなかに位置づけることを可能とする。同時に、学科として相互に区別されて構成され分類された知識は、改めて地域性が付与されることによって、地域において生きる知識として、知の時代性や歴史性が回復することになる。

このように、知域とは、知識を歴史的に位置付けることで、学科によって区分され断片化した知識に抵抗し、知識の全体性や時代性を取り戻そうとするものである。また、国家や民族を唯一の主体とした知識や地域が前提とされてきた中で、改めて知の現在性を考えるための視角を取り戻そうとすることでもある。

一　「知域」から考える辛亥革命期のアジアと世界

その意味では本章は、辛亥革命そのものをテーマとはしていない。アジア研究をめぐる対象と方法に関するこれまでのいくつかの継続する議論、とりわけ歴史と思想との関連、歴史研究と思想研究との関連をめぐる長年の問題関心を念頭におきつつ、辛亥革命時期すなわち十九世紀末葉から二十世紀初頭にかけての世紀交（世紀交替期）の時代に、そこに生きた知識人たちが、どのように変動する時代を認識しそれに向かおうとしたのか、という課題を考える。そして、その時代状況のなかで、孫文自身もそのような知識人として存在していたという点に焦点を当てて考えるとき、これまで孫文評価において議論されてきた諸点がこれまでとは異なる意味と位置付けをもって再登場することになる。この根拠を、「知域」というキーワードを用いて吟味することとしたい。それによって、辛亥革命とはすなわち世紀交の知識人としての孫文が、世界の変動に対してそれを認識しようとし、また、それに立ち向かうひとつの表現としての運動であり、国家や民族を唯一の主体として記述してきたいわゆる近代史と革命史が、それとは異なる面貌を持って自らを表現し始める。翻って、歴史と時代思想との関連は、相互にフィードバックが可能な対象として再生することになる。(2)

「辛亥革命と日本」というテーマは、東アジアに於ける十九世紀後半から二十世紀初頭にかけての国家建設や、そこに於ける西洋化政策、国内統治など、西欧列強のアジアへの接近が強められていくという当時の国際環境の中での変化を示す課題のひとつと考えられる。そこでは、明治維新や清末の改革が比較され、西洋をひとつの尺度として、西洋化する日本と守旧的な清朝が対比されることが常であった。さらには、当時、洋務政策を推進した張之洞などが、日本を小西洋と見立て、多くの留学生を送り込んだことなどからも、西洋化が進んでいた明治日本と遅れていた清朝中国が対比された。

この西洋化という比較の軸は、日本が先に進んでおり、清朝中国は遅れているという対比である。しかし、この点は、歴史的にも修正されなければならない比較であるといえる。また、先進・後進関係ではなく、もし、社会の中の西洋という問題を考えたならば、明清中国は、遥かに多くのまた多様な西洋を受け止め、内在化させていたということがいえるのである。また、この場合の西洋も、中央アジアやインド洋・南海を経由する地域的連続性を持っており、イスラム・インド・ロシアなどのユーラシア大陸を経由して往来する西洋であった。

中体西用という体用論や本体論そのものも、歴史的に深いというべきか、日常的なというべきか、そのような流れとしての西洋から絶えず流入する文物を、西洋として区別するのではなく、自らのものとして表現し、行動するという様式がすでに存在していた、と見ることが出来よう。

他方、明治以降の日中比較として、中国は西洋化していないという認識が、日本の近代化＝西洋化の位置づけと重なっていた。しかし、ある意味では中国の近代化＝西洋化はすでに、明代から開始されており、とりわけ民間の西洋化は無視できない。

この点から見るならば、日本の西洋化は、政策的であり、また時期的に集中した直接的な導入であったというところに特徴があるのであり、西洋化一般で見るならば、ユーラシア大陸の東部に位置する中国は、歴史的に見てはるかに多くの経路によって西洋を受け容れてきているということを忘れてはならないであろう(3)。

二　歴史周年記念にみる〝記憶〟の現在性

辛亥革命から一〇〇周年という時間が経過したことを機に、多くの記念会議が開催され、歴史の記憶を新たにし、それを現在に活かそうとする試みが行われている。しかし、歴史を過去のものとしてそれを記憶の対象とするのみでは、現在との関連や現在という時間の歴史化に対してそれらを無視してしまうことになるのではないか。本章において検討したい点は以下の通りである。

(1)辛亥革命は、とりわけ初期の過程においては、華僑華人の移民ネットワーク、華南の地域ネットワーク、海関に関連する都市ネットワーク、さらには、それらを相互に関連付けた情報ネットワークなど、華南の地政的な特徴を表わすネットワークを活用したネットワーク革命であったということ。

(2)現在、辛亥革命を考えるとき、辛亥年から起算して一〇〇年であり、ちょうど一〇〇周年であるといえるが、もし、このような時間の区切りによって現在を考えるならば、あるいは、現在から過去の歴史を考えるならば、一九四九年の新中国誕生から六〇年という時間を経過しており、また、一九七八年からの改革開放時期は、すでに三〇年を経過している。このように現在から見るならば、このような一〇〇年、六〇年、三〇年という時間は重なっており、これらが別々に現在につながっているわけではない。したがって、これらの三つを一つの流れの中での歴史としてどのように描くことが可能であるか、という課題が提示されていると考えられる。ここでは、これらの三つの歴史を、鄭観応の歴史の中に体現されているものとして捉え、いわば、鄭観応の歴史が現在において実現されたものとして、一〇〇年、六〇年、三〇年の三者をつなげてみたい。

（3）鄭観応の歴史の中で特徴的な点は、彼の一生を通した商業・企業活動であり、また西洋・外国とのつながりの強さである。彼が残した『盛世危言』のなかの「商戦」や「富国」などの主張が、毛沢東を動かし、孫文にも影響を与えている。また、彼の希望は改革開放後の現在に至って実現されており、いわば、鄭観応の経済活動・建策・目標が、一五〇年の時間を経て実現されつつあるといっても過言ではないと思われる。(4)

（4）この問題は、さらに、中国史の「頂点」あるいは「視点」をどこに置くことによって歴史的な特徴を考えるのか、また、中国史をどこに視点をおいて考えるかという歴史論につながっていく。すなわち、一九四九年に視点を置いて長期の歴史を捉える場合、一九七八年に視点を置く場合、さらには、明清時代など王朝時代に視点を置いて歴史＝現代を考える場合などである。いずれも長期歴史を扱おうとするのであるが、通時的な含意をどのように読み取ろうとするかによって、内容が異なると考えられる。また、このような通時的な検討と同時に、共時的な視点あるいは地域空間的な歴史的視点にかかわる問題にもつながっていく。たとえば「近代と現代」という時代区分の問題、東アジアというような共時的な地域区分の問題にもつながる。冷戦時代を象徴した朝鮮戦争（抗美援朝戦争）から数えて六〇年という時期とも重なっている。

　時代と地域、テーマと学会などによって区分され深化されてきた〝歴史研究〟における専門性は、歴史的に画期的な出来事の記憶を歴史周期的に新たにすることによって、連続した研究環境を形作ってきたと思われる。歴史的記念日や記念年を想起することは、往々にして現在に対する視点を軽んずるのではないかという疑問が出されるのではあるが、辛亥革命を現在とりわけ変動するアジアと世界の中で検討しようとすることは、歴史的な継承性と同時に、現在と辛亥革命の双方に対して、新たな知見や従来と異なる視野を考えることになるとすれば、しかも歴史研究が現代研究であり、現在の問題関心からする過去の顕在化であるということに鑑みるならば、極めて意味のあることであると思われる。

　これまで歴史は、近代や現代という時代区分によって区切る時間軸によって接続されてきたといえる。しかしながら、これらを一つの歴史の流れの中に組み入れて――というよりも、歴史自体はそれらを合流させていたのに、後世の歴史家が歴史を選択し、それぞれに別の文脈を与えたに過ぎないのではあるが――振り返って一つの流れとして見ると、辛亥以降現在に至る歴史過程のなかで中国の富強あるいは富国という目標は達成されたと見ることが出来るであろう。

　これは、以下のような「歴史のつながりとしての現在」からみて、いうことが出来ることである。

＊盛宣懐の推挙により李鴻章が批准し、唐廷枢・徐潤・鄭観応によって進められた輪船招商局が成

立した一八七三年からおよそ一四〇年
＊鄭観応の『盛世危言』初版（一八九四年）からおよそ一二〇年
＊鄭観応が孫文の洋行を盛宣懐に推挙した一八九四年からおよそ一二〇年
＊毛沢東が『盛世危言』を読んだ時期とみられる一九一〇年代からおよそ一〇〇年
＊孫文と辛亥革命一〇〇周年
＊新中国成立から六〇年
＊改革開放から三〇年

鄭観応とりわけ彼の著作に示された「商戦」という国際的な経済競争による富強の追求という課題に、またそれを実践した鄭観応の活動に触発された香山県、マカオ、香港、日本、ハワイ、東南アジア、アメリカの華僑ネットワークが動いた時代である。いわば、鄭観応の危機感と希望とが、また孫文の目標が、さらに新中国成立の目標が、一九八〇年代からの改革開放政策によって方向付けられ、二十一世紀に至り、世界的に見て中国の富強が達成された、と見ることが出来るのである。

三　周縁からの孫文資料と辛亥革命研究

近年、辛亥革命をめぐって、研究資料の面、研究方法の面、さらには歴史記述において、現代という時代の変化に対応して、いくつか新しい動きが顕著にみられる。

その第一は、周縁からの辛亥革命である。とりわけ、孫文の活動を軸にその足跡に沿って、香港・マカオ・アメリカからの検討がおこなわれている。

第二は、相手側の反応、相手側に記録された資料からの検討である。アメリカ・香港・マカオなどのアーカイヴに残された資料から、公式・非公式な対応を追求しようとする。

第三は、同時代人の資料とりわけ手紙や一族に関する文書類から、当時の関係を再現しようとするものである。近年中山市、マカオ博物館、上海図書館などが共同で編集している「鄭観応」や「盛宣懐」に関する文書資料集に典型的に見られる。(5)

いずれの項目においても、現代・現在という視点が強く反映されている。とりわけ、香港・マカオにおける辛亥革命研究・孫文研究は、大きく変動する改革開放以来の中国の周縁にある香港とマカオが、如何にして中国と新たな関係を築いていくのか、またそれを通して中国に貢献するか、という点を歴史の文脈の中で含意させようとするものである。(6)

またこの期間、辛亥革命一〇〇周年という機会を得て、近年のとりわけ改革開放以降の周縁地域の発展をみて、孫文の医師としての勉強や開業の地である香港やマカオ、出身地の中山県、さらには、初期の移民先であるハワイ・アメリカ、革命の準備をおこない、また具体的な支援を得た東南アジアや日本などの各地において、より具体的な史実が掘り起こされ、辛亥革命が周縁地域すなわち欧米・東南アジア・日本などにおいて準備されてきたのか、また発動されたのかという点が明らかになりつつある。とりわけ、香港・マカオからは、二十世紀末における中国への返還と一国二制度という体制の下での経済発展という現在の政治経済状況も加わり、辛亥革命一〇〇周年はとりわけ意味を持って迎えられている。

そこでは、〝伝統的〟な辛亥革命研究とは異なり、周縁における動きこそが孫文自身さらには革命それ自体をも作りまた規定したと論じられている[7]。

マレーシアにおいては、ペナンにおける数次の会議が如何に広州起義に向けて行われたかという議論であり、ひいてはマレーまた東南アジアの華僑が辛亥革命に対して如何に重要な役割を果したのかという点が強調される。また、南洋研究では、清末からの移民の流れの中で、知識人の移民は、いわゆる苦力移民と区別され、苦力移民に対しては批判的ではあるものの、中国本土の知識人の伝統を受け継ぎ、かつ反清の主張を持つグループとして、また、華南の地域的な特徴を持つものとして、東南アジアとりわけマレー半島において登場している[8]。

辛亥革命には当時の多くの華僑が、華僑という立場から参加していたことがわかる。歴史的な経緯から見るならば、一八六六年にイギリスとの間で締結され、その後欧米各国が加わるいわゆる移民協定によって、苦力移民が急増している時期であり、アメリカは移民禁止あるいは制限に動いており、東南アジアにおいても現地植民地政府との間に多くの待遇問題が生じていた時期である。

バンコクでは、客家が一九〇八年十一月に日貨ボイコットに参加したこと、また、客家が一九一〇年に雲南経由で辛亥革命に支援を行ったことなどがタイのアーカイヴ資料に基づいて明らかにされている[9]。また、孫逸仙のバンコク訪問につき、中国側資料の記載とは異なるタイ政府側の観察記録も示される[10]。

アメリカのアーカイヴとの外交的な情報の交換は、それを通してアメリカの辛亥革命に対する情報収集と見方を示すものとして、重要な資料であると考えられるのであるが、同時に、たとえば駐日本アメリカ領事がアメリカに対して日本国内の辛亥革命に関する諸人物の動向を報告している資料などは、主張する側と受け止める側の異なる自他利益観を示すものであり、歴史的な事態への相互性からの接近が可能となったといえる(11)。

同時に、辛亥革命が、政治的に重要な時代の転機であったということに加えて、近年の孫中山に関して発表された博士論文に見られるように、中国社会の中に現れた孫中山という視点から人物の社会的側面が注目されている。そのなかで、中国社会の変化にも対応して、以下の三つの論点が、現在的な視角から解釈したマカオなどの周縁からのかつ商業ネットワークのなかの孫文像として興味深い。さらに、メディアなどの活用に見られる孫文像も改めてその特徴に気付かされる(12)。

このような状況のなかで、「辛亥革命と日本」というテーマはどのように検討することが必要であり、また可能であろうか。すでに、財界がいち早く辛亥革命に対して経済的関係という視点から注目したという点では、李廷江『日本財界与辛亥革命』(中国社会科学出版社、一九九四年)が、非政府関係の繋がりと思惑について検討しているが、近年、日本における研究には、孫文と南方熊楠のロンドンと紀州和歌山における出会いと会見についての研究が新たな孫文像とともに、孫文をとおした南方像をも検討していることに注目したい。そして、とりわけ、両人がロンドンにおいて出会うというひとつの偶然が、どのようにして起きたのかという点からの検討が行われている。本稿では、二十世紀知識人としての孫文という観点から、自然科学・進化論・植物をめぐる両者の「知域」の重なりをも見てみたい。

四　知識人としての孫文の「知域」

思想家が何を行い、何を発言し、何を書いたか、これらは多く研究されているが、何を考えたか、とりわけ表現されない、見ることができないことは、論ずることはできないし、扱うことができない。孫文の思考・知識の広がりやそれらの特徴をどのように捉えるか。この接近はどのようにして可能であろうか。

孫文は、自らが移民であり、華僑移民のネットワークを最大限に利用して、新聞を発行して情報ネットワークを形成するとともに、同郷の人脈を活用した資金ネットワークを形成した。

しかしながら、孫文自身、それらの活動を一歩外に立って位置づけるという視点を持っていたといえる。これが、孫文が知識人であるという所以であり、さらに、十九世紀末から二十世紀初めにかけた世紀交の時代にあって、世界的に注目された重大問題に対して、広い視野から見ていた二十世紀型知識人であったことも特徴的である。

孫文は革命家として、中華民国建国の国父として、清朝を打倒した民族主義者として、西洋医学を修めた医者として、キリスト教徒として、描かれてきたし、描かれなければならなかった。その結果、革命の達成とその理想主義の未完成の結末を持つ生涯が描かれ、職業としての政治家・革命家としての献身と、革命という頂点に向けた一本の歴史過程が描かれてきたといえる。そして、革命達成の動力として、三民主義をはじめとする政治思想・社会思想・経済思想が歴史的な因果関係のなかに位置付けられてきたといえる。

しかし、知識人としての孫文、官学を修めず、民間人・実践人としての始点から知的な思考をおこなった孫文からは、革命のみに限定されない広い関心と、多様な知的試みがなされていることが分かるのであり、孫文が、むしろ知識人としての歩みを進めていたならば、どのような時代像や世界像を描くことになるのか、という強い関心を惹かれる。いわゆる思想家の思想史や革命家の革命運動史ではなく、知識人としての孫文像であり、またすべてが革命に収斂されない孫文像である。

もちろん、知識人としての孫文の思考や行動が、その相当大きな部分において、政治活動や革命活動に影響を与え、それを支えていたであろうことは容易に想像できるのではあるが、ここではその関連を明らかにすることが主要な目的ではなく、知識人としての孫文が持つ知的世界の広がり、すなわち「知域」を考えてみようとするものである。

また、知識人相互のつながりはどうであろうか。国家や文化の境界を跨いで相手側に移動したり、相手側を招き入れて同じ指標の元で思考し、行動することが可能である。本稿でも引用したが、公刊された鄭観応の盛宣懐に宛てた推薦文からみると、孫文の植物に関する関心は、南方熊楠にロンドンで会う以前からのもののようである。孫文は、国家が必要とするような学問は必要としなかった。むしろ未来の富強のために現在を考え今後を展望する必要があったといえる。

この点を孫文の蔵書を検討することによって考えてみようとしているが、幸いなことに、孫文の上海における蔵書目録は、中村哲夫教授による『上海孫中山故居蔵書目録』（上海孫中山故居管理処・日本孫文研究会合編、日本汲古書院刊、一九九三年序）としてあり、南方熊楠には、南方熊楠邸保存顕彰会発行『南方熊楠邸蔵書目録』（二〇〇四年）がある。これら両者に拠って、ヨーロッパ、自然、政治、アジア、華僑、南洋、日本、華南など、またそれらの複合などさまざまな「知域」の比較対照軸を設定して両者の交錯を考えることが可能であろう。

五 「知域」の交錯

A 鄭観応と孫文（一八八〇―一八九〇）

鄭観応は、『盛世危言』のなかの「農功」において、また、盛宣懐への私信において二度にわたり孫文を推薦している。

> 今吾邑孫翠渓（孫中山）西医頗留心植物之理、曽于香山試種罌粟、与印度所産之味無殊、猶恐植物新法未精、尚欲遊学欧州、講求新法、返国試辦。惟恐当道不能保護、反為之阻遏、是以躊躇未果。……[13]

ここでは以下のように述べている。かつて香山県でアヘンを試験的に栽培してみたところ、インド産と味は同じであるが、精製が不足しているようであった。そのため、欧州に遊学して新法を学んでくるという計画である。ただこれは保護するわけにはいかず、むしろ阻止することになると思われるので、躊躇して進めるわけにはいかなかった。

第二回目は一八九三年、孫文がフランスへの遊学を希望していることに関する盛宣懐宛ての推薦である。

孫文を盛宣懐に照会推薦し、李鴻章に対して孫文へ出国のためのビザを発給することを依頼した鄭観応は、孫文を以下のように賞賛している。

敝邑有孫逸仙者、少年英俊盛。曩在香港考取英国医士留心西学有志野農桑生植之要術、欲游歴法国講求養蚕之法及……。(14)

ここでは、孫文はフランスへ桑の育成と養蚕の考察のために遊学することを希望していることを述べ、鄭観応はビザの発給の便宜を依頼している。同郷人と表現し、また、渡欧を薦めている点は、鄭のヨーロッパに対する「知域」に基づいた推薦である。

B　孫文と南方熊楠（一八九〇―一九〇〇）

孫文と南方とのロンドンにおける出会いは、その偶然性を指摘することも可能であるが、知域を検討し、それらの重なり合いを考えるならば、歴史的で偶然的な出会いは、むしろ出会うべくして出会ったという結びつきの面から評価することが出来る。あるいは、出会いという物理的な対面を知域の交叉という観点から説明するということである。

これらの議論は、両者の活動記録のほかに、むしろ両者の「知域」の比較から考えることができる。先に示した孫文の上海における蔵書目録は、中村哲夫教授による『上海孫中山故居蔵書目録』（上海孫中山故居管理処・日本孫文研究会合編、日本：汲古書院刊、一九九三年序）としてあり、南方熊楠には、南方熊楠邸保存顕彰会発行『南方熊楠邸蔵書目録』（二〇〇四年）がある。これら両者を眺め比べながら、いろいろな対照軸を設定して両者の交錯を考えている。ヨーロッパ、自然、政治、アジア、日本、中国などの中に「植物」という共通項が存在していたということができるのである。

両者の出会いに関する検討は、孫文を南方と対比する、好対照の位置に両者を置く。すなわち、在野の学者である南方と革命家孫文という対比である。他方、激動の世界に対して同じく激動する両名の心境や、さらに、科学・自然科学の名において共鳴しあう両者という結びつきを指摘する。

武上真理子氏は、科学をとおした両者のつながりを、ポピュラー・サイエンスの論壇では絶大な影響力をもったヘッケルをとおして検討する。

ヘッケルの学説の最大の特徴はその総合性にある。医学から海洋生物の研究に転じた彼は生物学の専門の内に安住することを好まず、自然科学と哲学を包括した自然哲学の確立を終生の目標とした。ヘッケルの一元論によれば、無機界・有機界・精神界のあらゆる実在は根源的物質である原子に還元され、「力と物質との保存原則」に従う。このことを証明するのが最高の自然法則である進化論である。その一元論的世界観は、孫文の思想を大いに鼓舞したと思われる。……もっとも、孫文はヘッケルの進化論をそのまま受容しているわけではない。ヘッケルの掲げる進化論とは遺伝と適応（変異）、生存競争の三要素に集約され、なんら目的論的性格をもたない。彼は宗教や道徳の問題に対しても観念論的姿勢を徹底的に排除し、人類社会の倫理的生活も宗教的観念論ではなく純粋な自然法則としての進化論を適用することによって実現されると主張する。これに対し孫文は、生物進化の時期までは生存競争と自然淘汰の原則を適用するが、人類進化の原則は相互扶助であるとする。……(15)

田村義也氏は、環境的に類似した条件を持つ二人であったが、異なる面にも目を向けている。

南方にとって一八九六年九月頃は、アメリカからロンドンに移動して四年後、大英博物館図書館で読書三昧の生活を送るようになってから一年半がたった時期だった。一八九六年から一八九七年にかけての南方の日記には、和歌山県人を中心に、当時ロンドンにいた多数の日本人との交流が淡々と事実のみ記録されている。

しかし、その中に、学術的な関心を共有するような日本人の友人が存在した形跡はなく、彼はいわば周囲の日本人との交流は酒飲みづきあいにとどめ、大英博物館図書館での読書ノート「ロンドン抜書」の作成と『ネイチャー』誌へ投稿する自分の研究に傾注する日々だったと思われる。

他方孫文にとっても、反政府蹶起に失敗した亡命者としてロンドンを訪れた一一日後には清朝公使館に幽閉され、九死に一生を得るという劇的な始まり方をしたイギリス滞在が、自己の使命についての確信と、祖国の革命を目指しての政治・社会理論研究の強い動機を与えたであろうことは、疑いない。ほぼ同年齢で若く、無名だった東洋人二人は、英語を通じ独力で西洋の学術・思想を研究摂取するという、一生を決定づける読書体験を共有することになった。(16)

松居竜五氏は、アジアをめぐる両者の共通性を強調する。

こうして、さまざまな経験をした後に、二十九歳の熊楠と三十歳の孫文は大英博物館の東洋書籍部の一室で邂逅した。その時、両者が互いの中に見たものは何だったのであろうか。孫文からすれば、犬養毅に対して書いた紹介文の中にあるように、熊楠の語学、哲学、植物学などの知識の豊富さに対する感嘆は大きかったことであろう。医学を学んだ孫文には、熊楠の中国の本草学に対する造詣の深さも理解できたはずである。その一方で、本論文で見たような熊楠の東アジアの連帯に向けた情熱や、俗事の細部にいたるまでの徹底した好奇心も、孫文の関心を大いに引きつけた。

熊楠もまた、アメリカで世話になっていた広東人たちの面影とともに、若き中国人のリーダーとしての力量を孫文に感じたはずである。それは熊楠にとって、東京での予備門時代に抱いた東アジアにおける有志の連帯という漠たる夢を、十数年後に地球の裏側においてかなえる体験でもあったのだろう。十九世紀の東アジアを取り巻く歴史の流れの中にあって、熊楠と孫文は出会うべくして出会ったという感がつよい。そして、そのようにしてロンドンで邂逅した二人の東洋人の精神は、さまざまなチャンネルを通して共鳴し合っていたと考えられるのである。(17)

孫文と南方熊楠は、もとよりそれぞれ時代背景と地域背景をもった知識人であるが、両者が出会う背景には、どのような「地域的」な状況とどのような「知域的」重なり合いがあったと考えられるだろうか、という点が、私の関心であった。知識人が持つ「知域」はそれぞれに異なるのではあるが、同時にそれぞれがさまざまな形で重なり合うことによってはじめて知の営みが行われるということも事実である。両者が出会ったという経緯には、どのような知軸が作用していたのであろうか。当然考えられる第一の知軸は、ヨーロッパである。それでは、「アジア」は両者にとってどのように共通の知軸たり得たのであろうか。それぞれの「知」の集積は、もちろん表現され著述されたものとして明らかにされたのではあるが、別の面から考えると、思考過程に作用した「知識知」の集積に基づいて、知識人本人が必ずしも自覚していなくとも形作られている「知域」が作用した結果であるとみなすことができる。何故なら思想を個人の中に閉じ込めるのではなく同時代の中に開こうとするときの一つの方法たりうると思われるからである。

同時に、進化論という歴史の動因を設定することによって近代と近代化という背景を共有したことによる出会いであるといえる。いわば、知域を共有していたことによる出会いということである。

六　孫文故居蔵書目録と孫文の「知域」の広がり

前述のように、孫文の上海における蔵書目録は、中村哲夫教授による『上海孫中山故居蔵書目録』があり、所蔵図書は合計一九三二種、五二三〇冊に上る。欧文は一五二八種、二〇二九冊である。欧文のうち、分類は合計一〇分類がなされ、細目は以下のとおりである。

（1）百科全書・年鑑（二八種）
（2）政治 付法律、軍事（四八四種）
（3）経済 付鉄道（二四七種）
（4）社会（二〇三種）
（5）哲学 付心理学、宗教学（五四種）
（6）科学技術 付医学、体育（一〇九種）
（7）天文・地理 付地図（五五種）
（8）歴史（一一六種）
（9）語言 付伝記（一七〇種）
（10）期刊（六二種）

この洋書の構成・内容・特徴については、すでに中村哲夫教授によって、上記目録の後記に於いて詳しく説明されている。また、内容的な特徴につき、復旦大学の姜義華教授によって各分野ごとに詳細になされている。また、徐涛教授、中村教授によってもさらに引き続き研究が著されている[18]。

ここでは、政治・法律・軍事の三項目の合計が最も多く、また、分類のすべての分野にわたって蔵書が見られることに特徴があり、むしろ、専門に分類されるというより、広い分野にわたる世界および社会全般に対する関心がみられる。また、一九一〇年以前の出版書は三分の一から半数近くを占めている。(19)このすべての領域にわたる関心が見られるという特徴に続き、第二の特徴は、英文で書かれた中国・日本・アジアに関する蔵書が見られることである。

第三の特徴として、中国に関する欧米によってなされた調査報告類が見られることである。とりわけ以下の調査報告は、アメリカの国際金融戦略ならびにイギリスの綿製品アジア輸出に関する十九世紀末から二十世紀初めにかけてなされた、極めて重要な中国に関する国際調査報告である。

Blackburn Chamber of Commerce, *Report of the Mission to China of the Blackburn Chamber of Commerce, 1896-7*, Blackburn: The North-East Lancashire Press Company, 1898.

The Commission International Exchange, Hugh H. Hanna, Chales A. Conant and Jeremiah Jenks, *Stability of International Exchange, Report on the introduction of the gold-exchange standard into China and other silver-using countries*, Submitted to the Secretary of State, United States. Congress. House. Washington, DC: December 17, 1903.

中国に関する詳細な市場調査や金融調査とそれらの報告は、当時の世界市場ならびに世界金融市場のなかで中国が置かれている位置を示すものであった。孫文がこのような極めて詳細な当時の調査報告を保有していることは、観察が具体的であったことを物語るものであろう。

ただし、ここでのさしあたっての目的は、蔵書の全体を一つの知の集積として扱い、それを孫文の「知域」の内容として基本的な傾向をとらえることであるから、個々の内容については立ち至っては説明しない。そこにどのようなまとまりがあるかについては、同一の著者による著作の多さという、蔵書に見える第四の特徴をまとめてみる。

上海の孫文故居の蔵書の中には、一人の著者の名のもとに複数の蔵書が所蔵されている例がある。同一著者の蔵書が三冊以上のものは二五人であり、四冊以上が六人である。もちろん、同一著者の蔵書が複数あるからといって、必ずしも孫文自身が議論の中でそれらを活用したということはできないであろう。ただし、同時代人として、注目していたということは少なくともいえるであろう。

四冊以上の著作を持つ作者は、アルファベット順に並べると、James Bryce, John Atkinson Hobson, Alfred Thayer Mahan, Bernard Miall, Paul Samuel Weale Reinsch, B. L. Putnam の六人であり、とりわけ、Bryce と Mahan は最多の六冊である。

Mahan の各著作は以下の通りである。

1 *Retrospect & prospect: studies in international relations, naval and political*, Boston, Little, Brown and Co., 1902.
2 *The interest of America in sea power: present and future*, Boston, Little, Brown and Co., 1989.
3 *The life of Nelson: the embodiment of the sea power of Great Britain*, Boston, Little, Brown and Co., 1897.
4 *Naval strategy compared and contrasted with the principles and practice of military operations on land: lectures delivered at the U. S. Naval War College, Newport, R. I., between the years 1887 and 1911*, Boston, Little, Brown and Co., 1911.

5 *The Gulf and Inland Waters, The Navy in the Civil War, Vol. 3*, 1898.

6 *The influence of sea power upon history, 1660-1783*, London, Sampson Low, Marston, 1889.

これらのなかで、例えば *The interest of America in sea power: present and future* は日本語にも翻訳されている。明治三十二（一八九九）年七月に水上梅彦訳 *Interest of America in Sea Power* が、東邦協会会頭副島種臣、前農商務大臣金子堅太郎の序文により、川流堂・小林又七により発行された。タイトルは、『太平洋海権論』である。十九世紀末のアメリカの門戸開放に伴う南米・太平洋地域における「移民地」「属地」「保護国」「殖民地」など、島嶼や南米地域に対する英米の権力行使に関する議論である。訳書の序文において、（1）アメリカの海国としての国是、（2）移動的海軍による海岸防御を太平洋・大西洋・メキシコ湾・カリブ海において施行する、（3）自由貿易主義による世界商業の振興、（4）英米の合従をおこない洋上の国利を増大させる、と概観している。

また、James Bryce に関しては、アメリカ共和制、民主、大学教育、歴史研究などにわたる以下の著作である。[20]

1 *The American Commonwealth, Vol. 1-2*, 1912.

2 *The American Commonwealth*, 1911.

3 *The War of Democracy: The Allies'Statement*, 1917.

4 *South America: observations and impressions*, 1912.

5 *University and Historical Addresses delivered during a residence in the United States as Ambassador of Great Britain*, 1913.

6 *Studies in History and Jurisprudence*, Vol. 1, 2, 1901.

もちろん、引用数が多いからといって考えをそこに多く負っているというわけではないであろうし、また、本稿の課題も、孫文の著述や言動が直接的にどこから来ているかという出典を求めることでもない。ただ、引用数が目録のなかで少ないという場合においても、はっきり著作にあらわれていることもある。

深町英夫氏は、『孫文革命文集』のなかで孫文の「大アジア主義」を示し、注釈のなかで、孫文の記述にある「もっぱら有色人種の興隆を論じています。……」という件で、Theodore Lothrop Stoddard (1883-1950), *The Rising Tide of Color against White World-supremacy*, *The Revolt against Civilization: The Menace of the Under Man* (1922), *Racial Realities in Europe* (1924) の三冊が上海故居蔵書に含まれていることを紹介している。[21]

七　孫文とJeremiah Jenks

思想家の思想を研究する思想史は、思想家の著述や言動に基づいて議論を組み立てる。しかし、その〝思想〟が拠ってきたところは必ずしも明確にしなくてもよい。何故なら、すでにその言動は時代に合う形で歴史によって選択されたことを前提とするからである。しかしながら、思想家の言動の歴史的な背景を考えようとするとき、すなわち、思想家の思想を歴史的な文脈のなかに置こうとするとき、実際には思想家の意識を離れたところに動機や契機さらには論理までも存在していると見做すことも可能である。

孫文をこのように考えたとき、その思考の背景を形成したものは何であっただろうか。今、同時代の、極めて類似した Jeremiah Jenks という人物をアメリカに見出すことができる。二十世紀知識人として Jenks を孫文に重ねることも可能であり、同時に孫文を Jenks のなかに見出すことも可能である。

蔵書からは、孫文が、同時代の世界的な重要問題、とりわけ、アメリカの登場とその中における経済問題・移民問題・帝国問題に地縁政治の観点に立って関心を持っていたことがわかる。そして、この点に関連して、Jeremiah Jenks の移民問題、反トラスト法、国際金融、政府と社会、キリスト教などにわたる著作のうち、孫文の書架には、金為替本位制に関する調査報告のみがあったため、その他の著書を孫文が読んだということではないと考えられるものの、極めて似通った関心を持っていたということができよう。むしろ、世紀末という時代がそのような知識人たちを生み出したというほうが正確であるかもしれない。

Jeremiah Jenks（1856-1929）は、ミシガン大学を卒業し、ドイツで過ごした後、Halle 大学で学位を得、一八九一―一九一二年の間、コーネル大学に勤め、経済の政治的側面に関心を持った。その間通貨、労働、移民に関する政府委員を務め、一九〇四年には財政政策に関して北京を訪問している。また、一九一五年六月にニューヨークを訪問した中国経済使節団の歓迎会に、アメリカアジア協会の代表の一人として参加している。

Jenksは、いわゆる専門分野や個別理論に囚われない広い視野からの、かつ政府と社会福祉、市民と政府、トラスト、移民、などの多方面の議論をアメリカの視点から行っているが、それぞれに世界的に普遍的な内容を持たせようとしている。[22] また、Jenksによる中国・日本・アジア（オリエント）に関するアメリカからの分析には、以下のものがある。

Japan in action / Jeremiah W. Jenks. [S.l. : s.n.; 1919] New York: Young men's Christian Association Press, 1910.

China / Robert K. Douglas ... with special article, Late events and present conditions, by Jeremiah W. Jenks. Douglas, Robert K. (Robert Kennaway), Sir, 1838-1913. New York, P. F. Collier & son [c1913].

Considerations on a new monetary system for China / Jeremiah W. Jenks, Commissioner in China. United States. Commission on International Exchange. Ithaca, N.Y., Andrus & Church, 1904.

China's industrial and commercial outlook / Julean Arnold. How Japan's policy affects American interests / Jeremiah W. Jenks. Arnold, Julean Herbert, 1875-1946. New York: China Society of America, 1919.

Oriental policy of the United States / Henry Chung ... with introductory note by Jeremiah W. Jenks ... Chung, Henry, 1890-1985. New York, Chicago [etc.] Fleming H. Revell Co. [c1919].

Report on certain economic questions in the English and Dutch colonies in the Orient / Jeremiah W. Jenks, special commissioner. Bureau of insular affairs, War department, September, 1902. United States. Bur. of insular affairs. Washington, Gov't print. off., 1902.

Immigration problem: a study of American immigration conditions and needs / Jeremiah W. Jenks and W. Jett Lauck, New York; London: Funk & Wagnalls company, 1912, c1911.

Jenks の *The Immigration Problem* は、二十世紀初頭のアジアからの移民に対する強い排外的風潮のなかで、アメリカへの移民を世界的に調査し、それに基づいて、同化などの政策がとられることを主張する。また、東京大学図書館蔵の同書は、大隈重信（男爵）の寄贈印が押されていることも興味深い。

このJenksも二十世紀知識人のひとりとして、世紀交の世界に対して関心を持ち、広い視野からのアメリカ・中国とアジア・国際問題を論じており、孫文と同様であるとみなすことができるのである[23]。

孫文は、世紀交の時代を見ながら、西洋を参考モデルとするのみならず、西洋において進行する新たな世界的な課題、不可避的な世界的な問題を感じながら、それらを新たな知の力によって組み替えることを、すなわち知の力の強さとその回復を試みようとしていたのではないだろうか。孫文は、官学ではなく民間の知識人として西洋につながり、そこに向けて発言する南方のスタイルに、自身のそれを重ね合わせながら、改めて知の力、知の大きさを示そうとしていたのではないか。結果論から見る歴史研究は、孫文を革命家として、また未完の革命家として、すなわち革命という文脈にもとづいて見てきたのではあるが、孫文の魅力は、また孫文の歴史的な位置と役割とは、西洋を総体として捉えようとし、西洋から出発して西洋に帰着した、そしてその中で、西洋の一〇〇年間に及ぶ課題や問題を、同時代の知識人として目をそらさずに考えようとした、二十世紀の知識人であったということではないだろうか。

八　辛亥革命と日本——一九一二年刊『華瀛宝典』

辛亥革命と日本との関連ということき、日本を日本政府と置いてみるならば、孫文蔵書に見える「日本」の項目には、日本政府あるいは日本国家から清朝に発せられ中国語で出版されたメッセージが『華瀛宝典』（天津：大宝館、一九一二年）のなかに見られる。それは、一九一二年に天津の出版社大宝館が、中国語による〝日本〟紹介書として刊行したものである。後藤新平以下の序文が並び、「大日本国皇帝陛下」以下七点の写真、「御詠」、山県有朋以下二七人の「揮毫」、後藤新平以下一四人の序文が並んだ後、「日清の国交」にはじまる「総論」、「日清交渉史」「対清策論」「日本の国体」「日本の行政」「日本の風景」「朝鮮・台湾・樺太・関東州」があり、その後に、日本の経済が紹介される。孫文蔵書に関するこれまでの「知域」論理から考えるならば、孫文もこれを読んでいたと考えられ、日本政府の対応についての認識の根拠のひとつであったであろう。

第参編「対清策論」では、前大蔵大臣男爵阪谷芳郎「清国の急務」に始まり、衆議院議員大岡育造「日清両国の提挈」までの合計六〇人の手になる対清策論が並ぶ[24]。

論旨の骨子を分類すると、以下のような順で論じられている。すなわち、経済関連一九篇、文化・宗教関連八篇、教育六篇、外交関係四篇、憲政二篇、医学一篇、その他としては最近の情勢判断、両国関係の緊密化、などがあり、合計六〇篇である。

その中で、いくつかを例示すると、日清輪船公司取締役白岩龍平の「日本之勃興与清国之覚醒」では、

「〝西力東漸〟の圧力を受ける中で、日本が勃興すれば清国も勃興し、日本が進歩すれば清国も進歩する」とし、歴史地理的に日本と中国とは離れることはできないことを強調している。[25] これに対して、前外務大臣伯爵林董は、その「対清管見」のなかで、「同文同種の英米の間でさえ同盟関係に無いのであるから、まして言葉や文章も異なる日清間で永久同盟など考えることは誤謬である。……日清両国は、まず経済上で連携すべきである。[26]」と現実主義的に述べている。しかし、多くの論者が西洋の圧力に対抗して、日清間のつながりを強めるべきであるという、いわば、明治開国以来の西洋観と対清観を繰り返している。

引き続いて第八編「日本の銀行及金融」において論ぜられる日本経済の特徴は、日本が清国に提供できる重要な業種として、銀行をはじめとする金融業がまず最初に紹介され、今後日本はアジアの金融業を担うと主張していることが注目される。次いで、「鉱業」「外国貿易」「海運及船舶」「水産」「取引及仲買業」「鉄路・土木」と続いた後、はじめて「工業」「農業」が紹介されている。必ずしも工業が前面に出されているのではなく、金融・交通・商業などが主張されるという経済観である。

ここでは、日本の国体の説明をはじめとして、清国との外交関係が国家間関係を律するものとして全面に出されている。すなわち、日本は辛亥革命を特に視野に入れている様子は見られない。前文部大臣衆議院議員の犬養毅は、明確に清国が憲政を準備中であることに敬意を表したうえで、「英仏は、清国からの亡命者を優待しており、なおかつ清国と国交親善関係を強めている。しかし日本はこれを放逐していることは日本には何ら細工をしているところは無いということである[27]」と述べている。

国家と民族を唯一の主体とする歴史観や価値観は、すべてをそこに収斂することになるために、知域をその外に想定したり、外から取り入れた政策があたかもみずからの知域から発したかのような錯覚に陥らざるを得なかったことになる。

日本の場合も、日本という唯一の主体においてのみ討論することが可能であったがために、実際には、中国知識人の西洋像がすでにはるかに早くはるかに深いにも拘らず、あたかも日本が進んでいるといわざるを得ない状況を作り出すことになったということが出来よう。

おわりに——「知域」の画分と総合

「知域」という背景のうえでこれまでの議論を検討すると、おそらく以下のように、異なる解釈と歴史的な位置付けがなされることになる。

たとえば、孫文の「大アジア主義」に関する議論は、西洋の知域に基づいて議論されているにも拘らず、アジアということを議論しているからアジアであるということとされている。しかしながら、孫文のアジアの説明は外在的であり、アジアは知識の対象の一つにとどまっている。これは、日本における大アジア主義とは異なっており、日本のそれが西洋に対する否定的な見地からなされているのに対して、孫文のアジア主義は、西洋知からのアジア解釈であるということができよう。知域を通した位置づけが必要である所以である。

また、宮崎滔天『三十三年の夢』は、南洋を「知域」の根拠の中心としており、むしろ日本ではないという特徴がある。あるいは、東南アジアから九州に至る華僑ネットワークの知域であるともいえる。(28)

思想のアジアか、それとも実体のアジアか、という形で、これまでアジアは議論されてきた。また、同時に、アジア主義に見られるような地域主義を戦前における大アジア主義のなかでとらえ、戦後のアジアは、民族独立・反植民地のアジアに代表させるアジア論がある。さらに、アジアの空間的な範囲をどのように捉えるか、という議論は、自然地理的なアプローチであるとも言え、それらはすでに〝選択〟されたアジア論である。

これらに対して、アジアは「知域」であるということは、この地域を、時間や空間で分断したり、学問分野毎に切り取ったりするのではなく、時間的にもまた空間的にもすべて連続した、そして、すべて相互に関連したものとして、そこに諸課題を投入して複合させ、さらにそこから新たな知域像を考えようとする。また、様々なアジアは知域史の観点から見るならば、地政論的世界であり、相互に連関し、相互に分業する一つの連続した時間と空間であり、そしてアジアは何よりも知の空間である、ということである。

最後に、知域としての現代中国論は、ナショナルな中国にとどまらない。そこでは、グローバルな視点からの中国論、さらには中国を超える知域世界における中国要素の検討が求められている。孫文の世界視野、西洋に関する知域があらためて現在に呼び起される必要がある。すなわち二十一世紀というグローバルな歴史時代に対して、アジア知識人がどのようにかかわるのかという問いである。そして、この孫文像に立ってみると、自らが西洋知に立ちながらも、それとは異なるアジアを論じようとした戦後日本の孫文像とは大きく異なっているということに改めて気付かされる。(29)

注

（1）濱下武志「グローバリゼーション下の地域研究の新たな課題」、『北東アジア研究』（島根県立大学北東アジア地域研究センター）第二〇号、二〇一一年、一七―二九頁。

（2）溝口雄三ほか編『アジアから考える』全七巻、東京大学出版会、一九九〇―一九九一年。

（3）夏応元編『鄭観応集　上・下』上海人民出版社、一九八二年。

（4）鄭観応『盛世危言』中州古籍出版社、一九九八年。

（5）上海図書館・澳門博物館編『鄭観応档案名人手札』（上海世紀出版有限公司、上海戸籍出版社、二〇〇七年）、上海図書館・澳門博物館編『香山鄭慎余堂待鶴老人嘱書』（澳門博物館、二〇〇七年）など参照。

（6）香港・澳門と孫文の西医ネットワークならびに華人商業ネットワークについては、関肇碩・容応萸『香港開埠与関家』（香港：広角鏡出版社、一九九七年）参照。また、近年については以下を参照。莫世祥『中山革命在香港（1895-1925）』（三聯書店（香港）、二〇一一年）、李谷城『香港〈中国旬報〉研究』（華夏書局、二〇一〇年）、李谷城『孫中山、辛亥革命與香港』（華夏書局、二〇一一年）。

（7）霍啓昌『港澳档案中的辛亥革命』（香港：商務印書館、二〇一一年）、霍啓昌『緬懐孫中山澳門革命摯友飛南第』（澳門国際研究所、二〇一〇年）。

（8）張少寛『孫中山与庇能会議――策動広州三・二九之役』（二〇〇四年）、また、十九世紀に関連して、葉鍾鈴『黄乃裳与南洋華人』（新加坡亜洲研究学会、一九九五年）参照。

（9）Junko Koizumi, Historical Sources on the Hakka in Thai: An Introductory Note, *The Periodical of Hakka Research*, No. 2, 2005.

（10）Koizumi、同前、黎道綱「泰国国家档案館蔵孫中山一九〇三年来暹資料」、『泰中学刊』二〇〇九年。

（11）盧雪郷『従美国外交文献来看民国誕生』（香港：商務印書館、二〇一一年）一四九―一五〇頁、参照。また、習賢徳『孫中山与美国』（上海人民出版社、二〇〇九年）参照。孫文が一八七八年六月から一八八三年七月にかけて（年齢十三歳から十八歳にかけて）、ハワイに移民し、英語で初等中等教育を受け、かつハワイが王国からアメリカの統治となり、〝ハワイ人のハワイ〟という運動を見聞したことを想起するならば、この体験は、後の理念的なモデルになったと推測することも可能である。歴史的なアメリカ架橋問題については、

高偉濃『康有為保皇会在美国華僑社会中的活動』（学苑出版社、二〇〇九年）参照。

（12）『孫中山与中国社会——博士論壇論文選集』（林家有・蕭潤君主編、中山大学出版社、二〇〇九年）参照。張建軍「清末澳門華商曹善業及其家族的初歩研究」、李寧「南屏容氏与孫中山及近代名人的私人関係」、景東升「浅議孫中山対新聞伝媒的利用」。

（13）鄭観応『盛世危言』中州古籍出版社、一九九八年、四〇四頁。

（14）上海図書館・澳門博物館編『鄭観応档案名人手札』上海世紀出版有限公司、上海戸籍出版社、二〇〇七年、二九八—三〇一頁。

（15）武上真理子「孫文と南方熊楠の科学哲学」（日本孫文研究会編『孫文と南方熊楠』汲古書院、二〇〇七年）五五—七六頁。

（16）田村義也「革命家と「野の遺賢」の邂逅——南方熊楠の非政治的生涯と孫文」、同前、一四七頁。

（17）松居竜五「南方熊楠と東アジア情勢——『佳人之奇遇』、金玉均、広東人博徒、そして孫文」、同前、二一七頁。

（18）中村哲夫『上海孫中山故居蔵書目録』上海孫中山故居管理処・日本孫文研究会合編、日本汲古書院刊、一九九三年序。

（19）姜義華「清末孫中山革命思想的西学淵源——上海孫中山故居西文蔵書的一項審察」、黄愛平・黄興涛主編『西学与清代文化』中華書局、二〇〇八年、七一八—七三二頁。なお、後掲二編は未読である。

（20）Hobson は経済と経済学を中心としており、政治・経済・教育など、アメリカの事例に関しての書籍である。

Towards International Government, 1915.

The Economics of Distribution, 1900.

The Science of Wealth, 1911.

A Modern Outlook: Studies of English and American Tendencies, 1910.

また、Reinsch, Paul Samuel, *Readings on American Federal government* (1909, Weale, B. L. Putnam) などもみえる。

（21）深町英夫編訳『孫文革命論集』岩波書店、二〇一一年、四三五、四四六—四四七頁、参照。

（22）Jenks の経済政治研究、社会文化研究、市民と政府などに関する主要な著作には以下のものがある。

1 *Governmental action for social welfare*, New York, The Macmillan company, 1910.
2 *Principles of politics from the viewpoint of the American citizen*, New York, The Columbia university press, 1909.
3 *Trust problem*, New York, McClure, Phillips, 1900.
4 *Business and the government*, New York, Alexander Hamilton Institute, [1917].
5 *Trust problem*, New York, McClure, Phillips & Co., 1901.
6 *Training for citizenship*, Chicago: National Herbart Society, [1896].
7 *Shall the government own and operate the railroads, the telegraph and telephone systems? Shall the municipalities own their utilities? The affirmative side*. New York, The National Civic Federation, 1915.
8 *Great American issues, political, social, economic (a constructive study)* / John Hays Hammond and Jeremiah W. Jenks. New York, C. Scribner's Sons, 1921.
9 *Industrial Commission. Preliminary report on trusts and industrial combinations, together with testimony, review of evidence, charts showing effects on prices, and topical digest. Authorized by act of Congress approved June 18, 1898.*, United States. Congress. House. Washington, DC: January 1, 1900.

キリスト教と社会ならびに社会教育に関しては以下のものがある。

10 *Political and social significance of the life and teachings of Jesus* / Jeremiah W. Jenks. New York: Young Men's Christian Association Press, 1908, c1906.
11 *Analysis of the Interchurch World Movement Report on the steel strike* [microform], by Marshall Olds; foreword by Jeremiah W. Jenks ... edited as to the law involved in labor controversies by Murray T. Quigg, Olds, Marshall. New York, London, G. P. Putnam's Sons, 1922.

（23）経済学者のハイエクと交流があったジェンクスに対して、もっと彼の学問的な評価は高くあるべきである、という議論が最近示されている。Brown, John Howard, "Jeremiah Jenks: A Pioneer of Industrial Organization ?" (*Journal of the History of Economic Thought*, Volume 26, Number 1, March 2004), p.69-89 参照。

（24）対清策論の一覧は以下のとおりである。

「清國之急務」　前大蔵大臣男爵　阪谷芳郎

「論清國教育」　法學博士　高橋作衛
「清國之将來」　法學博士　浮田和民
「清國之前途」　男爵　澁澤榮一
「日清貿易所感」　外務省通商局長　萩原守一
「日清國交及國民交通」　日本女子大学校長　成瀬仁蔵
「清國之文藝」　工學博士　伊東忠太
「日清之宗教」　文学博士　村上専精
「日清和親論」　司法次官　河村譲三郎
「清國興隆策」　慶應義塾大學長　鎌田榮吉
「歴史上之開係」　文學博士　三上参次
「日清貿易策」　日本郵船公司總董　近藤廉平
「清國發展之急務」　大藏次官　若槻禮次郎
「日本留学之利」　東北帝國大學総長　澤柳政太郎
「日本之勃興與清國」　日清輪船公司董事　白岩龍平
「日清経濟契合策」　逓信大臣男爵　後藤新平
「清國教育」　帝國教育會長男爵　辻新次
「清國商標法」　農商務省特許局長　中松盛雄
「對清管見」　前外務大臣伯爵　林董
「清國之與列国」　文學博士　三宅雄次郎
「日清實業家之交歓」　外務省次宮　石井菊次耶
「論清國物質的文明之必要」　工學博士　塚本靖
「日清親善」　衆議院議長　長谷場純孝
「清國之鐵路」　工學博士　原口要
「両國之親善」　前農商務大臣　大石正巳

「余之清國觀」　南滿洲鐵路公司董事　中村是公
「清國貿易發展策」　正金銀行董事　小田切萬壽之助
「和平之與日清両國」　前内務大臣　原敬
「宗教之必要」　文學博士　高楠順次郎
「日清共通文化之基礎」　文學博士　井上哲次郎
「日清之國民的外交」　前文部大臣　犬養毅
「清國医術之當急」　医學博士　入澤達吉
「日本皇室與清國皇室之親善」　宮内次官　河村金五郎
「清國之工業」　東京帝國大學工科大學長　渡邊渡
「清國通商之進歩」　十五銀行總董　園田孝吉
「清國教育上之國是」　京都帝國大學總長　菊池大麓
「論清國之近事」　枢密顧問官子爵　清浦奎吾
「日清通商関係論」　農商務省商工局長　大久保利武
「清國教育論」　東京帝國大學總長　濱尾新
「憲政與國民的外交」　前大蔵大臣　松田正久
「日清之関係」　早稲田大學總長伯爵　大隈重信
「國交與交通機開」　逓信次官　仲小路康
「論両國協同之必要」　第百銀行董事　池田謙三
「清国憲政論」　衆議院議員　元田肇
「日清之闍係」　日本勧業銀行總裁　山本達雄
「清國發展之要素」　法學博士農學博士　新渡戸稲造
「両國共通之道徳」　内務次官法學博士　一木喜徳郎
「日清親交及貿易」　三菱銀行部長　豊川良平
「清國百年之大計」　前文部大臣男爵　牧野伸顕

「解両國之誤解」　韓國銀行總董　市原盛宏
「清國民之與憲政」　法學博士　穂積八束
「清國教育方針」　文部次官　岡田良平
「清國觀」　衆議院議員　竹越與三郎
「仁術之努力」　医學博士　青山胤通
「清國之産業政策　東亜同文會幹事長　根津一
「清國産業啓發策」　日本勤業銀行副総裁　志村源太郎
「論日清提契之要」　衆議院副議長　肥塚龍
「両國産業之連鎖」　陸軍中将男爵　中村雄次郎
「日清之貿易」　正金銀行總管事　山川勇木
「日本両國之提契」　衆議院議員　大岡育造
(『華瀛宝典』天津：大宝館、一九一二年、一―七六頁)

(25) 同前、二五―二六頁。
(26) 同前、三一頁。
(27) 同前、四四―四五頁。
(28) 宮崎滔天『三十三年の夢』(明治三十五年八月序) 岩波書店、一九九三年。
(29) 竹内好「日本のアジア主義」「孫文観の問題点」、『日本とアジア』筑摩書房、一九九三年、二八七―二七五頁。

参考文献

小笠原謙三『孫文を支えた横浜華僑温炳臣・恵臣兄弟』八坂書房、二〇〇九年
櫻井良樹『辛亥革命と日本政治の変動』岩波書店、二〇〇九年
東京国立博物館『特別展　孫文と梅屋庄吉』二〇一一年
日本孫文研究会編『孫文と南方熊楠』汲古書院、二〇〇七年

国際学術討論会（一九九〇年八月）報告集日本語版編集委員会編　代表狭間直樹『孫文とアジア』汲古書院、一九九五年
深町英夫編訳『孫文革命論集』岩波書店、二〇一一年
南方熊楠邸保存顕彰会発行『南方熊楠邸蔵書目録』二〇〇四年
宮崎滔天『三十三年の夢』（明治三十五年八月序）岩波書店、一九九三年
李廷江『日本財界と近代中国――辛亥革命を中心に』御茶の水書房、二〇〇三年
陳蘊茜『崇拝与記憶――孫中山符号的建構与伝播』南京大学出版社、二〇〇九年
高偉濃『康有為保皇会在美国華僑社会中的活動』学苑出版社、二〇〇九年
関肇碩・容応萸『香港開埠与関家』広角鏡出版社、香港、一九九七年
『華瀛宝典』編纂委員会『華瀛宝典』天津：大宝館、一九一二年
黄愛平、黄興涛『西学与清代文化』中華書局、二〇〇八年
黄宇和『孫逸仙倫敦蒙難真相』上海書店出版社、二〇〇四年
霍啓昌『港澳档案中的辛亥革命』香港：商務印書館、二〇一一年
霍啓昌『緬懐孫中山澳門革命摯友飛南第』澳門国際研究所、二〇一〇年
黎道綱「泰国国家档案館蔵孫中山一九〇三年来暹資料」『泰中学刊』二〇〇九年
李谷城『香港〈中国旬報〉研究』華夏書局、二〇一〇年
李谷城『孫中山、辛亥革命與香港』華夏書局、二〇一一年
李廷江『日本財界与辛亥革命』中国社会科学出版社、一九九四年
林家有・蕭潤君主編『孫中山与中国社会――博士論壇論文選集』中山大学出版社、二〇〇九年
盧雪郷『従美国外交文献来看民国誕生』香港：商務印書館、二〇一一年
莫世祥『中山革命在香港（1895-1925）』香港：三聯書店、二〇一一年
上海図書館・澳門博物館編『香山鄭慎余堂待鶴老人嘱書』澳門博物館、二〇〇七年
上海図書館・澳門博物館編『鄭観応档案名人手札』上海世紀出版有限公司・上海戸籍出版社、二〇〇七年

習賢徳『孫中山与美国』上海人民出版社、二〇〇九年

肖風華、楊小虹編『鄭観応志』中山人民政府編、広東人民出版社、二〇〇九年

葉鍾鈴『黄乃裳与南洋華人』新加坡亜洲研究学会、一九九五年

鄭観応『盛世危言』中州古籍出版社、一九九八年

中村哲夫『上海孫中山故居蔵書目録』（上海孫中山故居管理処・日本孫文研究会合編、日本汲古書院刊、一九九三年序）

Brown, John Howard, “Jeremiah Jenks: A Pioneer of Industrial Organization ?”, *Journal of the History of Economic Thought*, Volume 26, Number 1, March 2004.

Junko KOIZUMI, Historical Sources on the Hakka in Thai: An Introductory Note, *The Periodical of Hakka Research*, No. 2, 2005.

J. Y. Wong, ed., *SUN YATSEN: His International Ideas and International Connections*, The University of Sidney, 1987.

あとがき

二〇一一年は中国の「辛亥革命」一〇〇周年の年にあたり、神戸大学国際交流事業の一部として神戸大学大学院国際文化学研究科が引き受け、本書の編者と同研究科の石原享一教授は神戸大学と浙江大学が共同主催する国際シンポジウム「東アジアの地平から見た辛亥革命の思想的価値――近代化と留学交流の意義」を企画しました。七月二日、シンポジウムは国際文化学研究科長阪野智一による総合司会、福田秀樹学長と中村千春理事・副学長による開会と閉会の挨拶、国際交流基金小倉和夫理事長(当時)(「中国人の見た日本(日本人)、日本人の見た中国(中国人)」)と浙江大学羅衛東副学長(「浙江大学と辛亥革命――留学と教育近代化の視点から」)による講演など、定員一〇〇名の会場に一二〇名以上の大学とマスコミ関係者、神戸華僑を含む市民たちが出席するほど盛況で、辛亥革命と日本との関係に対する人々の大きな関心が再確認される場ともなりました。

東京から足を運んでいただいた数人のマスコミ関係者の中、藤原書店の藤原良雄社長の姿もありました。特に3・11東日本大震災以降、学術出版が一層不況に陥ったにも拘わらず、藤原良雄氏は、出版界の良心として節目の年に辛亥革命と日本との関係を社会に体系的に伝えたいという意志で東京を始めとする日本全国各地、そして中国北京の学術集会にも出席し、辛亥革命に関する学術書出版の可能性をいろいろと探りました。この度、僅かな出版助成のもと本書の出版を快く引き受けていただき、本当に感激の極みであります。また、本書の編集に当たり、藤原書店編集部の刈屋琢さんに大変お世話になりました。多くの著者が母国語ではない日本語による著作のため、刈屋さんには、丁寧に綺麗な日本語に直していただきました。

実は、上記のシンポジウムは本になるようなボリュームではありませんでした。そこで、編者はシンポジウムでの発表に対して取捨選択をし、さらに数人の学者に新たに執筆をお願いしました。お忙しい中、しかも許された執筆期間が極めて少なかったにも拘わらず、編者の師でもある安井三吉先生、当時アメリカに滞在され、編者がずっと憧れていた濱下武志先生などを含め、皆様に快諾していただきました。この場を借りて、執筆者の皆様にもう一度感謝の意を表したいと思います。

この本の出版にあたり、深く感謝しなければならないのは編者の友人、日本中華総商会顧問（前会長）、K＆Q株式会社代表取締役顔安氏です。氏は日中関係における文化交流の重要性を鋭く感じ、これまで中国の国民的歌手である彭麗媛が主役を務める中国オペラ「木蘭詩篇」を日本に紹介し、二〇一〇年上海万博・上海国際芸術際において日中友好舞踊歌劇「木蘭」のチーフ・プロデューサーを務めるなど多くの偉業を成し遂げてきました。出版助成に関する話を聞き、文化人の気質を持つ氏はこの出版の意義を高く評価し、即座に助成元の仲介を引き受けてくれました。顔安氏によって紹介されたのが、中華全国工商業連合会（日本の経団連に相当）の法律部長（前連絡部長）であり、作家の趙宏女史です。歴史学者出身の趙宏女史は辛亥革命の成功裡に日本が大きな役割を果たしたことをよく理解し、また世界の出版業界が直面している問題も熟知しています。迅速に助成金の手配をしてくれた氏の無私の援助に対して、深く感謝致します。

二〇一一年十月　六甲山の麓にて

王　柯

■ 1924年（大正13）

9月18日、孫文、北伐宣言を発表。

10月、呉佩孚部下馮玉祥の北京政変、孫文の北上を要請。11月24日、孫文、北京に向かう途中、神戸に立ち寄り「大アジア主義」を講演。

＊中国、第一次国共合作。米、排日移民法成立。中ソ国交樹立。モンゴル人民共和国独立宣言。

■ 1925年（大正14）

3月12日、孫文、北京で病死（59歳）。

5月15日、上海で内外綿紡績工場側、スト労働者に発砲、1名死亡。同30日、共同租界で労働者虐殺に抗議する学生隊に、租界警察隊発砲、死者11人、5.30事件の影響でストが全国の租界に蔓延。

7月1日、広州の大元帥大本営、国民政府に改組、主席は汪兆銘。

11月、奉天派の郭松齢は、馮玉祥に通じて張作霖に反旗を翻す。

12月、日本軍は郭松齢軍を阻止、郭松齢軍は張作霖軍に敗北。郭松齢事件によって、反日思想が中国全国に広がる。

＊朝鮮、インドで共産党成立。ロカルノ会議。

8月、広州で中華民国軍政府設立、9月、孫文、軍政府大元帥に就任。

＊独、無制限潜水艦戦を宣言。露、二月革命勃発、ニコライ2世退位、ソヴィエト政府成立。米、対独宣戦布告。英、バルフォア宣言。露、十月革命。フィンランド独立宣言。

■ 1918年（大正7）

5月16日、日華陸軍共同防敵軍事協定調印。

11月11日、ドイツは連合国と休戦協定調印、第一次世界大戦終了。

＊米ウィルソン大統領、14カ条綱領。ブレスト＝リトフスク条約。日、シベリア出兵。

■ 1919年（大正8）

1月18日、パリ講和会議開会、中国代表、山東還付を要求。

5月、五四運動勃発、中国国内で反日運動が高揚。

10月10日、孫文ら、中華革命党を改組して中国国民党を結成。

＊パリ講和会議開始。三･一運動始まる。コミンテルン創立大会。ヴェルサイユ条約調印。独、ワイマール憲法公布。

■ 1921年（大正10）

4月、広州の国会非常会議、中華民国政府組織大綱を制定。孫文、大総統に選出。

＊ソ、クロンシタットの反乱。モンゴル人民政府樹立。伊、ファシスト党成立。ワシントン会議（海軍軍縮と極東問題）。

■ 1922年（大正11）

5月、孫文、北伐開始を命令。6月、陳炯明反乱。8月9日、孫文、広州を離れて上海へ、第一次北伐が失敗。

12月、宮崎滔天死去。

＊国際司法裁判所開設（ハーグ）。ソ、スターリン、党中央委書記長に。ジェノア会議。オスマン帝国滅亡。張作霖、東三省独立宣言。

■ 1923年（大正12）

1月、孫文ら、上海で宮崎滔天追悼会。

3月、孫文、広東で陸海軍大元帥大本営を設立、大元帥に就任。

11月、孫文、中国国民党改組宣言を発表。

＊北京政府、21カ条条約の取消し声明。初のソ連邦憲法採択。トルコ、ローザンヌ条約締結。関東大震災（日）。ヒトラー、ミュンヘン暴動。

日～23日、孫文、中華革命党幹部会議招集。

10月17日、内田良平、大隈重信首相に「支那帝政問題意見書」を提出。同25日、孫文、東京で宋慶齢と結婚。同28日、大隈内閣、袁世凱の帝政に反対を表明。

12月11日、中国参政院、袁世凱を皇帝に推戴し、翌日、袁世凱、帝位を受諾。同25日、雲南・四川・貴州・広東、帝政に反対し進撃を開始、三次革命が勃発。
＊独、潜水艦による対英封鎖。英仏露伊のロンドン秘密協定。伊、三国同盟破棄し墺に宣戦。朝鮮各地で独立運動。米、ハイチを保護国とする。露中蒙、キャフタ協定。

■ 1916年（大正5）
1月1日、袁世凱、洪憲元年とす。同日、雲南で反袁世凱勢力、「中国民国護国軍政府」を設立。同9日、参謀本部、青木宣純中将を上海へ派遣、反袁世凱勢力を支援。同19日、神戸華僑楊寿彭、孫文に3000元寄付。

2月20日から、久原工業株式会社社長久原房之助、孫文に延べ140万円貸す。

3月7日、大隈内閣は排袁政策、南方援助方針を決定する。同月、岑春煊、反袁世凱の軍費として日本で100万円借款。同月、満蒙独立運動を唱える宗社党首領粛親王、内田良平と川島浪速の斡旋で、独立軍の軍費として財閥大倉喜八郎から100万円借款。同22日、袁世凱、帝政を取り消し。

4月2日、梅屋庄吉、孫文に5万7000円支援。同29日、孫文、神戸から上海へ帰国（1913年8月4日に来日以来）。

5月9日、黄興来日、頭山満・宮崎滔天・萱野長知が神戸港へ出迎え。同18日、陳其美暗殺。6月に東京でも追悼会、黄興・宮崎滔天出席。

6月、内田良平、日本政府に「対支私案」を提出。同6日、袁世凱が病死。黎元洪大総統代理に就任。

8月13日、日本軍は鄭家屯で奉天軍と衝突、鄭家屯事件。

10月31日、7月に帰国した黄興、上海にて病死（11月17日、東京で追悼会、犬養毅、頭山満、渋沢栄一ら600人出席）。
＊ヴェルダン攻防戦。アイルランドでイースター蜂起。英仏露、サイクス·ピコ秘密協定。ソンムの会戦。伊、独に宣戦。米、ドミニカ共和国を軍事占領。第四次日露協約。

■ 1917年（大正6）
1月20日、中国交通銀行への借款契約調印、いわゆる西原借款始まる。

7月18日、日本は列強を誘い中国の第一次大戦参戦勧告。同20日、寺内正毅内閣は段祺瑞内閣の財政援助を決定（援段政策）。

8月14日、北京政府、第一次世界大戦に参戦。

11 月 4 日、袁世凱、国民党解散を命ずる。
12 月 1 日、黄興ら、東京大森で軍事幹部養成学校を開設。
＊モンゴル・チベット条約（相互に独立を承認)。W・ウィルソン大統領就任（米)。

■ 1914 年（大正 3）
5 月 10 日、国民党機関紙『民国』、東京で創刊。同 11 日、孫文、大隈重信首相に袁政権打倒への援助を要請する秘密書簡。
7 月 8 日、東京で中華革命党成立大会、孫文、総理に就任。黄興、不参加。同 28 日、第一次世界大戦発生。
8 月 15 日、日本政府、ドイツに山東省膠州湾の租借地を無条件に日本への移譲について最後通牒。8 月 23 日、日本は対ドイツ宣戦布告。同 27 日、日本海軍、膠州湾封鎖。
9 月 20 日、孫文、東京で中華革命党幹部会招集。同 25 日、日本軍、山東濰県駅を占領。同 27 日、中国、日本軍の濰県駅占領は中立侵害と抗議、日本は拒否。
10 月 29 日、内田良平、二十一カ条の青写真である「対支問題解決鄙見」を外務省政務局長小池張造に提出。
11 月 7 日、日本軍、膠州湾と青島占領、ドイツ軍降服。
12 月 16 日、東京で中華革命党幹部会、革命方略を制定、中華民国国旗決定。
＊オーストリア皇太子、サラエボで暗殺。第一次世界大戦勃発。パナマ運河開通。

■ 1915 年（大正 4）
1 月 7 日、中国政府、日本軍の山東省撤退を要求。同 18 日、日本公使日置益、袁世凱に日本政府の二十一か条要求を提出
2 月 5 日、孫文・陳其美・と犬塚信太郎・山田純三郎、「日中盟約」に署名。同 11 日、孫文、王敬祥を中華革命党神阪支部長に任命。同日、留学生千人、東京で集会、二十一か条反対。
3 月から、上海・漢口・広東、更に中国全土へ日貨排斥運動が広がる。同 1 日、戴季陶、孫文を代表して革命党が留学生を煽っていないとの談話発表。同 15 日、陳其美、東京で談話発表、国家の角度から条約内容に反対する必要があり、世界情勢から絶対反対しないと表明。
5 月 7 日、日本公使日置益、二十一か条の最後回答期限について最後通牒。同 9 日、袁世凱政府、最後通牒の受け入れを表明。北京複数の新聞紙、5 月 7 日を「国恥記念日」にと提唱。同月中旬、黄興ら、二十一か条の受託で袁世凱を厳しく糾弾。
9 月 1 日、中華革命党員と留学生千人以上、東京で集会、帝政反対表明。同月 19

本派遣を計画。北一輝、宋教仁に随伴、内田良平・杉山茂丸・小川平吉と緊密に連絡。同 29 日、日本の国会議員、新聞記者と弁護士 100 人以上上野精養軒で集会、日本が他の国家より先に「支那共和政府」の承認を要求。同日、南京に臨時参議院が設立。同月、東亜同文会、機関紙『支那』を創刊。参謀本部第二部長宇都宮太郎、武昌・漢口・長沙・福州・雲南・貴州・広西など中国各地に参謀本部員を派遣して革命情勢を探らせ地方有力者と連絡、同時に私的なルートで中国に民間人や退役軍人を送り首領との連絡や支援を通じて操縦を狙う。

2 月 2 日、川島浪速、「満蒙独立運動」のため清王朝の皇族粛親王を北京から旅順に脱出させる。同 12 日、清王朝宣統帝、退位の上諭を発す。清朝が滅亡。同 13 日、孫文、参議院に辞表を提出、後任の臨時大統に袁世凱を推薦。同 15 日、南京臨時参議院は袁世凱を臨時大総統に選出。同 20 日、川島浪速らの満蒙挙兵計画の中止を日本外務省は指令。

3 月 10 日、袁世凱、北京で就任。同 11 日、「中華民国臨時約法」公布。

8 月 25 日、同盟会・統一共和党、国民公党、国民共進会和共和実進会が連合し、国民党に改組、孫文が理事長、黄興、宋教仁が理事に選出。

9 月、孫文、袁世凱によって「全国鉄道籌劃全権」に任命。

＊第三次日露協約。

■ 1913 年（大正 2）

2 月 4 日、国会選挙結果、国民党 392 席、絶対多数に。同 11 日、孫文、鉄道全権として日本へ。各地で盛大な歓迎。同 21 日、孫文・渋沢栄一ら、日中合弁会社設立に関する覚書。

3 月 20 日、宋教仁、上海駅で襲われ 22 日に死去。同 23 日、孫文、長崎から帰国、25 日に上海着。同 31 日、牧野伸顕外相、在中の日本外交官に中立不偏を訓示。

4 月 26 日、袁世凱政府、英仏独露日の五国借款団と 2500 万ポント借款調印。

7 月、内田良平と川島浪速、「対支連合会」を設立。同 12 日から、江西•江蘇•安徽•上海・広東・福建・湖南など各地が独立宣言、「討袁軍」が組織、「二次革命」勃発。

8 月 4 日、広東討袁軍失敗。孫文、日本へ亡命、頭山満と梅屋庄吉の援助を受け亡命生活。同 21 日、袁世凱政府、日本政府に孫文らが新革命を準備することを取締るよう要請、日本政府承諾。

9 月 1 日、「二次革命」が失敗に終わる。

10 月 1 日、内田良平、『支那観』刊行。同 5 日、日中両国政府、「洮蒙鉄道」の借款敷設の公文交換。同 6 日、日本政府、中華民国政府承認、「支那共和国」と呼称。

10月末から、北一輝（黒龍会派遣）、萱野長知（11月10日に武漢着）、宮崎滔天（11月16日神戸発）が相次ぎ中国へ、蒋介石（10月30日長崎発）、梁啓超（11月6日東京離れ）、章炳麟（12月2日上海着）帰国。

10月27日、黄興・宋教仁・北一輝ら、上海から武昌に到着。

頭山満、犬養毅、平岡浩太郎、内田良平、宮崎滔天ら「有隣会」を結成。

11月1日、清朝政府、袁世凱を総理大臣に任命、皇族内閣辞職。同3日、黎元洪、黄興を戦時総司令官に任命。同11日、内田外相、革命軍への武器密輸黙認を上海総領事に指示。同13日、各省都督府代表連合会、上海で設立。同17日、日本政府、清朝政府への援助方針を閣議決定。同23日、北京公使団会議で列強は清国駐屯軍の増兵を決定。同24日、内田良平、「支那改造論」を発表。同日、江蘇浙江連合軍、南京攻撃（12月2日掌握）。同25日、清国への出兵（約700人）を認可、石本新六陸相、第三師団に出動命令。同28日、日本政府、列強各国による対清共同干渉を提案することを閣議決定。同日、各省代表会在漢口第一次会議で、臨時政府成立以前は、中央政府の職権を鄂軍政府が代行することを決定。同30日、漢口のイギリス租界で、各省代表会議を開き、袁世凱を、「清朝を裏切り、孫文と提携する」ことを条件に、臨時大総統に内定。

12月5日、英国は日本政府の共同干渉要請に、立憲制を支持するが干渉は望まないと回答。同9日、神戸横浜の華僑による「神濱敢死隊」80人、軍費1万両携帯、博愛丸で神戸発上海へ。同12日、内田良平が革命軍から「三井銀行借款30万円」の仲介依頼を引受。同17日、犬養毅と頭山満、三田、若木と変名し長崎から上海へ発。同21日、米国は日本政府の共同干渉要請に、厳正中立と回答。同26日、日本政府は中国の政体決定について傍観の態度を決定。

＊日本、関税自主権を回復。モンゴル独立宣言。

■ 1912年（明治45／大正1）

1月1日、南京にて中華民国政府が樹立、孫文臨時大総統に就任、宮崎滔天ら日本人5名就任式に出席。同8日、孫文、南京で犬養毅・頭山満と会見。同9日、孫文、黄興を臨時政府参謀総長に任命。同月上旬、孫文・黄興ら、三上豊夷、阪谷芳郎と中央銀行設立について相談。同14日、山県有朋、「対清策案」を提出、革命軍南満洲上陸説に対し、出兵を主張。同日、蒋介石、陳其美の命令を受け光復会指導者陶成章を暗殺、訴訟から逃れるため2月に日本へ。同15日、孫文、複数の日本人を新政府の政治、外交、財政顧問に招聘、内田良平が外交顧問。同24日、内田良平が代理人、孫文らが借款人となる「三井銀行借款30万円」が成立。同月下旬、孫文らは日本政府の中華民国政府早期承認を実現するため宋教仁の日

未遂。

3月、立憲国民党結成（犬養毅）。

3月、杭州で日本人商人と衝突する事件発生、6月に清朝政府が銀1万両賠償。

8月、日本は韓国を併合。

9月、議員を招集、資政院開院。

10月、資政院、国会の即時開設を決議。清朝政府は立憲準備時間を9年間から5年間に短縮と上諭で発表
＊日本、韓国を併合。

■1911年（明治44）

1月、振武学社、文学社に改名、蔣翊武が社長。

4月27日、黄興、黄花崗蜂起発動、72人戦死。

5月8日、軍機処廃止、皇族内閣設立。同9日、鉄道国有政策発表。同17日、鉄道国有化反対の四川保路同志会設立。同月から、文学社と共進会による連合会議、数回開催。

7月31日、宋教仁と譚人鳳、上海で中国同盟会中部総会設立。

8月24日、成都で保路大会、1万人参加、商店•学堂もスト決行、「税糧不納」決議。

9月24日、文学社と共進会連合会議、蜂起の計画を決定、蔣翊武が蜂起の総司令官、孫武が参謀長に推挙。

10月9日、孫武、爆弾を作る際誤爆、蔣翊武、即時蜂起を決定。同10日夜、新軍の革命党が蜂起、激戦の末武昌を占領。同11日、湖北軍政府設立、都督に清軍協統黎元洪を推挙。当日の夜、漢陽と漢口を含む武漢三鎮を掌握。10月22日に長沙と西安、23日に九江、29日に太原、30日に昆明、31日に南昌、11月3日に貴陽と上海、4日に杭州、5日に蘇州と広州、7日に広西と安徽、13日に山東、22日に重慶、27日に成都など、全国各地相次ぎ蜂起または清朝政府からの独立を宣言。11月12、16、17日に奉天、吉林、黒龍江の国民保安会設立。

10月12日、清朝政府、日本から武器購入希望を日本公使館に伝達。同14日、清朝政府、武昌蜂起鎮圧のため袁世凱を湖広総督に任命。同16日、日本外相内田康哉、清国駐在日本公使に革命軍鎮圧のための武器を提供する意思を清朝政府に伝達するよう指示。同17日、頭山満ら、浪人会大会を開催、中国革命派援助について意見表明。同18日、武漢の英露仏独日領事、中立を表明。参謀本部第二部長宇都宮太郎、警保局長古賀廉造から革命派を援助するための武器輸出について便宜を図る承諾、原内相も黙認。同24日、日本政府、満洲の現状維持。清国本部への勢力扶植との対清方針決定。

12月、江西省萍郷と湖南省醴陵で同盟会員蜂起、失敗におわる。上海にて「予備立憲公会」が成立。

＊南満洲鉄道株式会社（満鉄）設立（日）。関東都督府設置（日）。

■ 1907年（明治40）

同盟会員による黄岡蜂起（5月）、惠州蜂起（6月）、安慶蜂起（7月、徐錫麟・秋瑾が処刑）、欽廉防城蜂起（8月）、鎮南関蜂起（12月）、いずれも失敗に終わる。

5月30日、日清政府大連税関設立の協定を調印。

8月、同盟会員張百祥、焦達峰が東京で「共進会」を設立。

9月、梁啓超は東京で「政聞社」を設立。

＊ハーグ密使事件。第三次日韓協約。第一次日露協約。

■ 1908年（明治41）

同盟会の欽廉上思蜂起（3月）、雲南河口蜂起（3月）、安慶蜂起（秋）、いずれも失敗に終わる。

3月、武器密輸の日本「第二辰丸」拿捕、日本の威嚇で清政府が謝罪と賠償、中国で日貨排斥運動が開始。

8月、清政府、『欽定憲法大綱』を頒布。

10月、光緒帝死去、慈禧皇太后（西太后）死去、宣統帝溥儀（醇親王子）即位、醇親王が摂政王監国。

11月、武昌で群治学社設立（1910年6月に振武学社に改名）。

12月、同盟会員孫武、漢口で共進会組織を設立。

■ 1909年（明治42）

4月、各省諮詢局（議会）同時に一斉開会。

6月、伊藤博文、ハルビン駅頭で安重根によって射殺。

7月、日本政府閣議、韓国併合方針を決定。

9月、「間島に関する日清協約」調印、吉林の龍井の開放を決定。同時に調印された協定によって日本の撫順、煙台における石炭採掘の権利などが承認。

11月、日本、間島総領事館を開設。

■ 1910年（明治43）

1月、広州で新軍の蜂起。

2月、章炳麟・陶成章、東京で光復会本部を再組織。汪兆銘は北京で摂政王を暗殺、

4 月、孫武来日、成城学校に入学、軍事を学ぶ。
5 月、法政大学速成科設立。
11 月　蔡元培、陶成章など、上海にて光復会を設立（会長蔡元培）。
12 月、清朝政府、「考験出洋畢業生章程」を公表。浙江人が中心だった「光復会」が上海で設立（会長蔡元培）。宋教仁来日（翌年 6 月に法政大学速成科入学）。
この年、秋瑾来日。
＊日韓議定書。第一次日韓協約。日露戦争勃発（1905 年ポーツマス条約で講和）。

■ 1905 年（明治 38）

清政府による「五大臣出洋考察」（5 月出発時に北京東駅で革命党による爆弾襲撃に会い、11 月に再出発）。
2 月、袁世凱、北洋新軍を創設。
4 月、鄒容が獄死。同月、広州・上海の各地で米貨排斥運動。
6 月、宋教仁・黄興・陳天華ら、東京で雑誌『二十世紀之支那』創刊。
7 月、孫文来日、宮崎滔天と末永節の紹介で黄興と会見。同 30 日、孫文、黄興と留学生 70 人以上、内田良平の家、黒龍会本部で「中国同盟会」の準備会議を開催、興中会（孫文、胡漢民、汪兆銘）、華興会（黄興、宋教仁、陳天華）、光復会（陶成章、章炳麟，蔡元培、秋瑾）が「同盟会」への合併を決定。同月、翌年より科挙を廃止する決定。
8 月 20 日、東京で同盟会設立大会開催、孫文が総理に選出。頭山満が会場を手配。
10 月、日本が遼陽に「関東総督府」を設立。
11 月、孫文、同盟会機関紙『民報』の発刊の辞で「民族」「民権」「民生」（三民主義の発想）に言及。同月、清政府、学部設立。
12 月、日本政府の「清国留学生取締規則」に反対運動、秋瑾など留学生が多数帰国、陳天華は大森海岸で投身自殺。「満洲に関する日清条約」調印。
＊「血の日曜日」事件（露）。第二次日韓協約。

■ 1906 年（明治 39）

6 月、章炳麟、出獄、来日、『民報』の編集長に就任。
8 月、清朝政府、留日学生派遣を停止。
9 月、清朝政府、数年後に立憲政治を実施と発表。
10 月、清朝政府学部の『考験遊学畢業生章程』発表。
秋、孫文・黄興・章炳麟ら、同盟会革命方略を共同で制定。
11 月、北一輝、同盟会入会。同月に「南満洲鉄道会社」（満鉄）設立。

■ 1901年（明治34）

2月、内田良平、黒龍会を設立、平山周、末永節らが会員。同月中旬、孫文が和歌山に熊楠を訪問。

4月、清政府、督辦政務処を設立、「新政」を開始。

7月、日本、上海に東亜同文書院設立。

9月、清は独英露日など11か国と「北京議定書」（辛丑条約）を調印、賠償金4億5000万両（1933年完了時実質的に6億5000万両）、日本分が3479.31万両。同月、日本、重慶の租界を取得。

＊ヴィクトリア女王没（英）。清国総理各国衙門が外務部へと改名。Th・ルーズベルト大統領就任（米）。李鴻章没。

■ 1902年（明治35）

1月、宮崎滔天『三十三年の夢』を『二六新報』に連載。

春、黄興、日本留学（弘文学院）。

蔡元培、上海にて4月に「中国教育会」、11月に「愛国学会社」設立。

楊度・黄興、11月に東京で湖南人留学生雑誌『遊学訳編』創刊（翌年1～3月、各地留学生雑誌『湖北学生界』『直説』『浙江潮』『江蘇』創刊、留学生による清国留学生会館開設）。

＊清露、東三省撤兵条約調印。キューバ、米保護国として独立。日英同盟成立。

■ 1903年（明治36）

1月、興中会再び広州蜂起を計画、失敗に終わる。

4月、留学生集会、対露宣戦要求、「拒露義勇隊」の組織を決定。

5月、鄒容『革命軍』、6月に章炳麟『駁康有為論革命書』が流行。

6月、上海租界工部局が章炳麟、鄒容を逮捕、新聞『蘇報』閉鎖。

7月、軍国民教育会（前拒露義勇軍）東京で集会、「愛国主義の実行」を「民族主義の実行」への変更を決定。

10月、張之洞、「奨励遊学畢業生章程」制定。

12月、民族主義著作『黄帝魂』が東京で出版。

この年、陳天華『猛回頭』、『警世鐘』を東京で執筆。

＊東清鉄道開通。米、パナマ運河建設権獲得。

■ 1904年（明治37）

2月、日露戦争勃発。同月、黄興、宋教仁など、長沙にて華興会を設立（会長黄興）。

孫文、平山周の斡旋で犬養毅と会い、旅館宿泊時「中山樵」の名で登録。10月、平山周の斡旋で東京移住、後に犬養毅の紹介で大隈重信・尾崎行雄・頭山満・平岡浩太郎らと会う、11月に宮崎滔天の故郷熊本県訪問。

この年、近衛篤麿・岸田吟香・犬養毅ら、同文会を形成。

＊榎本武揚の移民団、メキシコ到着。第1回シオニスト会議。

■ 1898年（明治31）

4月、張之洞、『勧学篇』発表。

6月、光緒帝、『明定国是詔』頒布。

日本、7月に漢口、8月に沙市と天津の租界取得。

9月、戊戌の政変、「維新」が失敗。康有為・梁啓超、10月に宮崎滔天・平山周と香港から来日。大陸浪人は革命派と維新派の連携を勧め、康有為によって拒否。

秋、宮崎滔天の紹介で内田良平は孫文と会見、後日の革命支援を約束。

11月、東亜同文会設立。会長は近衛篤麿、会員に犬養毅、内田良平、宮崎滔天、平山周、神鞭知常、岸田吟香、内藤湖南、副島種臣、小川平吉、山田良政ら。

この年、清国留学生を受け入れるため、日華学堂と参謀次長河上操六が校長を務める成城学校留学生部開設。下関条約に基づく賠償金のため清国政府が国債「昭信股票」を発行。

＊5月、清国、京師大学堂（現北京大学）設立。大院君没（朝鮮）。米西キューバ戦争。フィリピン独立宣言。米、ハワイを併合。露、大連・旅順を租借。

■ 1899年（明治32）

日本、4月に福州、10月にアモイの租界取得。

＊米、キューバ占領開始。フィリピン・アメリカ戦争開始。ラオス、仏印に編入。義和団蜂起（清）。第1回ハーグ国際平和会議。ボーア戦争開始（1902年終結）。

■ 1900年（明治33）

春、留日清国学生による団体最初の団体「励志会」、東京で設立。

6月、清政府、義和団を利用し欧米列強に「宣戦」。日本、派兵（25000人）を決定。8月、八ヶ国連合軍、北京を陥落。

10月、興中会の惠州蜂起、内田良平ら支援、山田良政が戦死、失敗に終わる。

＊米、金本位制を採用。

■ 1890年（明治23）

2月、清国公使館開館。9月、荒尾精、上海にて日清貿易研究所を設立。11月、東邦協会が設立、副島種臣・伊藤博文・大隈重信・頭山満・板垣退助・加藤高明・犬養毅・原敬・牧野伸顕・尾崎行雄・荒尾精等。

＊第1回衆議院議員総選挙（日）。教育勅語頒布（日）。第1回帝国議会開催（日）。ビスマルク罷免（独）。欧米各地で世界初のメーデー開催。

■ 1894年（明治27）

孫文、6月、天津にて李鴻章に提言書。11月、興中会、ハワイにて設立。

3月、朝鮮の東学党蜂起。8月、日清戦争宣戦布告（開戦は7月23日）。

＊ドレフュス事件（仏）。

■ 1895年（明治28）

孫文、2月に香港で興中会本部設立、梅屋庄吉と知り合い、経済支援を約束。10月、広州蜂起計画漏洩、孫文、日本へ亡命、初めての来日、横浜興中会支部設立、11月、ハワイへ。

4月、「下関条約」調印。5月、科挙受験者が日本に抗戦を要求し「公車上書」。同月、日本、「三国干渉」によって遼東還付決定。10月、朝鮮閔妃殺害。11月、日清政府『遼東半島還付条約』調印、清朝白銀3000万両銀支払。

＊伊、エチオピア侵略開始。

■ 1896年（明治29）

清朝政府、13人の官費留学生を派遣、日本への最初の留学生。

1月、康有為『強学報』を創刊、「変法」を鼓吹。

＊第1回オリンピック開催（アテネ）。フィリピン革命。

■ 1897年（明治30）

日本、3月に蘇州、5月に杭州の租界を取得。

孫文、3月に南方熊楠とロンドンの大英図書館で出会う。同16日、南方熊楠とロンドンのダグラス邸で会い、その後たびたび会いキュウ・ガーデンなどにも共に植物観察に行く。

5月、平山周ら外務省の機密費で中国秘密社会を調査へ出発。

7月、宮崎滔天陳少白を訪問、香港にて平山と合流。

8月、孫文来日。9月、宮崎滔天と平山周、横浜陳少白宅で孫文と会う。9月27日、

■ 1881 年（明治 14）

2 月、玄洋社設立、平岡浩太郎・頭山満・箱田六輔が中心。

＊ 10 月、国会開設の勅諭。自由党結成。

■ 1882 年（明治 15）

7 月、朝鮮壬午兵変。内田良平、玄洋社内で「天佑侠」を組織。

■ 1884 年（明治 17）

4 月、伊藤博文・李鴻章「天津条約」。12 月、朝鮮で金玉均らと日本公使竹添進一郎による「甲申政変」、袁世凱が清朝軍隊を率いて日本軍を撃退。

＊フェビアン協会設立（英）。清仏戦争。

■ 1885 年（明治 18）

10 月、台湾巡撫を任命、台湾省設立（清）。

■ 1886 年（明治 19）

荒尾精、漢口で「楽善堂」支店設立。

＊ヘイマーケット事件（米）。

■ 1887 年（明治 20）

孫文が香港西醫書院に入学、陳少白と知り合う。

＊仏領インドシナ連邦成立。

■ 1888 年（明治 21）

4 月 3 日、三宅雪嶺・志賀重昂・杉浦重剛が政教社を設立し、雑誌『日本人』で「国粋保存主義」を主張。同 9 日、陸羯南は新聞『日本』を創刊し、「国民主義」を主張。

＊ヴィルヘルム 2 世即位（独）。スエズ運河条約調印。

■ 1889 年（明治 22）

10 月、大隈外相、玄洋社社員の投じた爆弾によって負傷。

＊大日本帝国憲法発布。第 2 インターナショナル結成。第 1 回汎米会議。

「辛亥革命と日本」関係年表（1871-1925）

本年表は、王柯が近代日中関係史年表編集委員会編「近代日中関係史年表」（岩波書店、2006年）、段雲章編「孫中山与日本史事編年」（広東人民出版社、1996年）、内田良平自伝『硬石五拾年譜」（葦書房、1978年）、阿部洋『中国の近代教育と明治日本』（福村出版、1990年）及び一部のアジア歴史資料センターが提供している原資料などに基づいて作成した。本書に関連する事項を中心に項目を作成し、その他の一般的歴史事項は、各年の末尾に＊を付して配した。

■ 1871年（明治4）

7月、廃藩置県。9月、「日清修好条規」調印。

＊パリ・コミューン。

■ 1872年（明治5）

9月、日本、琉球藩を設置する。

＊8月、清国、初めて留学生を派遣、30人の学童（平均年齢12歳）が渡米。

■ 1874年（明治7）

4月、日本、台湾出兵。

＊12月、清国同治帝死去、光緒帝即位。

■ 1876年（明治9）

2月、「日朝修好条規」調印。

■ 1877年（明治10）

1月、「清国出使日本国欽差大臣」に何如璋を任命、11月日本赴任、12月日本着、神戸に清国理事署を設置。

＊2月、西南戦争。6月、国会開設建白書。

■ 1879年（明治12）

4月、琉球処分、沖縄県設置を強制。

＊2月、横浜正金銀行設立。

A～Z

ま　行

や　行

ら・わ行

な　行

は　行

た　行

さ行

人名索引

注を除く本文から採り，姓→名の五十音順で配列した。中国人名は便宜的に日本の漢字音に従った。

あ 行

か 行

執筆者紹介（配列順）

櫻井良樹（さくらい・りょうじゅ）
1957年生。麗澤大学教授。上智大学大学院文学研究科史学専攻博士後期課程修了。博士（史学）。主著『大正政治史の出発』（山川出版社、1997年）、『辛亥革命と日本政治の変動』（岩波書店、2009年）等。

趙軍（ちょう・ぐん）
1953年中国・開封生。千葉商科大学商経学部教授。華中師範大学大学院博士課程修了。博士（歴史学）。主著『辛亥革命與大陸浪人』（中国大百科全書出版社、1991年）、『大アジア主義と中国』（亜紀書房、1997年）等。

安井三吉（やすい・さんきち）
1941年東京生。神戸大学名誉教授、孫文記念館館長。東京大学文学部卒業。歴史学。主著『孫文と神戸』（共著、神戸新聞総合研究センター、補訂版2002年）、『帝国日本と華僑——日本・台湾・朝鮮』（青木書店、2005年）等。

姜克實（じゃん・くうしー）
1953年中国•天津市生。岡山大学教授。早稲田大学大学院修了。博士（文学）。日本近代史。主著『石橋湛山の戦後』（東洋経済新報社、2003年）、『日本近代社会事業の思想』（ミネルヴァ書房、2011年）等。

汪婉（おう・えん）
1959年中国・北京市生。中国社会科学院近代史研究所研究員。東京大学大学院総合文化研究科博士課程修了。博士（学術）。歴史学。主著『清末中国対日教育視察の研究』（汲古書院、1998年）等。

呂一民（る・いみん）
1957年生。浙江大学教授。北京大学歴史系卒業。主著『20世紀フランス知識人が歩んだ道程』（浙江大学出版社、2001年）、『フランス通史』（上海社会科学院出版社、2002年）、『フランスの興亡』（三秦出版社、2005年）等。訳書『マルティン•ハイデッガー』『フランス史——起源から現代まで』（共に商務印書館）等。

徐立望（じょ・りっぽう）
1975年生。浙江大学歴史系副教授。北京大学大学院修了。博士（歴史学）。主著『嘉慶道光時期の揚州常州区域文化の研究』（浙江大学出版社、2007年）等。

松本ますみ（まつもと・ますみ）
1957年金沢市生。敬和学園大学人文学部教授。新潟大学現代社会文化研究科修了。博士（学術）。近現代中国の国民統合。主著『中国民族政策の研究——清末から1945年の民族論を中心に』（多賀出版、1999年）、『イスラームへの回帰——中国のムスリマたち』（山川出版社、2010年）等。

沈国威（しん・こくい）
1954年中国・遼寧生。関西大学教授。大阪大学大学院文学研究科博士課程修了。博士（文学）。日本語学。主著『近代日中語彙交流史』（笠間書院、1994年）、『近代中日詞匯交流研究』（中華書局、2010年）等。

濱下武志（はました・たけし）
1943年生。東京大学東洋文化研究所名誉教授、龍谷大学国際文化学部教授。東京大学大学院博士課程中退。中国近現代史。主著『中国近代経済史研究』（汲古書院、1989年）、『朝貢システムと近代アジア』（岩波書店、1997年）、『香港』（1996年）『沖縄入門』（2000年、共に筑摩書房）等。

編者紹介

王 柯（おう・か）

1956年生。東京大学大学院総合文化研究科博士課程修了。博士（学術）。神戸大学大学院国際文化学研究科教授。歴史学。著書に『民族国家を目指して』（商務印書館、2011年）、『「天下」を目指して』（農文協、2007年）、『20世紀中国の国家建設と「民族」』（東京大学出版会、2006年）、『多民族国家中国』（岩波新書、2005年）、『民族与国家』（中国社会科学出版社、2001年）、『東トルキスタン共和国研究』（東京大学出版会、1995年、第18回サントリー学芸賞）等。『環』32〜36号（藤原書店、2008-2009年）に「日中関係の現在・過去・未来」を連載。

辛亥革命《しんがいかくめい》と日本《にほん》

2011年11月30日　初版第1刷発行 ©

編　者　王　柯
発行者　藤原良雄
発行所　株式会社 藤原書店

〒162-0041　東京都新宿区早稲田鶴巻町523
電　話　03（5272）0301
FAX　03（5272）0450
振　替　00160-4-17013
info@fujiwara-shoten.co.jp

印刷・製本　中央精版印刷

落丁本・乱丁本はお取替えいたします
定価はカバーに表示してあります
Printed in Japan
ISBN978-4-89434-830-1